iHuman

成
为
更
好
的
人

法学实践

刘星 著

增订版

GUANGXI NORMAL UNIVERSITY PRESS
广西师范大学出版社
·桂林·

法学实践
FAXUE SHIJIAN

图书在版编目（CIP）数据

法学实践 / 刘星著. —增订本. —桂林：广西师范
大学出版社，2019.6
　ISBN 978-7-5598-1791-4

　Ⅰ．①法… Ⅱ．①刘… Ⅲ．①法律－文集
Ⅳ．①D90-53

中国版本图书馆 CIP 数据核字（2019）第 095563 号

广西师范大学出版社出版发行

（广西桂林市五里店路 9 号　　邮政编码：541004）

网址：http://www.bbtpress.com

出版人：张艺兵

全国新华书店经销

湛江南华印务有限公司印刷

（广东省湛江市霞山区绿塘路 61 号　邮政编码：524002）

开本：880 mm × 1 240 mm　1/32

印张：11　　　　　字数：240 千字

2019 年 6 月第 1 版　　2019 年 6 月第 1 次印刷

定价：68.00 元

增订版序

本书基本内容形成于十年前。现在的十年，比起以往的十年，似乎过得更快，真是瞬息即逝。也许正因为瞬息即逝，所以本书内容还是不会过时，而且，就思路而言再过十年或许依然有其意义。本书讨论"法学知识如何实践"，且更多侧重于中国的背景，但这一讨论还是包含了更广阔的理论期待，即怎样看待广义的法学职业者的学术努力、怎样认识他们的职业产出，以及他们的知识究竟是以什么方式存在于社会。对法学而言，随着全球化尤其是语言交流的便捷，中国背景和世界背景之间的界线越来越不清晰了，故而更广阔的理论期待也更具有了合法性。

本书的主题、逻辑在《前言（致谢）》中有详细交代，读者可参阅。

《法学实践（增订版）》纠正了一些讹误，修改了某些细节内容。

《法学实践（增订版）》的出版，要感谢刘峰先生的提议。刘峰先生总是支持我的书籍出版，这份情谊永记。另要特别感谢广西师范大学出版社，出版本书是对我的厚爱。深望读者的批评指正。

刘　星

2017 年冬于北京

前言（致谢）

对法学理论，我们常会认为，其所揭示的对象才需特别关注，其本身，或许并非更重要；即使我们可能总会争论法学理论应这样来表达，或那样来表达。这就有如我们时常对待自己的语言：当使用语言去表达、阐述、分析、评价甚至捏塑对象时，我们更为记住且警惕的是语言所述对象，而非语言本身。十分自然，我们常假定了语言的一般而言的"安全"，及不可质疑性，进一步，假定且认定了其"认识通道"的功能；尽管，我们总会争论语言应这样来使用，或那样来使用。

如果改变这种想法，或像后来的哲学家重新认识语言本身所存在的"实质"问题，如追问语词怎样被实用主义地使用，叙述怎样被用来展示策略，言说怎样被用来释放政治谋划，修辞怎样被用来打扮价值欲望……则对法学理论，我们也需从"话语权力"角度，从事反思式的"对法学理论分析进行理论分析"。

如此言之有些抽象。浅显讲，如果认为我们看见的"经验对象"才重要，则我们的"看见"，或"怎样看见"，可能更重要。因为，我们不能忘记，以内在性质论，"看见"及"怎样看见"，是多种多样的，而且，它们影响着我们所见对象的"呈现方式"；法学理论即为一种"看见"，及"怎样看见"。

本书主要研究法学理论本身。其将法律实践作为群体表演角色，将法学理论作为群体中的一个表演角色。这意味着，本书的分析途径是：犹如群体表演角色和其中一个表演角色相互内在地互为艺术推进，法学理论，则在法律实践中表现自我意义。进一步，这一分析途径所预示的分析目标则是：法学理论，属于法律实践的一个内在部分。这一目标的意思在于指出，法学理论是实践性的，更是法律实践性的；同时，最重要的，当进行法学理论研究时，我们正在进行社会实践，特别是法律实践。

当然，本书借助了一个思考焦点——"法律知识"。任何人都会轻松理解一个陈述：法律实践中存在法律知识，法学理论中本身便存在法律知识。但当存在于不同领域，准确而言，实践和理论两个不同领域，此时，这种知识是否可成为同一的，人们则可能觉得这是"必须谨慎小心才能予以回答"的问题；换言之，最好认为不同一。本书试图论证，即使在不同领域，亦有必要，甚至应当，将其视为同一，即它们在实质、功能、意义、价值等方面并无区别；区别仅在于，其一在实践中，其一在理论中。以此为基础，我们或许可较为顺利地理解，为何法学理论是实践性的，更是法律实践性的，为何进行法学理论研究时，我们正在进行社会实践，特别是法律实践。

进行这样分析论证的目的，是要说明法学理论本身并不存在"科学""中立"甚至"发现客观真理"，或"纯粹话语叙事"的问题，而且也不应当存在此类问题。由此出发，法学知识分子，不存在所谓"独立精神"的问题，而且也不应当存在此类问题。法学理论，及法学知识分子，应时刻调整自己的社会政治立场。就此目的看，本书可能以新的学术推进的方式，逐步重温了马克思的经典思考路线——法律和法学的阶级分析。

这可能不太符合今天的法学时尚。但对理解法律、法律实践，特别是中国的，这可能具有特殊重要意义。当中国的法律与法学发展到今天，我们可能已发觉，我们越来越不能麻木地不问其中是否没有"对谁有利"的问题。事实上，我们已知道，当在法学上论证诉讼中的"程序主义"和"实体主义"——本书导论以此作为分析范例——究竟何者重要时，我们已自觉或不自觉，正在论证应支持中国社会上的哪一阶层、哪一群体；当在法学上论证"法律是否应当移植"——本书第四章以此作为分析个案——时，我们势必无法逃避中国社会上的不同阶层、不同群体的拥护或质问；当在法学上论证"死刑存废""经济上政府管制的边界"等问题时，我们总在且必须面对中国社会上的不同阶层、不同群体的支持或指责。这意味着，如果宣称法学论证是"真理性""规律性""客观性""中立性"的，更是"科学性"的，我们是否在静悄悄，以"话语霸权"的方式，束缚、压抑、排斥直至消灭某些阶层、某些群体的生存欲望、利益期待？

依此而言，本书写作具有较强烈的"文本政治实践"特点：一方面，其为学理性深入分析的著述；另一方面，其试图将被分析的法学理论，变为"追问对谁正当"的对象，包括本书自身法学理论。

这是本书的一个基本交代。

本书内容写作已经有些时日。其中相当一部分，曾以论文方式，先期发表于一些学术刊物。这要求首先要感谢这些刊物及编辑朋友们的惠助。这些刊物是《中国社会科学》《法学研究》《法制与社会发展》《政法论坛》《环球法律评论》和《法学》。本书一些主题内容，曾在一些重要学术会议上宣读，如 2004 年北京大学和《中国社会科学》杂志社联合主办的"法律移植与中国法制建设"研讨会。在学术交流中，本书某些内容，得到了贺卫方教授、强世功教授、张中秋教授、朱景文教授、朱苏力教授，及学界其他在此无法一一提到的朋友的批评，这同样是必须感谢的。此外，感谢中山大学的一些教师同学，如陈颀、陈文琼、丁晓东、丁艳雅、毛玮、万海峰、张志伟，在课堂讨论中，他们类似地提出了非常有益的批评意见。最后需感谢北京大学出版社蒋浩先生，其再次鼓励、支持我的著述出版，此份持续的友情，已成为持久的激励；并需感谢该社孟瑶编辑，其细心审校、核误，为本书顺利出版付出巨大辛劳。

我现已离开中山大学。本书主要思想形成于我的"中山大学时代"。对我而言，这个"时代"曾激动人心、难以忘怀，同时不能否认，其是孕育现在继续思考的源泉。当然，我现任职的中国政法大学，亦为深入斟酌本书内容的重要"背景"。来到中国政法大学，我也不断改写、增减本书内容，调整思想路径，希望其能日臻完善。如此说明，同样是为表达对两所大学的谢意。

理论性的法学研究，需要深入思考和论证，但更重要的，能够对法律实践，当然首先是中国的，具有智识上的贡献，而且，亦如本书尝试论证的，能够积极以文本方式，参与实践。这是我的期待——希望得到读者检验的一个期待。

刘　星
2007 年春初稿于广州
2010 年秋定稿于北京

目 录

第三章　西方法学理论的"中国表达"
——话语如何迁移

第四章　重新理解法律移植
——从"历史"到"当下"

第五章　现代性观念与现代法治
——一个诊断分析

第六章　简约的法律
——一种法学观点的实践表达

第七章　法学学术与法律生活
——经由"一种实证法学努力"而分析

导论　法学知识的"实践性"

> 若作一点有关学者的谱系分析——那些收集、记录事实的学者，那些进行证明和驳斥的学者——那么，他们的Herkunft很快会表明，在他们表面无私的关注中，在他们对客观性的"纯粹的"执着追求中，留下的尽是些法院书记员的记录和律师——他们的父亲——的讼辞。[1]

理论中存在法律知识，实践中亦存在法律知识。本书讨论两者关系。讨论意在思考"法学知识如何实践"。这种思考或与人们通常设想的有些不同，涉及某些追问：两类法律知识以功能论，是否的确具有实质区别，及两类法律知识的生产者，以社会角色担当论，是否的确具有实质不同，正如"理论中"和"实践中"这些限定词所表达的？通过各章分析、论证，当然包括导论的细致阐述，本书可能会将思路引向某些目标：理论中的法律知识，尽管是"理论中"的，其生产者，尽管常被称为"进行单纯理论知识生产"，但在理论表达的过程中，及被认为"进行单纯理论知识生产"时，其依然"正在实践中"，其依然"正在"于实践中表达实

---

[1]　福柯：《尼采、谱系学、历史》，王简译，载杜小真选编：《福柯集》，上海远东出版社1998年版，第152页。"Herkunft"一词的中文意思为"出身"。

践立场，并且，此为应当。这意味着，对于本书的叙述逻辑而言，两类知识，两类知识生产者，实际上极可能即为"一个事物的两个方面"；深入讲，两类知识之间的相互关系，及两类知识的生产者之间的相互关系，极可能不是简单的"对照""吸取""借鉴"等语词可描述清晰的。

显然，上述追问、目标期待，及上述叙述逻辑，对中国的法学理论而言，可能有些"不易理解"。因为，中国法学理论习惯认为，虽然可不断讲述"理论来源于实践，高于实践，又将返回实践进而指导实践"的故事，可不断宣称，"理论可转为实践的力量推动实践"，甚至直言"知识就是力量"，但理论终归理论，实践终归实践。在理论和实践之间，一条界线非常明确；而且，在理论生产者和实践参与者的角色之间，另外一条界线同样明确。

因此，导论首先需要就相关问题作出说明、论证。

当然，在本书的思考路线、论题范围、结构框架、方法运用等方面，导论亦需作出解释。

一、法学知识文本

阅读一份"理论中的法律知识"的经验样本。

这份经验样本，涉及我国民事诉讼证明责任。现行《民事诉讼法》第 64 条第 1 款规定，"当事人对自己提出的主张，有责任提供证据"。此为人们熟知的"谁主张谁举证"的证明原则。但针对为何如此规定的问题，需阐述理论上的理由。如果阐述出来的理由表现了一种原理性质，则这种理由，即可成为一种"法律知识"。

而法律知识的基本含义，在于其表现了一种关于法律原理性质的认识和理解。[1]

这份样本为一本法学书籍。

其中，作者提到，"谁主张谁举证"的理由至少包含如下两点：第一，法院必须依据证据认定事实，当事人主张的事实是否真实，法院既无法先验感知，也无法事后猜想，只能借助证据来判断；第二，法院非侦查机关，没有专门的侦查人员，而全部或主要由法院负担调查和收集证据，既不可能，又不合理。[2]作者另认为，民事诉讼中的证明责任有其自身规律。[3]

显然，作者提到的第一点、第二点及"自身规律"，表达了一种"法律知识"的认识和理解。其另外表达了关于在证据问题上法院角色的定位原理，并且以此为基础，较细致说明了"当事人证明责任"的主要学理根据。

一般看，阅读这样一类"法律知识"，我们通常会认为，其为"理论中"的法律知识的描述。这种描述，既属于对历史及现实中的民事证明责任的概括和分析，[4]也属于对其中的规律、特征的把握和提炼。其亦可成为后来人们学习"举证责任"知识的一个对

---

1 本书研究中，作为定义，"法律知识"主要指关于法律现象的原理性质的认识和理解；具体而言，涉及法律现象的"是什么""为什么""做什么"的思想把握。关于法律知识的精确定义，尽管可作出各种描述和界定，但我指称的含义，总是大致存在。
2 参见李浩：《民事证明责任研究》，法律出版社2003年版，第23、82页。
3 参见李浩：《民事证明责任研究》，第63、67、83页。
4 就"历史"而言，作为辅助，且作为本文提到的学术知识生产的例子，作者的确从许多历史经验，特别是西方的历史经验中，进行归纳总结。参见李浩：《民事证明责任研究》，第1—12、38、39、83—84、112—128页。就"现实"而言，参见下文。

象。此外，我们通常会认为：这种理论中的法律知识，因其对"自身规律"的把握和提炼，主要目的在于类似自然科学以瞄向对象的剖析，故无明显的"当下的实践参与欲望"，即没有明显的"当下实践立场"的表达和宣扬，其动机，主要在于"法律知识的学术生产"。并且，其以学术话语作为表达方式。而更重要的，其是"客观""中立"的。广泛说，法学中，类似的知识描述非常普遍，并且均不约而同地默认作为一般知识传播的上述"自我特征"。

当然，我们通常又会认为，获得这样的法律知识，其目的并非仅为了"认识""理解"，并非仅为了知识的"客观""中立"的表达；在"认识""理解"之后，法律知识还可作为一种理论话语来指导现实中的法律操作。它们的确来自实践，揭示实践中的"实质"，但又高于实践，又将返回实践中指导实践。如上述"证明责任知识"的阐述者即认为，在中国的民事证明责任实践中，应注意具有自身规律的"证明责任知识"的指导意义，否则，这类实践，便会出现怪异状态，且对实践本身非常不利，而怪异状态如：

1. 当事人提出事实，人民法院调查收集证据；

2. 当事人一动嘴，审判人员便跑断腿；

3. 法院调查取证，律师阅卷、对法院收集的证据进行审查并提出问题。[1]

在其他理论化法律知识的描述中，人们一般同样会发现类似的

---

[1] 参见李浩：《民事证明责任研究》，第33、82页。

"指导现实法律操作"的观念。

在此，更核心的，则是这种观念暗含一个命题：通过理论中法律知识的不断讨论、探索，法学学术可把握法律知识的准确性和真理性；进一步，在极其富有"准确性""真理性"的法律知识阐述中，可推出普遍性的思想权威。

二、实践法律知识文本

现在，阅读一份"实践中的法律知识"的经验样本。

2003 年，某省发生一起刑事案件审判。该审判当时引起广泛争议。案情，涉及一名基层法院法官的行为是否构成玩忽职守罪。此刑事案件审判，源自一起民事审判。作为被告人的法官，在一起民事审判过程中，是独任法官，负责审理一起债务纠纷。在关于这起债务纠纷的民事审判中，原告以借据为证主张被告欠债。被告提出，借据是在原告胁迫下签署的，故无效。该法官要求被告就"胁迫"问题提供证据。被告无法提供。该法官进而询问被告是否已向公安机关报案；被告称否。该法官依照《民事诉讼法》"谁主张谁举证"的原则，判决债务成立。案件进入执行程序。此时，被告中的两个当事人，颇为具有象征性地在法院——作为刑事案件被告人的法官所在的法院——门口服毒自杀。后公安机关介入，询问原告；原告承认曾胁迫被告写下借据。有鉴于此，民事审判便被认为存在问题，其判决也被认为错误；而检察机关指控，该法官行为构成玩忽职守罪。此案即为当时著名的"莫兆军案"。[1]

　　刑事审判过程中，检察机关提出许多理由，以论证罪名成立。作为被告人，法官莫兆军同样提出许多理由，以说明自己行为未构成犯罪。最后，经二审终审，法院判决莫兆军无罪。在陈述终审判决理由时，法院引用了一些"法律知识"。对本书主题而言，值得注意的"法律知识"是：

　　民事诉讼中的法官，不可能像公安机关，收集"胁迫"一类的刑事犯罪证据；因为，其功能、职责及本身所具有的能力，与后者存在重要差异。民事诉讼中的法官，依据"谁主张谁举证"的民事诉讼原则审理案件，是正确的职业角色分工表现。[2]

　　将上述判决理由视为"法律知识"，是因为，在现行的中国法律制度中，并无相应的明确条文规定；另因为，法院的这种表述，与前述"理论中的法律知识"样本里的"学者阐述"一样，表达了法院对法律现象的"何以如此"的思想把握，表现了法院关于法律现象的原理性质的认识、理解。

　　但其在实践中。

　　所谓实践中，意思是，其目的在于通过"原理"的阐述，更准确说，通过"原理"式的话语宣布，以论证一种司法判决为正确，

1　该案详情，参见《广东省高级人民法院终审裁定书》（编号：［2004］粤高法刑二终字第24号）。

2　参见《广东省高级人民法院终审裁定书》（编号：［2004］粤高法刑二终字第24号）。这里引用的不是原文，而是为本文叙述便利而进行修订的和原文一致的一个表述。

试图解决实践的法律纷争,而非仅表达对"法律现象中的规律"的认识,亦非仅表达"原理"本身的内容含义。就此"目的"而言,可清晰发现,其具有明显"当下的实践参与欲望",具有明显"当下实践立场"的表达、宣扬,试图论证作为被告人的法官及处于类似境地的其他"被告人"法官,在其行为中,并不存在公诉一方指控的"玩忽职守罪"。

三、实践法律知识的"非中立性"

阅读经验样本,不仅意在使叙述成为具体实在的叙述,此并非重要;重要的,对本书主题而言,意在提示缘自法律实践本身的经验样本必定是不可回避的切入路径,是理解实质问题的基本场所,并且是论证的关键起点。

展开对比,可看到,关于"当事人证明责任"或"举证责任",作为"法律知识"的具体内容,如"法官职能的原理",或"法官恪守职能的意义"等,在理论样本和实践样本中,非常类似。换言之,两个样本中的知识表达及知识的论证,包括逻辑意向、说理结构、叙述机制,甚至关键词的使用,均十分接近。它们本身给人们的印象,正是阐述同一含义的"原理"性内容的"法律知识"。

问题是什么?

首先可指出,尽管在"实践样本"中可读到"原理"性的,且可能是"规律"性的"法律知识",但这些"法律知识",不是"中立性"的,并非每个人均会赞同,它们具有争议性质。因为,在上述案例的关于法律纠纷和法律审判的实践中运用"法律知识",实际上是法院正在运用一种理由去论证自己的法律观点,同时,用其去对抗他者——公诉一方——的法律观点。为说明这点,进而为本书导论主题阐述铺平道路,需再返回到上述实践性的案例中。

在起诉作为被告人的法官时,公诉一方具有两个主要观点(当然,还有其他不是特别重要的观点):

第一,作为一名职业且从事16年审判工作的法官,被告人应在民事诉讼中发觉"民事被告宣称被胁迫签署借据"的严重性;同时,因为具有较丰富的审判经验,被告人应在民事被告宣称自己被胁迫时,预见判决可能出现错误,进而预见可能出现不幸后果,如被后来事实证明的自杀后果。

第二,民事诉讼中"谁主张谁举证",是针对一般民事诉讼而言的;当民事诉讼涉及刑事问题时,法官应以例外方式遵循刑事诉讼法的规定,[1] 将案件移交其他司法机关,否则,便未认真履行自己职责。[2]

可发现,公诉一方实质上认为,在涉及刑事问题时,民事诉讼

---

[1] 这里指《刑事诉讼法》第108条第1款规定:"任何单位和个人发现有犯罪事实或者犯罪嫌疑人,有权利也有义务向公安机关、人民检察院或者人民法院报案或者举报。"

[2] 参见《广东省高级人民法院终审裁定书》(编号:〔2004〕粤高法刑二终字第24号)。这里引用的也非原文,而是经过修订的与原文意思一致的表述。

中的法官，尤其是具有多年审判经验的法官——莫兆军，[1] 不能僵化地固守"谁主张谁举证"，进而僵化地固守自己民事审判者的角色。因此，公诉一方是在潜在地陈述另外一种"法律知识"：

民事诉讼中，"谁主张谁举证"的运用，并非没有例外情形；此外，必要时，法官角色可发生变化，如追查可能存在的刑事问题或证据。

这种"法律知识"和法院提出的"法律知识"，在案件具体语境中彼此冲突，至少不甚协调。而且，事实上，当一审法院作出判决，表达自己类似上述二审法院提出的"法律知识"时，公诉一方提出了抗诉，在抗诉中，进一步表达了上面提到的己方"法律观点"。公诉一方依然认为，无论以刑事诉讼法等法律条文论，还是以其他经验常识论，作为被告人的法官，均应承担刑事责任。此外，终审判决后，同样依然有人认为法院以自己的"法律知识"作为判决理由，不能成立。[2]

一个枝节问题需要澄清。

此案中，公诉一方和法院一方，均另外提出法律的明文规定作

---

1 关于莫兆军的"多年审判经验"，参见《广东省高级人民法院终审裁定书》（编号：［2004］粤高法刑二终字第24号）。此外，莫兆军是法院民庭副庭长。参见余亚莲、朱艳秀、郑碧容：《无罪法官回家养猪：莫兆军的悲剧结束了吗？》，载《新快报》2003年8月3日，第A11版。

2 例子，参见朱志达：《莫兆军案的价值》，载《厦门晚报》2004年7月3日，第6版；另见婵娟编辑：《莫兆军，为何你的命运总牵动着我们》，中国法院网《法治论坛第八期电子杂志》2006年4月28日发布，其中许多网友都提出类似看法。

为自己的直接对抗依据。公诉一方提到《刑事诉讼法》第 108 条第
1 款的规定：

任何单位和个人发现有犯罪事实或者犯罪嫌疑人，有权利也有
义务向公安机关、人民检察院或者人民法院报案或者举报。

法院一方提到《民事诉讼法》第 64 条第 1 款的规定：

当事人对自己提出的主张，有责任提供证据。

如果坚持法条主义，[1] 则双方在此均扎实地屹立在自己的直接
法律规定的依据上；而且，两条法律规定，均可直接支持各自的

---

1 所以提到法条主义，因为，人们可争辩，《刑事诉讼法》第108条第1款规定中的"任
何单位和个人"，未必包含了法院和法官；这条规定阅读起来，尤其是和其他条文相互
对应地阅读，可发觉这里的"任何单位和个人"，似乎是指公安司法机构之外的"任何
单位和个人"，至少，可这样理解。否则，我们也就可认为，如果"公安机关"发现了
"犯罪事实"或"犯罪嫌疑人"，可向检察机关或法院"报案"或"举报"；如果"检
察机关"发现了"犯罪事实"或"犯罪嫌疑人"，可向法院"报案"或"举报"。显
然，这样理解非常古怪。法条主义主要主张，以明文的文字规定为根据最适宜。如果根
据明文文字，"任何单位和个人"，当然包含了"法院和法官"。

法律观点。[1]但正是因为各自均拥有直接的法律规定作为依据，同时，两个法律规定，在这个案件中，[2]可成为相互对抗且证明力量对等的硬性依据（在此，当然并非认为它们相互矛盾），故提出其他论证理由，如"法律知识"，则为双方不得不努力争取的一个法律策略。

这个意义上，如同上面所述，人们势必需要且特别侧重将视线焦点转向"法律知识"（当然，可能还有其他观点论证[3]也需注意）。如果这样转向，经过前面关于"法律知识"的分析，重复而言，可看出法院在审判中运用的"法律知识"，并非没有争议，并非可作为"中立"的知识进而广泛地为他者接受。

四、实践法律知识的"立场"

提出上述"实践中"的法律知识"并非没有争议"，并非可作

---

1 当然，关于《刑事诉讼法》第108条第1款的规定，作为被告人的法官，是否在民事诉讼中的确属于"发现有犯罪事实或犯罪嫌疑人"，也是可争论的。仅依据民事诉讼中的被告宣称"对方涉嫌犯罪"，可能不能认为这就等于作为被告人的法官面对了"犯罪事实或犯罪嫌疑人"，因为，"犯罪事实或犯罪嫌疑人"的认定，需要一定证据，而民事诉讼中的被告并未提出证据。与此相对，关于《民事诉讼法》第64条的规定，众所周知，其中第2款规定，"当事人及其诉讼代理人因客观原因不能自行收集的证据，或者人民法院认为审理案件需要的证据，人民法院应当调查收集"。作为被告人的法官，在审理民事案件中，遇到被告提出对方涉嫌犯罪，是否应当自行调查收集证据，也是可争论的。这位法官的确询问了当事人，但这也许不够。
2 所以在"在这个案件中"底下加上着重符号，因为，想表明在其他案件中未必如此。
3 双方另外提出的理由，参见《广东省高级人民法院终审裁定书》（编号：［2004］粤高法刑二终字第24号），及笔者的一篇论文归纳，刘星：《司法中的法律论证资源辨析：在"充分"上追问——基于一份终审裁定书》，载《法制与社会发展》2005年第1期，第103—110页。

为"中立"的知识广泛地为他者接受，意味着什么？

一个思路，或许可逐渐清晰，即需要看到且深入理解上述"实践中"的法律知识的"实践立场"及"实践目的"。依然从上述案件审理本身进入。其中，至少可注意四个背景。

第一，如果判决被告人——莫兆军法官——"玩忽职守罪"成立，则日后，其他法官在民事诉讼中，便可能非常担心类似情形再次出现。实践中，当事人以"对方涉嫌犯罪"为由，要求法官调查，并且宣称自己冤枉，又以"极端形式"要求法官作出对自己有利的审理，可能时常发生。这种情况下，其他法官鉴于"玩忽职守罪"的判决，为保护自己，会尽力采取各种方式放弃原来应进行的审判程序，如将自己独任审判的案件，以称其"复杂"的方式，提议交给合议庭，甚至审判委员会。即便合议庭，也完全可能为减少自己几个人的压力，尽力将案件提议交给审判委员会。因为，法官均知道，此时，"集体出面"是保护自己、减少风险的最好方式。而民事诉讼的独任审判、简易审判，均有可能因此而形同虚设。事实上，在上述案件审理过程中，作为被告人的法官的当地法院，其中一些法官，在该法官被捕后，便思考如何躲避独任审判、简易审判。[1] 这里，可清晰发现对法官的负面激励。对此背景，法院在审判"玩忽职守罪"是否成立时，势必需要考虑。

第二，负面激励不仅对法官存在，对某类当事人亦存在。如果当事人——一般而言可能是被告——发现，提出"对方涉嫌犯罪"

1　参见赖颢宁：《被告自杀法官受审追踪：法官称原审改判不算错案》，载《南方都市报》2003年4月26日，第A18版。类似担忧，参见李富金：《法官——职业与风险同在》，载《法制日报》2003年12月11日，第11版。

等理由，可促使法官停止民事诉讼，转而调查刑事问题，或转而进入其他较复杂的程序，从而可使自己处于较有利的诉讼处境，则他们常会发觉此为"拖延审判"的较佳方案。故法院期待的审判效率，以及作为对方当事人——一般而言可能是原告——所期待的"及时审判"，便可能化作泡影。审判"玩忽职守罪"是否成立的法院，对此实践背景，同样不能忽略不计。

第三，与第二点相关，如果某类当事人基于"判决法官玩忽职守罪"的激励，不断在民事诉讼中提出"对方涉嫌犯罪"，则在法院看来，这极可能导致民事诉讼制度出现根本性的失灵。因为，所有民事诉讼均有可能因为"对方涉嫌犯罪"的主张，转入诸如刑事诉讼等其他法律程序。应注意，在判决"玩忽职守罪"是否成立时，法院的确提到：

> 如果在民事诉讼中，一方提出对方涉嫌犯罪，将其作为自己的抗辩理由，要求法官必须终止民事诉讼，将案件转入诸如刑事侦查等程序，则任何当事人均有可能运用"仅指称对方涉嫌犯罪"的方式或机会，要求终止民事诉讼；如此，民事诉讼制度完全可能瘫痪。[1]

第四，公诉意见指出，"因为具有较丰富的审判经验，被告人应在民事被告宣称自己被胁迫时，预见判决可能出现错误，进而预见可能出现不幸后果"。但站在法院角度，公诉意见等于对法官提

---

[1]　参见《广东省高级人民法院终审裁定书》（编号：［2004］粤高法刑二终字第24号）。这里引用的也非原文，而是修订过的与原文意思一致的表述。

出了不切实际甚至严厉苛刻的要求。民事诉讼中的法官，为此，将会感到巨大的精神压力，并且常会感到困惑迷惘，如"怎样预见"？[1] 这对民事审判非常不利。审理"玩忽职守罪"是否成立的法院，对此背景，同样不能视而不见。

除上述四个背景，当然可提到，进而分析其他可能的背景。但上面四个背景及其分析，足以提示问题的关键：必须看到且深入理解"实践立场""实践目的"所包含的意义。

凸显"实践立场""实践目的"，意味着需传递这样一个信息：法律语境中，"立场""目的"，总是针对某方或某一群体的利益愿望而言。此不仅对法律诉讼中的当事人来说颇为明确，而且对法律共同体内部的法律人来说亦可看到；尽管，此非必然。在法律共同体内部，因为职业分工，阶层团体性的"利益期待"的形成，在某些情况下不言而喻。当然，需要说明的，则是"利益"并不一定体现为社会物质资源的直接的份额占有，其也能体现为对自己的某一层面的"顺利""便利""成效"等隐性收益。

如果这样展开，在上述四个背景中，则可清晰发现法院作为群体的"利益期待"。第一个背景，说明法院担心判决的负面激励：因为法官担心承担责任，从而将本应适用的审判方式设法转变为其他审判方式，故法院可能面对内部压力集中（主要对审判委员会）的困境。第二个背景，说明法院担心审判效率降低，效率降低，尽

1　有的民庭法官，即表达了类似担忧。他们说："对于我和我的同事而言，莫法官的入狱使我们很敏感，甚至很不安，因为我们也是民庭的法官。"见法治论坛网友ZOSU：《谁来关注"莫兆军后遗症"》（2003年7月7日发布），中国法院网，http://www.chinacourt.org/public/detail.php?id=66704，2007年2月1日访问。

管首先是"公共效率"问题，但也部分包含法院自己"便利与否"的问题。第三个背景，至少说明法院担心面临不易处理的，因当事人不断提出"对方涉嫌犯罪"而引发的审判障碍，此障碍，又在冲抵法院自己的"便利"期待。第四个背景，说明法院不希望作为阶层内部成员的法官常面对巨大的精神压力，这种压力，和法院自己期待的"顺利""便利""成效"，同样相互矛盾。

自然，对上述展开的辨析，有人可能并不认同。有人可能指出，上述四个背景，实际上恰体现了审判"玩忽职守罪"是否成立的法院，对一般法官能"公正""有效率"地审判案件的愿望，同时，亦体现了社会一般公众对法院的普遍要求，故未必应从"利益期待"的实践立场、实践目的的角度，揣测其中倾向。但从对立面，特别是在这一具体案件中公诉一方的角度深入讨论，依然且进一步可发现其中的确存在倾向问题。

公诉一方可认为，首先，民事诉讼中的当事人，特别是被告，并不一定都会由于这一判决而采用"宣称对方涉嫌犯罪"的策略。因为，其中总包含一定的遭遇公共权力制裁的风险。如果宣称对方涉嫌犯罪，而国家机构调动审查程序，审查结果是"诬告"等，则"宣称对方涉嫌犯罪"需付出沉重代价。其次，在独任审判和简易审判中，法官尽到自己谨慎职责，不会存在被定为"玩忽职守"行为的可能性。这里问题的关键，其一，在于国家完全可运用公共权力严厉地对付"诬称对方涉嫌犯罪"，提高"诬称"的沉重成本；其二，法官完全可没有过多负担以尽职尽责，而何况要求具有丰富经验的法官在民事诉讼中尽职尽责，并非苛刻。故法院一方的"背景"考虑，无法回避被认为具有"倾向"的质疑。

其实，更深入的证据，在于判决作为被告人的法官"玩忽职守罪"不成立时，法院明显否定了"以自杀作为表征的民事诉讼中的被告群体"的利益。在此，事实上，法院表达了这样一个"立场""目的"的含义：被告群体自己应具有必要的法律自我保护意识，否则，只能自己承担不利后果。判决书中，法院的确指出：

民事诉讼中的被告不行使法律赋予的各项权利，不向公安机关报案，在一审判决明显不利自己的情况下依然没有上诉、申诉，使判决结果进入执行程序，对此，被告自己负有明显的责任。[1]

显然可发现，针对"对方涉嫌犯罪"的问题，在公民自主救济和国家主动救济之间——如果提升，可说在这样两个同样重要、同样需重视的社会价值之间——法院实际上是在强调前者。而强调前者，我们再次可认为，不是纯粹"中立"的，"没有立场"，因为，对那些具有足够法律意识、且具有各种便利条件的当事人而言，它是有利的，且是有效的，反之，对那些缺乏必要的法律意识、且缺乏必要的便利条件的当事人而言，其未必有利、有效。这意味着，人们当然可反问，对那些非常贫困且文化水平极低的当事人来说，难道的确应主张"公民自主救济"，而不主张"国家主动救济"？

如果对照公诉一方的主张，可更为清晰地发现法院一方在上述

---

1 参见《广东省高级人民法院终审裁定书》（编号：[2004]粤高法刑二终字第24号）。引用的不是原文，是经过文字整理，与原文意思一致的表述。

两个重要社会价值选择问题上的"倾向"。公诉一方，在提出"不能僵化固守'谁主张谁举证'，进而僵化固守自己民事审判者的角色"时，特别暗含了对应性的重要社会价值的选择：至少对某些缺乏法律资源支持的当事人而言，或对那些亟须法院提供法律帮助的社会群体而言，如其缺乏法律意识，甚至不主动想到"法律协助"，民事诉讼中的法官体现"国家主动救济"，依然非常必要；一味强调"公民自主救济"，实质上，等于忽略一类当事人或社会群体的需求，进一步，等于否定其重要利益；如果措辞严厉，则其等于忘记"人民法官"中的"人民"修饰一词的根本要求。[1]

　　概言之，"谁主张谁举证"，其背后深层的"实践立场""实践目的"的内容，实际上包含了自由主义政治观的程序正义主义。[2]而认为法院适当时主动调查证据，其背后深层的"实践立场""实践目的"的内容，实际上包含了左翼民众政治观的实体正义主义。[3]

五、理论者思考的"法律实践知识"

　　在此，如果"实践中的法律知识"包含"实践立场""实践目的"，则"理论中的法律知识"会怎样？

---

[1] 有人也的确这样认为。例子，参见箫志：《葫芦僧判断葫芦案现代版》，载《方圆》2003年第2期，第10—16页。

[2] 这里用"包含了"的表述，意味着我不完全排除"强调法院审判效率"也包含了"为民服务"的意思，而"为民服务"，未必就一定是自由主义政治观的内容。

[3] 有人就指出过，应当且必须缓解群众对法院审判的不满，许多当事人上访，是因为证据不足的问题，而且自己没有举证能力。例子，参见尚晓宇：《杜崇烟代表：适用"谁主张谁举证"要结合国情》，载《检察日报》2006年3月10日，第002版。

　　前文提到，法学样本中关于"民事诉讼证明责任"的"法律知识"，和上述案件中关于"民事诉讼证明责任"的"法律知识"，在"逻辑意向""说理结构""叙述机制"，甚至"关键词的使用"等方面，基本相同。其实，此已暗示，可以且必须在"相互对应"中挖掘、揭示"理论中的法律知识"的同样性质，即同样的"实践立场""实践目的"。

　　首先，转换角色，设想——实际上是考察——法学知识者如何思考"实践问题"。

　　我们可设想，其不纯为思想试验，且其亦具有现实意图。因为，可发现许多法学理论研究者面对"实践问题"时，的确会提出观点和论证，在中国，当然包括在西方，均如此。而问题的关键，则是当提出观点和论证时，其讨论，尽管可能具有"学术话语"的包装、"知识精英"的外表，甚至还有"科学知识表达"的印迹，但"解决实践问题"的诉求，使其必须像法律实践者一样，具体说明如何解决"实践问题"。如当中国发生"刘涌案"、[1]"黄碟案"、[2]"孙志刚案"，[3]及前面讨论的"莫兆军案"等实践问题

---

1 参见《最高人民法院刑事判决书》（编号：［2003］刑提字第5号）。

2 关于这一众所周知的富有争议的案件，参见苏力：《也许正在发生：转向中国的法学》，法律出版社2004年版，第125—126页。

3 可参见《广州市中级人民法院刑事判决书》（编号：［2003］穗中法刑初字第134号）。

时，又如当美国发生"辛普森案"、[1] "总统选票纠纷案"[2] 等实践问题时，尽管众多学者展现了"学术""知识"和"科学"的面相，但仍可清晰发现，其均有积极、具体的"解决实践问题"的意向，表达了如何解决实践问题的思考，且此为不可避免。[3] 故这里，便逐渐通向了"实践立场""实践目的"的道路。

更深入的问题关键，则是如果法学知识者积极表达了对"实践"的意见，则意见中，必然包含了"知识路向"。法学知识者不可能，亦不会，使自己对"实践"的意见和自己的"知识路向"发生矛盾，即使部分的不协调，或在表达对"实践"的意见时，不运用自己的"知识路向"（当然，有时会出现个别意外）。这个意义上，法学知识者的"知识路向"，实际上是自己对"实践"的意见的前提、基础，当然，亦为论证资源。故一个深层结构逐渐浮现出来：其"知识路向"和"实践立场""实践目的"，存在着某种直接相通的关系。

当然不能认为，法学知识者在讨论"实践问题"时，本身即必然预先确立自己的"实践立场""实践目的"，以"实践立场""实践目的"作为出发点。但"实践问题"中的"对立

1　可参见Walter Hixson, "Black and White: The O.J. Simpson Case (1995)", in Annette Gordon-Reed (ed.), *Race on Trial: Law and Justice in American History*. New York : Oxford University Press, 2002。

2　可参见Christopher Banks, David Cohen, and John Green (eds.), *The Final Arbier: The Consequences of Bush v. Gore for Law and Politcs*. Albany : State University of New York Press, 2005。

3　讨论这些案件的学者例子是人们熟知的。而关于"莫兆军案"，学者讨论的例子，参见栩编辑：《反思：莫兆军案谁之错》，载《新快报》2003年8月3日，第A11版。

性""争议性"，使法学知识者，亦使作为前提、基础、论证资源的"知识路向"，无法逃避"实践立场""实践目的"的选择。所谓"对立性""争议性"，实际上是源于法律语境中的社会纠纷的基本特征。社会纠纷的存在，意味着利益的不同和矛盾，同时也意味着价值观念的不同和矛盾；而利益和价值观念的不同和矛盾，本身即为日常实践的组成部分。故法学知识者、"知识路向"支持一个实践观点，在较普遍的意义上，即为支持一个利益，或一个价值观念。法学知识者及这种"知识路向"，在此，至少外在地和一种"实践立场""实践目的"出现"合谋"。

　　进一步，还需深入追究的是：如果集中于"知识路向"本身，则可发现，这种"知识"其实在逻辑上必然支撑着某一实践观点，进而支撑着某一利益，或某一价值观念。因为，其能成为某一实践观点、利益、价值观念的有效的具体支持理由。

　　关于支持理由的问题，应看到，即使"在理论中"，理论思考又在呈现"可辩性"。"可辩性"包含这样一个意思：知识可不断反思、对抗；故知识也需在反思、对抗中证明自己的正当性。严格说，任何知识均如此。而在法律理论中，因为法律、法学语境更为充满实践争议、更需务实（解决现实问题），故其也更为明显。因此，对法学理论，"知识路向"本身成为某一实践观点、利益、价值观念的有效的具体支持理由，不足为奇。

　　究其根本，可注意，在论证某一实践观点时，人们在一般性的社会观念——如伦理、经济、文化的普遍性观念——不能成为有效的直接依据之际，必然会依赖"说理性"的"知识路向"，以展现自己的"根据厚重"；而最需注意的，则是如果己方可提出"知识路向"的根据，而对方不能提出，则说服力及可信度，会向"可提出者"发生倾斜。故"知识路向"和实践观点的逻辑关联，根本无法忽略。在此进一步的结果，则是当人们认为一方可信时，也就默认了一方的某一利益或某一价值观念。

再看前面讨论的具体法学样本。

可发现，尽管此样本提出了"规律性"的意思，表达了"客观性"的欲望，但其也依然暗示，自己提出的诸如与民事诉讼证明责任相关的"法律知识"，具有实践意义；换言之，其是支持某个实践观点的。如该样本提到，这一知识有利于避免"影响法院的审判效率"。[1]此外，该样本提出，这一知识具有如下几点价值：

1. 有利于发挥当事人举证的主动性……诉讼中的任何一方当事人都不希望自己承担不利的诉讼结果，正是这种力求避免承担不利诉讼结果的动机，推动着当事人在诉讼中积极地举证；

2. 有利于使当事人对裁判中的事实负担起责任……因为如果把调查收集证据的责任置于法院，当事实真伪不明时，当事人就会指责法院未尽力收集证据，把自己败诉归咎于法院；

3. 有利于实现法院在证明活动中的职能……如果证据材料不是由……当事人提出，而是由法院去收集和提出，就会破坏诉讼的基本构造，使法院在证明活动中处于当事人的地位；

4. 有利于防止滥行诉讼……防止当事人提出子虚乌有的

---

1 李浩：《民事证明责任研究》，第33、81页。

"事实"。[1]

另外，该样本提出，如果放弃这一知识，则某些当事人便会故意提出某些实际上不存在，但又难以证明其不存在的事实，阻扰诉讼。[2]

而从宏观出发，该样本进一步分析了"国家主义"的证明责任和"当事人主义"的证明责任的历史变迁。针对历史中诸如苏联、东欧社会主义国家民事诉讼的价值倾向，该样本指出：

法院在一定情形下主动介入调查取证活动，既可以为那些在收集证据活动中遇到困难的当事人提供有效的帮助，使真正享有权利的当事人不会由于收集证据时遇到客观上的障碍而受到不利裁判，也有利于法院查明案件的真实情况。社会主义诉讼模式的伦理价值观也在其中得到了充分的体现。[3]

显然，通过样本的直接表达，可看到，前面提到的该法学样本的关于民事诉讼证明责任的"知识路向"，即关于"法院职责原理"的"法律知识"，背后勾连着重要的某种实践观点，或某种价值观念，直至某种利益；其要么包含着自由主义政治观的程序正义主义，要么包含着左翼民众政治观的实体正义主义，而从其文本看，显然是前者。

如果联系前述案例样本，还能看到，其一，该法学样本所表达

---

1 李浩：《民事证明责任研究》，第80—83页。当然还有其他意义，笔者在这里没有全部列出。
2 李浩：《民事证明责任研究》，第26页。
3 李浩：《民事证明责任研究》，第86—87页。

的上述"意义价值",和前面一节所讨论的法院所表达的"背景考虑",颇为类似;此从侧面印证其和实践意图存在必然性的逻辑连接。其二,更重要的,可看到,该法学样本所表达的关于民事诉讼证明责任的"知识路向",在逻辑上,完全可成为前面讨论的法院一方的具体支持理由;并且,不能排除一种可能:正因为一类理论中的"法律知识"的传播,如通过法律教育、法学思想的被阅读,这种"知识路向",成为实践活动中的话语意义的逻辑依据。这个意义上,结合前面一节分析的法院一方体现的支持一种"实践立场""实践目的",及一种价值观念和利益的结构机制,则可认定:这里提到的理论中的"知识路向",亦在支持一种实践立场、实践目的及一种价值观念和利益。

六、实践者思考的"法学理论知识"

其次,转换角色,设想——实际上是考察——法律实践者如何思考"理论问题"。

某些情况下,法律实践者如法官、检察官,完全可较为"纯粹法学"地讨论法律问题,换言之,其某些讨论,可能和实践中的具体问题没有直接关系,如撰写理论性文章、著作,在法学期刊上发表学术性见解,而中国读者现在非常熟悉的美国法官波斯纳(Richard A. Posner)常撰写纯学术著述,或许是最明显的例子。在此,实践者的法学讨论,其功能既在于理论素养的培育、表达,又在于将司法实践中发现的具体问题予以提升,且加以理论化。

但特别重要的,第一,一般情况下,如果足够自觉,则法律实践者常期待将"理论问题"的思考结果变为日后实践活动的一个知识根据。尽管总会看到,一些法律实践者使用"理论大词"思考、撰写、讨论"理论问题",[1]似乎没有"具体实践"目的,但上述"期待"则更常见。因为,容易理解,法律共同体内部的职业分工,尤其是"法学理论工作者"和"法律实践工作者"的职业分工,要求后者必须自我有意识地时常将"理论"在"实践"的平台中加以展开,至少,主观上具有这样的自觉担当。故法律实践者的"理论问题"的思考,常需要甚至必须蛰伏在"日常实践"上。进一步,当法律实践者在解决具体法律实践问题时,"理论思考",或通过具体法律案件的讨论,或通过判决书写作方式的直接论证,在"具体法律观点"上留下印记。这便有如在今天中国及西方司法实践中,我们常看到的。在此,概括说,一个重要结果则是,通过上述"期待",理论化的"法律知识"被不断吸入法律实践者的意识之中。

　　第二,从第一点引申,被吸取的理论化的"法律知识",势必需在逻辑上和法律实践者主张的"日常实践观点",形成有效支持关系。在这里,一个筛选机制不能被忽略,即就日常实践看,在法律实践者意识中留下印记的,总是那些可利用的"法律知识"。众所周知,理论化的"法律知识"多种多样,而在思考、讨论中,法律实践者可推论、总结甚至想象许多理论化的"法律知识"。但前面一节提到的理论中的法律知识的"可辩性",及法律知识本身的

1　在最近几年法院系统论文评选中,可看到大量例子。作为具体例子,可参见万鄂湘编:《民商法理论与审判实务研究——全国法院第十五届学术讨论会获奖论文》,人民法院出版社2004年版。

对立性，包括法律实践者可意识到的实践问题的可争论性，均会促使法律实践者，作出针对某种理论而来的"甄别选择"。这种"甄别选择"的具体结果，会随具体法律问题语境的变化而变化，随微观权力关系、具体需要策略的变化而变化，但"甄别选择"，本身亦会受"理论"和"日常实践观点"的逻辑关系的制约。换言之，从论证角度看，法律实践者不会选择对自己"日常实践观点"没有逻辑支持的"理论"。

第三，在思考"理论问题"时，法律实践者对法学工作者的"理论观点"进行思考、汲取、借用，是顺理成章的。这符合"思考的经济原则"，亦为法学工作者的"话语权威"发挥作用而导致的一个附带结果。但具有特殊性的，则是法律实践者在参照法学工作者的"理论观点"时，并不一定仅是模仿，其常会自觉或不自觉地，将日常实践中亲历性的"具体问题"的背景作为依据。如中国的司法实践机构，特别是基层的司法机构，在接受法学理论的训导——聆听法学家的讲学、阅读法学著作等——之际，常会有意或无意地，在自我法律实践的场景中，建立"思考"联系，展开对应考察，检试理论的可适用性。[1] 故法律实践者对"理论问题"的思考，具有"实践反思性"，而非完全顺从规训。深入看，虽然像前面第一节提到的，有时可提到"理论指导实践"，法律实践者会接受法学理论的影响，但这以"可成为日常实践的逻辑支持的理由"作为前提。

第四，最重要的，同时也属于非常常识的，则是法律实践者

---

1 在地方法院机关杂志所发表的法律实践者的作品中，经常可看到大量例子。

思考的"理论问题"和法学工作者思考的"理论问题",其知识
的性质为一致。法律实践者,不会因为自己的职业角色,使自己
的"理论思考"有别于法学工作者。法律实践者可能会具有较明
显的实践动机,"实用地思考理论问题",但进行理论思考时,
其功能性的角色可暂时转化为特定的"法学工作者"。这也是为
何我们时常可看到法律实践者写出学术性的理论著述,如论文、
专著,并且感觉其为"法学工作者"的缘由所在。在此,可进一
步传递的信息是:法律实践者头脑中的"理论知识",不会因为
职业角色的一定时空的差异,而仅属于法律实践者,其为法学知
识者和法律实践者所共享。这一信息的深层含义是:法律实践者
势必会"静悄悄"将日常实践中的一种实践观点,一种价值观念
或利益,带入自己的"理论问题"思考,进一步,带入自己理论
化的"法律知识"之中,因为,其总会展开受前述逻辑关系制约
的"甄别选择"工作;[1] 而法学知识者"理论思考"的性质,从另
一方面再次被暴露出来。

七、知识形态的家族类似

上面一节展开的分析,将法律实践者对"理论问题"的思考,
和法学工作者的"理论问题"的思考,加以对照。其目的是说明它

---

[1] 上面四点分析,对中国来说,在一个制度背景下可能更需注意。这个制度背景即20世
纪90年代以来,最高人民法院在司法改革上要求各级法院在裁判文书中尽力充分论证裁
判理由。参见最高人民法院:《人民法院五年改革纲要》,载《最高人民法院公报》
1999年第6期,第186—187页。

们的同质性，进而说明它们的"知识形态"的家族类似。

但还需提到另外一点：法律实践者的"理论思考"，不论从现实角度看，还是从历史角度看，实际上是法学工作者的"理论思考"的逻辑起点。这意味着，某种意义上，可将法学工作者的"理论思考"视为法律实践者的"理论思考"的进一步展开。

从现实角度看，富有争议的"法律问题"的一个特点，在于"解决过程常是一个论证的过程"。或可认为，一旦出现富有争议的"法律问题"，则意味着出现某种"论证需求"。当然，首先需澄清，没有人会否认法律作为秩序而存在时，人们之间的关系有时十分平静，每个人均自觉或不自觉地遵循"法律图标"，没有争议从而无须"论证"。但更关键的，则是当提到富有争议的"法律问题"出现时，人们实际上等于提到："依照法律看"，不同观点、价值观念、利益出现冲突，故争议性的"问题"亦出现了。进一步，如果这类"问题"出现，并且法律的明确规定在人们看来不能直接适用，则法律意义上的"理论论证"便无法回避；人们势必要从"法律理论论证"的角度，阐述自己观点、价值观念、利益是正确的。[1]

为深入讨论，提到德沃金（Ronald Dworkin）的一个早期法律思想，颇为必要。在他看来，当出现富有争议的"法律问题"时，人们为论证自己的具体法律主张，需援引大量论证资源，其中，理论化的法律原理，是非常重要的论证资源。[2]德沃金的思想暗含如

---

[1] 这是就法律的一般情况而言的。因为，有时，尤其是在某些特别的历史条件下，人们仅需要权威性的人物，以解决这里的问题，而不需要"法律论证"。

[2] 参见Ronald Dworkin, *Law's Empire*. Cambridge: Harvard University Press, 1986, p. 90。

下一个含义：法律论证的过程，实际上是不断增加理论化的法律理由的过程。为理解德沃金思想的这个含义，可回到前面提到的"作为被告人的法官'玩忽职守罪'"案件的问题。该案审判中，公诉一方和法院一方，在提出具体的法律规定作为直接依据时，并且在这些直接依据"势均力敌"时（见前第三节），均不得不提出理论化的法律理由，以进一步论证自己的法律主张。双方虽然另运用经验常识、社会情理等资源，但更着力运用的是法律原理。此清晰表明，德沃金思想含义的意思是：越试图"充分论证"，越依赖理论化的法律原理的不断援引。

但德沃金的思路中，更重要的一个目标是：不断用来论证法律主张的法律原理，可不断抽象化，而越抽象化，越可成为人们日常所说的"法律理论"的一个组成部分，甚至是颇为抽象化、一般化的"法理学"的组成部分。[1] 这意味着，为利用"法律论证"以证明自己的观点、价值观念、利益是正确的，另需要从若干角度，更重要的，从潜层到深层，从具体到一般，运用"法律原理"直至"法律理论"，展开推进。就此看，可理解为何德沃金说，"法理学是司法审判的一般部分"；[2] "在法理学和司法审判或其他法律实践之间，并不存在明确的界线"。[3]

现在，用德沃金自己青睐的例子——里格斯诉帕尔玛（*Riggs v. Palmer*）案，以说明其更重要的目标。该案众所周知，其他

---

[1] Dworkin, *Law's Empire*, p. 90.

[2] Dworkin, *Law's Empire*, p. 90.

[3] Dworkin, *Law's Empire*, p. 90. 德沃金的这些思想，早在20世纪60年代即已初露端倪。参见 Ronald Dworkin, *Taking Rights Seriously*. Cambridge: Harvard University Press, 1977, p. 69.

美国学者[1]亦不厌其烦地讨论。案件中，一名法官[2]坚持认为，第一，谋杀被继承人的帕尔玛（Elmer Palmer）没有继承权；第二，虽然当时《遗嘱法》条文未提到"谋杀被继承人者丧失继承权"，但《遗嘱法》中存在隐含意思；第三，应看到法条的明文意思，亦应看到法条的隐含意思；第四，应注意以往法条和判例中的潜在法律原则，而其中之一，则是"不能因为过错而获得利益"。[3]在这名法官的论证中，十分明显，不仅"不能因为过错而获得利益"的一般法律原理被利用，而且，"法律既包含明文意思又包含隐含意思"的法理学的一般原理，也被利用；就后者而言，其显然是在表达一个法律定义的外延、含义。当然，像现在中国学者普遍接受而德沃金曾着重论述的，还可提到，其中"法律原则是法律的一个组成部分"的法理学的一般原理，亦被利用。可看出，在这名法官的论证中，两个法律原理，即"隐含法律是法律的组成部分"和"法律原则是法律的组成部分"，是不同角度的，而且，它们相对"不能因为过错而获得利益"的法律原理，较为深层、抽象、一般；而事实上，它们正是法理学理论中的一些重要观念。

　　如果进一步分析，则可认为，德沃金实质上提出了一个深刻问题：如果法理学的法律原理，包括法律理论，可成为司法主张的论

1　比如，卡多佐（Benjamin Cardozo）和泰勒（Richard Taylor）的讨论。参见本杰明·卡多佐：《司法过程的性质》，苏力译，商务印书馆2003年版，第23—25页。另见Richard Taylor, "Law and Morality". *New York University Law Review*, 43 (1968), p. 626。

2　即Justice Gray。

3　可参见Dworkin, *Law's Empire*, pp. 17–18, 123–124。

证资源，那么，为何可认为这些法律原理及法律理论，是"描述性"（descriptive）的，进一步，认为其"中立""客观"，或认为其是"客观知识"？

提到谋杀被继承人案中的法官推理，德沃金意在论证，所有法律原理，包括所有法律理论，均不纯粹是"描述性"的，进而"中立""客观"，或为"客观知识"，因为，其亦内在地可被用以论证一个实践的法律主张，即论证一个关于"是否应当"的"实践立场"——"能否杀人取财"；更重要的，其是应对对立一方法律论证的手段。而审判谋杀被继承人案件的另外一名法官 [1]——对立一方——的法律推理，可十分简略地概括为：第一，帕尔玛可继承遗产，因为遗嘱法仅规定了遗嘱有效的条件，未提到谋杀被继承人的问题；第二，法律只能是明文规定；第三，法律原则是条文和判例的抽象结果，故不是法律的一部分；第四，依法判决，必须是指依据法律的正式文字。[2] 该名法官的推理中，亦有法律原理及法律理论，如关于法律的定义——法律是明文规定。在此，经过对比，显然无法断定前面一名法官的法律原理及法律理论，是"中立""客观"的，属于"客观知识"，而后面一名法官不是。而更易为人接受的判断是：其为"实践立场""实践目的"的论证、表达。

由此深入。

依照德沃金理论的思路，法学工作者的"法律知识"，以内在

1　即Justice Earl。

2　参见Dworkin, *Law's Empire*, 18–20, 123–124。

机制论，实际上完全可成为法律实践者的"法律知识"的深层"自我"。上述例子中，更抽象的论证的不断呈示，实为理论化的"论说"在实践化的"论说"平台中，论证实践问题的正误；换言之，"理论中的法律知识"，要求充当"实践中的法律知识"的逻辑内容，与后者融贯，巩固其立场选择。故从现实看，法学工作者的"理论思考"，是法律实践者的"理论思考"的进一步展开。

而从法学历史角度看，上面分析同样适用、成立。在较宏观的历史演变中，法学工作者的"法律知识"，事实上，总是法律实践者的"法律论证"在理论著述中的延续。

一般看，法学工作者习惯引用实践中的具体现实例子，以写作阐述。换言之，法学工作者的"知识讨论"，总是无法离开具体现实例子的支持而展开。但需敏锐觉察，此并非仅因为具体现实例子具有说明、提示的作用，可使理论容易被理解，效果较好；相反，主要因为只有在具体现实例子中，此类"知识讨论"才能表明自己准确的身份意义：为法律职业提供智识。这里意思是，实践化的法律原理表达，必然与现实中争议的具体法律问题相联系，而具体法律问题，自然是在人物、时间、地点、行动等要素构成的具体故事中产生的，具体故事的另外表述，便是具体现实例子；进一步，如前所述，实践化的法律原理表达在不断展开时，便是理论化的法律原理表达的一般展现，由此，法学工作者的"知识讨论"，在逻辑上无法离开法律的具体现实例子。因此，在颇为一般的法学历史图景中，同样可认定：法学工作者的理论操作，是现实中法律实践者的"法律说理"在学术话语运作中的延续。

作为暂时结论，这意味着，从法学知识起源的角度看，法学知识的提炼、概括，恰是在具有"地方性""时间性"的具体法律实践场景中提升完成的。正因为在"地方化""时间化"的充满对立争议的实践场景中提炼、概况，不由自主、延续地推论，故其是"一方"的具体支持理由的一个"法学"体现。

八、法律知识的具体性与普适性

上面分析，并不否认，某些情况下人们会面对没有争议的一般法律问题，如公认的"民事违约""刑事诈骗"，因而在此，无须提出什么理论化的"法律论证"。这些情况下，通常看，人们的确共同承认"依照法律这是必须给予处罚的"，进一步，认为只需适用明确的法律规定即已足够。但需注意，且人们也会承认的，则是其一，这类没有争议的一般法律问题，总是"地方化""历史化"的，即使特定的一个较大区域的，或特定的一段较长时间的；其二，这类没有争议的一般法律问题，一般而言，总是经过了漫长磨合——准确说长期的温和争议——进而转化而来，因为，地域的广阔变化和历史的复杂变迁，总是可提供相反的例子，说明对"没有争议"的法律问题的具体个别的反叙事。[1]

此外，从另外角度看，上面分析，并不否认某些情况下某种法学知识具有一定的普适性，甚至相当普适性，可支持许多实践中的法律立场。但人们亦不得不承认，即使一定的普适性，甚至相当普适性，其也存在"实践立场"的类别差异，即法学知识总在支持一

---

1 关于这一点，大量比较法和法律史研究，可深入作出说明。

类"实践立场"。作为例子,可注意前面提到的"不能因为过错而获得利益"。其既可成为法律原理,也可成为法学知识,而且可认为具有一定的普适性,甚至相当普适性。但众所周知,且德沃金也曾细致分析,一些法律原理或法学知识,能与"不能因为过错而获得利益"相互"竞争",后者并非排他的"绝对普适";一定条件下,"不能因为过错而获得利益",需让位。[1] 在此,所以需让位,恰缘于后者终究体现了一种实践需求。而一种实践需求,恰是由一种"实践立场""实践目的"所推动的;在一种"实践立场""实践目的"的背后,恰是一种价值观念、利益。故严格说,没有时空的普适性并不存在,而且,一定的普适性,甚至相当普适性,也总是经过漫长磨合——同样准确说长期的温和争议,有时是激烈争议——进而转化而来。

这里,进一步结论则是,从法学知识的整体看,理论中的法律知识是历史、地方化的,故也是不断演变的,并非普适真理性的、本质的。如果再次不断回忆侵权中"过错原则"如何被"无过错原则"修正,"承担剥夺他人生命的责任"如何被"正当防卫""依法执行死刑"修正,"恪守契约承诺"如何被"重大误解""显失公平"修正,加之前面讨论的"不能因为过错而获得利益"如何可被另外的法律原理修正,及前述中作为主要分析对象的"当事人证明责任"如何可被"国家主动查证责任"修正……我们也就可以且不得不去深入理解这一结论。

---

1 参见Dworkin, *Taking Rights Seriously*, pp. 25–31。

九、理论中的法律知识的性质

现在，需提出一个颇有意思的问题：如果通过前面层层递进而又较复杂的分析，特别是通过在"理论中的法律知识"中设想——实际上是考察——法学工作者如何思考"实践问题"，及在"实践中的法律知识"中设想——实际上亦为考察——法律实践者如何思考"理论问题"，且将其中的"逻辑联系""逻辑意义"予以揭示，将其中隐蔽的互通联系甚至同一性质予以暴露，则可获得什么洞见？

第一，可发觉"理论中的法律知识"，就性质而言，其实正是广义的"实践中的法律知识"。换言之，将"理论中的法律知识"视为相对法律实践而言的远距离的"实践中的法律知识"，更为贴切。这是关于知识定位的一个洞见。其实，上面一节分析，已暗示这个洞见。我们当然需承认，也如前面常提到的，"理论中的法律知识"，总是表现了和法律实践的某种"距离"，总是表现了"仅在知识意义上思索法律问题"的某种自我收敛、自我谨慎的谱系；但这种知识，不是仅出于知识生产的智识需要，而不断自我重复，或不是仅出于智慧游戏的愉悦，而在表达自我，就像某些哲学命题的思考，如"宇宙的意义是什么""存在可怎样定义""语言为何是我们的存在场所"。就此而言，法律语境中，将"理论中法律知识"和"实践中法律知识"的对应关系转换为延展关系，将前者视为后者的就性质而言的逻辑扩展，更为真实。

第二，"理论中的法律知识"，其实不是一个科学化、中立化的知识系统；相反，其为一种或张扬或隐蔽的规范化（normative）、立场化的知识主张。这意味着，这种知识，要么明确地、要么潜在地宣扬"面对法律问题我们应当如何、需要如何"的规范命题。它有时的确表达"这是什么"，故似乎是表达事实命题，但其总在支撑、论证"应当如何""需要如何"。即使有时可看到某些法学文本提出"这种法律现象就是这么回事，事实如此"，其中，也依然蕴含着"既然是这么回事，事实如此，则应如何"的规范企图。

在这里，可再举一例。众所周知，实证主义法学和历史主义法学均曾提出"法律实际上是什么"的事实命题，如"法律是主权者的命令""法律是长期历史化的民族精神的表达，并不一定是立法者的文字规定"。我们完全可设想，当出现"法律问题"时，尤其当人们之间发生激烈争议时，"什么可成为解决法律问题的法律依据"这一问题，在这样两个事实命题之间，便会成为严峻的规范问题：当认为"法律是主权者的命令"时，势必会主张依据主权者的命令，排斥表达民族精神的习惯法，以解决"法律问题"；相反，当认为"法律是长期历史化的民族精神的表达，并不一定是立法者的文字规定"时，势必会主张不能仅依据主权者的命令，势必会主张另外还需考虑表达民族精神的习惯法，甚至后者更重要，以解决"法律问题"。故将"理论中的法律知识"视为科学、中立的知识，实际上，遮掩了其中人们根本不能忽略的规范、立场的政治机制。此为另一个洞见。

第三，在"理论中的法律知识"里，应看到各种知识的"平等性""竞争性"。当一种"理论中的法律知识"成为权威，或享有"霸权"时，尤其是宣称自己是或被他者认为是"科学""中立"的权威，进而享有"不可置疑"的"霸权"时，应警惕其可能恰在吞噬其他知识存在的权利。更重要的，则是这种吞噬，完全可能通过"一个知识权威压抑其他未被认为是权威的知识"的方式，消灭实践中另外法律主张的需求、愿望、期待。因为，前面已反复提到且论证，学术知识，可成为法律主张的具体支持理由。人们当然会在某个时刻、某一场合，达成一定的共识，从而普遍认可一类法律知识，但这类法律知识，并不因此便超越那个时刻、那个场合，而成为没有时空限制的普适知识；更值得反思的，恰是就在那个时刻、那个场合，其也在压抑他者的需求、愿望、期待，因为，即使某些人成为少数时，他们也会坚持"少数人的权利"以抵抗，这种抵抗，也未必就没有任何理由。[1] 这个意义上，强调"理论中的法律知识"的"平等性""竞争性"，等于在强调"实践中的法律知识"的平等性、竞争性，进一步，强调社会广泛意义的主体权利的平等性和竞争性。这是第三个洞见。

第四，如果"理论中的法律知识"具有上述性质、特点，则这种知识的生产者，便应意识到法学的学术操作，实质上可认为是对法律实践的间接、迂回、侧面的参与，其过程，甚至可认为是法律实践的延展部分；更重要的，则是如果我们特别严肃地思考这里的问题，则其过程可直接认为"本身就是法律实践"。在此，同样如前面提到的，将理论和实践的关系，视为"提升""指导"，直至"镶嵌"（当然是人为"镶嵌"），都不是十分恰当准确的；相反，认为这种关系是"内在""互含""不分彼此"，则是更适当。从这里出发，法学学者，也就需要时刻反思自己的学术立场、

---

1 参见Dworkin, *Taking Rights Seriously*, pp. 164–205。

学术产品的真实意义，甚至需时刻调整自己的学术立场，包括学术目的，当然主要是学术产品的方向；因为，其中隐含了实践立场、实践目的。于是，法学工作者和法律实践者的边界，也就需要重新"调整"；法学学者的实践主体性的自觉，也就需要提到"法学生产"的议事日程。这是第四个洞见。

十、本书叙事的知识定位

1984 年，在耶路撒冷的一次国际法学学术会议上，西方一些重要法学家曾讨论"理论中的法律知识"和"实践中的法律知识"的关系，而且，主要是就法理学的一般问题而展开。[1]这次会议中，哈特（H.L.A. Hart）的理论和德沃金的理论成为主要对立两方。当然，另外一位重要学者——加维森（Ruth Gavison）——作为哈特的重要支持者，也表达了意见。

哈特认为，作为描述性的一般法学知识，是可以存在的，而且应当存在。因为，在设定法律实践的立场、目的时，首先应清晰地在一般意义上知道法律的大致特征、表现方式、存在形态。[2]换言之，法学知识并不必然地需贴上"规范性"的标签。他说：

---

1 参见Ruth Gavison, "Introduction", in Ruth Gavison (ed.), *Issues in Contemporary Legal Philosophy: The Influence of H.L.A. Hart*. Oxford: Clarendon Press, 1987, pp. 1–5。当然，此前，西方学者已大致且不是很清晰地讨论过这个问题。参见Roger Cotterrell, *The Politics of Jurisprudence: A Critical Introduction to Legal Philosophy*. Philadelphia: University of Pennsylvania Press, pp. 6–20, 223–230。

2 参见H.L.A. Hart, "Comment", in Gavison (ed.), *Issues in Contemporary Legal Philosophy: The Influence of H.L.A. Hart*, pp. 37–39。

一个事实是，人们一直需要某种形式的描述性的、一般意义上的法律理论或法理学，其中所表达的观念，并非法官在决定"什么是法律""法律在具体案件中要求什么"时所表达的观念，而是某种社会制度的外在观察者的观念……[1]

这种对法律实践和法律范式的粗略的特征描述（指德沃金的理论描述——本书作者注），不足以回答一些重要问题，那些总是因法律的存在而产生的重要问题，那些不属于道德论证或政治论证范畴，但涉及宪法结构和法律现象关系的问题。回答这些重要问题，对于理解法律，至关重要。[2]

德沃金认为，法学知识作为学术命题，无论具体的还是抽象的，即使试图运用描述性的方式加以说明、论述，在说明论证之际，其也无法从根本上躲避"规范性"的问题。[3] 这里表达了一个思想：描述过程，实质上也是表达"规范"欲望的过程。他指出：

传统理论是错误的……因为，它们没有理解法律命题（实践者的关于"什么是法律"的命题——本书作者注）亦在表达"解释性"的主张，而且，没有理解任何有用的针对法律命题真实条件的说明（即法律理论的说明——本书作者注），注定是规范性的，而

---

1 Hart，"Comment"，p. 36.

2 Hart，"Comment"，p. 37.

3 参见Ronald Dworkin，"Legal Theory and the Problem of Sense"，in Gavison (ed.), *Issues in Contemporary Legal Philosophy: The Influence of H.L.A. Hart*, pp. 9–20。

非简单描述性的。[1]

在此，德沃金实际上表达了前面第七节提到的法律理论被推出以论证审判的观念。

加维森认同哈特理论，亦类似表达了法学知识的描述性的存在。她认为，正如大多数法律学者承认的，作为科学知识的一类探讨，法学理论或法学知识，可成为客观性、观察性的。[2]她补充指出：

如果我们试图提供一个恰当的法律分析，则价值中立的法律理论观念，既是可能的，也是有用的，甚至不可缺少。[3]

可看出，对法学理论的使命和作用而言，两方对立观点的成立与否，十分重要。因为，可清晰发觉，如果哈特、加维森的理论成立，则以往法学知识的具有强大传统的各种努力均应获得认可，即使它们的观点、思路、论据，存在极大差异（如就法律的基本定义而言，有的认为，"法官所说的就是法律"；有的认为，"主权者的命令就是法律"；有的认为，"自然法和符合自然法的实在法就是法律"……）；进一步，问题仅在于，如何在辨析、剖解各种努力的"成功之处"和"失败之处"时，推进对法律的客观认识。与

1 Dworkin, "Legal Theory and the Problem of Sense", p. 13.

2 参见Ruth Gavison, "Comment", in Gavison (ed.), *Issues in Contemporary Legal Philosophy: The Influence of H.L.A. Hart*, pp. 21–34。

3 Gavison, "Comment", p. 27.

此相反，如果德沃金的理论成立，则以往法学知识的各种努力，均可能付之东流，因为，它们的基本方向存在错误，它们均在假定可从一种"客观"的角度考察法律现象，且假定在考察时，可没有"价值""立场"的干预。这意味着，以往一切法学学术思考，在根基上均要推倒重来。[1]因此，哈特、加维森与德沃金的争论，是有意义的，而且非常重要，根本不能置若罔闻。[2]本书赞同德沃金的基本思路。

　　但在本书看，其讨论亦存在某些盲点，或这样说，其未细致深入分析其中存在的某些中心问题。第一，其未细致深入分析，法学学术中的论证理由，在何种意义上，可成为法律实践中的"具体法律问题"的"具体"依据？[3]第二，其未辨析，法律实践者的具体法律推论，在何种意义上，可扩展为法学理论的学术展现？第三，较具体的法律理论和较抽象的法律理论，当"根植""生发"于法律实践中，或和法律实践不分彼此时，究竟如何逻辑地联系在一起？第四，其未考察，法学知识的社会意义上的"前结构"，究竟怎样形成？其实，可能恰因为这种"前结构"的存在，故法学知识的"实践参与性质"，成为不可避免。第五，其的确忽略了"没有

1　德沃金本人亦提到这个意思，参见Dworkin, "Legal Theory and the Problem of Sense", p. 10。

2　1987年，出版了这次会议的论文集，即Ruth Gavison (ed.), *Issues in Contemporary Legal Philosophy: The Influence of H.L.A. Hart*. Oxford: Clarendon Press, 1987。另外，许多学者后均加入争论，主要是批评德沃金的思想。

3　他在《法律的帝国》中讨论过"理论争论"（theoretical disagreement）的问题，认为在有争议的案件中，法官论证背后存在着一般性的"法律理论"。但他没有明确、清晰地将法学学术中的法律理论联系起来加以说明。见Dworkin, *Law's Empire*, pp. 5, 16–20, 90。

争议的法律问题"的问题。

因此,推进德沃金的讨论,包括推进其和对立观点的争论空间的理解,并且将所有这些在许多法律理论的话语实践中加以反复澄清,进一步,揭示问题的更深层次,有其必要,亦为本书的努力方向。在我看,只有这样,似乎才能在更有意义的层面上,理解这场学术争论及其给法学理论带来的重要价值;当然,最主要的,则是只有这样,才能深入理解"法律知识"的性质,及这种理解可带来的其他法学思考的路径开拓。

十一、本书的思路

本书在思考路线、论题范围、结构框架、方法运用等方面,将做怎样安排?

就思考路线而言,首先,为了分析阐述的"经济原则",在辨明理论中的法律知识和实践中的法律知识的关系时,本书将主要以较抽象的法律知识作为研究范例。集中于较抽象的法律知识,不意味着较具体的法律知识不重要,或不易分析。所以采取如此路径进入,因为,较抽象的法律知识,对于全书分析阐述的主题而言,是较难把握的,且相对较具体的法律知识来说,更具有分析难度。在前面讨论的"民事诉讼证明责任"这一较具体的法律知识中,可较为轻松地发现问题,但在较抽象的如法律历史学和法理学的一般判断中,这便较困难。此处,暗示这样一个意思:如果能将理论中较抽象的法律知识的问题剖解清楚,则理论中较具体的法律知识的理解,及它们——包括理论中较抽象的和较具体的法律知识——和实践中法律知识关系的理解，均将比较顺利，甚至更轻松自如。如同前面提到的关于"民事诉讼证明责任"的具体法学样本和具体审判样本所表明的，至少可注意一个基本事实：法律实践中，实践者运用理论中较具体的法律知识，几乎随处可见；相反，较抽象的法律知识，则是较难发现，对于那些最基本、抽象的法律知识，如法律的基本性质的知识，便更不易"发现"。较抽象的法律知识，及最基本、抽象的法律知识，总是以隐蔽的方式，潜在地在法律实践者的行动中"游荡"。

这意味着，直接进入较具体的法律知识，尽管显然是方便的，但也恰因为"方便"，在直接进入较具体的法律知识后，对于较抽象的法律知识，还需另外的论证努力；而必不可少的另外接续努力，又不甚符合学术生产的"经济原则"。

更重要的，则是如果可成功将理论中较抽象的法律知识和实践中同类法律知识的关系分辨清晰，则或许可更为彻底地把握理论中全部法律知识和实践中全部法律知识的关系。因为，一定意义上，较抽象的法律知识，总是较具体的法律知识的"根据""基础"；或这样说，一定意义上，较具体的法律知识，可从特定的较抽象的法律知识之中推演出来。对"根据""基础"，或"推演出来"等意思而言，可注意一个简单例子："法律具有可预测性"，作为一个法律知识，是以相对较抽象的"法律具有明确性"这一法律知识作为"根据""基础"；反之，从"法律具有明确性"，可推演出相对较具体的"法律具有可预测性"；因为，只有"明确"，才能提到"可预测"，前者是后者的前提。法律知识，一般而言，总是具有这样的"阶梯递进"关系。

当然，必要时，本书也将讨论较具体的法律知识作为一个补充。

其次，在"理论中的法律知识"和"实践中的法律知识"之间，本书将特别集中于前者展开讨论。所以如此，非常简单，因为正如前面各节不断分析推进的，本书主题恰是论证法学知识本身的真实性质，及法学学者的实际甚至应有的"实践定位"。此外，也如前面各节分析揭示的，如果能将"理论中法律知识"内部的实践特征予以凸显，则"理论中法律知识"和"实践中法律知识"的关系，也就可顺利地被梳理清晰。如此操作，当然不意味着，"实践中法律知识"仅是陪衬，或反衬；相反，其是作为一个含蓄但又重要的背景因素来做叙述支撑的。

再次，在后面各章，以导论前面的分析作为起点，本书将不断从若干角度，将"理论中的法律知识"和"实践中的法律知识"两者关系的辨析，推向法学家和法律家的角色关系的辨析。如此，目的在于，将法学、法律中的问题，从知识系谱学的领域转入知识社会学的领域。换言之，在追究理论中法律知识的机制和隐蔽性质的同时，必须由此进入知识生产者的社会角色的深层结构的解析。本书将始终贯彻这一宗旨。本书的确认为，法学知识生产者，因为法律语境是独特的，故应当甚至必须对自我的"社会分工"有所反省。其实，需强调的，则是在不断地将分析推向法学家和法律家的角色关系的辨析时，本身就是不断反省的自觉。

最后，本书将以中国的法学理论和法律实践作为视域焦点，后从"中国问题"走进"世界问题"，以逐渐较普遍地分析问题。采用如此步骤，其目的主要是出于这样一种考虑："中国问题"，对中国学术界而言，是更熟悉的，故也更易理解；进一步，其也更易将本书的分析讨论演变成为更方便的"中国"的广泛分析讨论，从而在可能时，使之进入世界的学术语境。在此，本书不认为中国的"法律问题"，必定是"中国的"；本书相信且将论证，"中国"的法律问题，亦可成为普遍性的世界法律问题。提到这点，不仅因为中国法律问题和世界法律问题有着类似之处，更重要的，是近现代开始，由于"世界流通"式的法律运动，中国和世界已相互交融、难分彼此，而中国法律问题，由此，对中国学者而言，不可避免地成为理解普遍性的"包含世界含义"的法律问题的一个必要窗口，需顺此展开；同时，也如人们常理解的，我们关注普遍性的世界法律问题，亦因为我们首先关心中国法律问题，后者就像"无形的手"，控制我们对普遍性的思考。

十二、本书的论题范围、结构框架、方法运用

就论题范围而言，本书将主要讨论这样一些问题：

第一，法学"科学主义"的主要困境是什么？此论题涉及的主要意思是：是否存在客观、中立的法学知识，或怎样看待法学知识的"科学性"才恰当，及由此出发，是否能够将法学知识看作法律实践的组成部分？

第二，在法学理论和法律实践的互动中，法学知识如何可呈现一些"全球意义"？讨论"全球意义"，意味着，在法律实践孕育中有些法学知识并非是纯粹"地方性"的。

第三，一个地方的法学理论怎样才会在其他地方中呈现"知识讨论"的意义；尤其是在法律实践的背景涌动中，法学知识的迁移

机制是怎样的？讨论迁移机制，意味着一定程度上，又需承认法学知识的"地方性"，及由此而来的"互通性"；当然，同时也意味着——这是最重要的——应在法律实践的自我觉醒中洞悉"知识讨论"的条件。

第四，当一种理论中法律知识和一种实践中法律知识特别明显地交织在一起、不分彼此时，其背后，是怎样存在着严峻的社会政治问题的？讨论知识背后的社会政治，意味着，将法学知识的分析推入政治议事日程的实践斟酌的思考框架之中；也意味着，对某些法学知识而言，可能特别需从启动一类政治机制的制度建设角度，以分辨其中的知识意义及知识价值。

第五，从近代化或现代化的角度看，一类随之而产生的法学知识，是怎样在裹挟"现代性"意识形态的同时，协助"现代性"意识形态持续发展的？引入"现代性"问题，意味着，法学知识特别需在近现代的语境中加以知识考古学式地审视，因为，今天的法学知识，特别和近现代法律、法学的历史变迁，存在必须仔细拿捏的根本联系；另外，也意味着，应当反思卷入"现代性"意识形态的法学知识的当代状况。

第六，随现代法学知识在细节上的自我膨胀，法律实践中的制度框架，是怎样在细节上不断"复杂化"的？讨论两者在细节上的"膨胀""复杂"，意味着，应考察现代法学知识和现代法律制度背后隐藏的"资本成本"正当性的问题；又意味着，应考察现代法学知识的"实践角色"，怎样通过"专业化""职业化"的路径，在论证"需要资本支持"的同时纵容现代法律制度的"政治偏好"——支持资本阶层。

第七，法学家和法律家，怎样可有机地在一个独特意义上实现"角色融合"？及法学家究竟在何种意义上应成为法律家？这一讨论，目的是在不断凸显"法律是务实的"这一品格的同时，不断追究法学家的角色定位，及作为法学知识主要代码的法学文本的社会定位。

上述论题范围的界定，表达了本书思路的核心所在，即仔细分析、考察理论中法律知识和实践中的法律知识，究竟如何在时间、空间两个向度上，复杂地表达自我。其界定，亦表达了本书叙述的目的所在，即从不同层面上，循序渐进地阐发、论证本书的基本思想。

基于此，在基本内容的安排上，或说在结构框架上，本书第一章以中国当代的法学"科学主义"作为轴线，从法学知识较为抽象的部分进入，分析法学知识的"科学""中立"的主张所面临的各种问题；以此作为基础，阐明、论证法学知识的内在的实践性质，同时，主张法学知识应成为实践能动性、积极参与性的，而在中国，这可能尤其需要展望。

第二章，从当代中国回溯至近现代中国，以近现代中国的一类法学知识——法理知识——生产作为主要对象，依据历史资料，特别是以点带面，分析近现代中国法学知识如何在呈现"中西二元对立""中国接受西方""中国拒斥西方"的同时，又呈现一种"世界意义"，亦即成为世界法学的一个组成部分；此外，这一章，分析其中作为法学知识生产者的个人化的"法律实践"所发挥的实质作用，及"实践中法律知识"所具有的实质功能。

第三章，从近现代中国再推进至当代中国，以 20 世纪 80 年代后的西方法学理论的"中国表达"作为主题，分析西方法学理论和中国法学理论的互动关系，及背后的法律实践实际上且应当所具有的作用；尤其着重分析，具体的法律实践场景的演化，如何可成为域外法学理论实现"中国进入"的真实条件。

　　第四章，将法学界甚至一般学术界反复讨论的"法律移植理论"作为特殊的知识样本，分析其中必须予以反思的"历史主义"，及这一主义存在的主客观条件。之后，这一章，将引入"关于法律移植的社会共识"的概念，进一步提出，解决"法律移植"问题的关键在于谨慎地搭建民主对话的政治机制；并且提出，只有如此，即应认真地对待民主对话的政治机制，才能化解因"法律移植"失败而引发的社会政治责任的危机。

　　第五章，分析与"法律移植"主题相关的"现代性观念和现代法治"的话语传播问题。这一章，分析"现代性观念""现代法治"的历史渊源，追溯其中知识谱系及社会政治法律的历史动力，并且，分析它们如何在中国及世界其他地方发挥话语作用，从而推进法律制度的"今天现代性"的发展。这章尝试论证，在推进现代法治建设的同时，应反思其中历史渊源所带来的当代负值的面相，及中国的法律实践对现代法学知识的真实需求。

　　第六章，在剖解法学、法律的"现代性"的基础上，以"法律制度应复杂化"的法学知识话语作为分析对象，当然，结合一个重要的理论文本——《简约法律的力量》，[1]以细致分析现代法学知

1　Richard A. Epstein, *Simple Rules for a Complex world*. Cambridge: Harvard University Press, 1995.

识引发的"法制帝国主义"的深层问题：法制建设及法制运作，其"资本成本"的正当性。

第七章，作为略带结论性的总体分析，以另外一个重要法学理论文本——《送法下乡》[1]——作为主要论域，分析当代中国法学知识在"推进现代性"和"反抗现代性"的两极对立中，如何可自我协调。当然，这一章，特别分析了法学家与法律家的关系，其和理论中法律知识与实践中法律知识的关系，它们实际及应当所具有的关联。

另需补充的，则是通过上述七章不同、但又相互联系的分析，本书在尝试深入讨论本书主题的同时，亦在希望以本书主题思想的论证为契机，反向推进各章自我所具有的其他方向上的主题思考，以纵深方式，走进其他法学问题的思考领域。

就方法运用而言，与论题范围和结构框架相互呼应，本书以辩证唯物主义、历史唯物主义作为基本的指导思想，具体运用知识社会学的工具，且运用将定性分析和个案研究相互结合起来的方法，展开本书的全部内容。具体说，本书在导论及各章的论述中，特别注意"法学知识"的社会建构这一要义，从社会实践的要素角度，透视"法学知识"的实践性质，且以此作为基本的叙事方法；此外，本书在导论和下面开始的第一章中，进行总体的定性分析，然

---

1 苏力：《送法下乡——中国基层司法制度研究》，中国政法大学出版社2000年版。第六章和第七章的两个文本的讨论，尽管涉及文本本身分析讨论的法律知识的问题，但针对文本的讨论，实际上又是将其作为一种"法律知识的文本"加以对待的。这在提示，作为法律知识表达的"法律文本"，本身也是面对"理论中的法律知识"和"实践中的法律知识"的关系的追问的。

后，在后续各章中，通过针对相互联系的若干法学知识理论而展开的个案研究，将定性分析不断贯穿其中；最后，在结尾一章，本书在主要进行学术文本的个案研究的同时，再次尝试提升本书的定性分析。

十三、一个提示

前面，导论从一个具体的法学样本出发，且联系一个具体的法律实践样本，通过逐步的论证、说明，较详细地阐发了本书的基本思想，及针对以往相关研究而言的知识定位，同时，解释了本书的相关安排。我希望，这是为后面各章讨论所准备的一个较易为阅读者接受的叙述准备……

马克思（Karl Marx）曾指出："无论是政治的立法或市民的立法，都只能表明和记载经济关系的要求而已。"[1] 如果允许套用上述马克思的语言表述结构，在我看，就本书思想而言，可这样提出一个中心命题：无论是"实践中的法律知识"或"理论中的法律知识"，都只能表明和记载社会政治经济关系的要求而已。

---

[1] 卡尔·马克思：《哲学的贫困》（1847年），载《马克思恩格斯全集》（第四卷），人民出版社1958年版，第121—122页。

第一章　法学"科学主义"在中国

——法学知识如何成为法律实践的组成部分

　　……所谓科学的中立的想法只是一种虚构，而且是一种蓄意的虚构……社会科学必然要在政治斗争中有所偏倚。[1]

　　在任何情况下，知识分子都该为人所听闻，实际上应该激起辩论，可能的话更要挑起争议。[2]

一、问题、思路和限定

　　第一章，讨论中国的法学"科学主义"。当然，讨论亦会逐步推向较普遍性的问题，这意味着，这一章，将不仅限于中国的法学"科学主义"。

　　从中国的法学"科学主义"进入，并集中讨论，因为20世纪80年代以来，中国法学界的学术努力之一，即在基本层面上将法

---

1 Pierre Bourdieu with Luc Boltanski, "Le fétichisme de la langue", *Actes de la recherché en sciences socials* 2: 101，转引华康德：《迈向社会实践理论：布迪厄社会学的结构和逻辑》，载皮埃尔·布迪厄等：《实践与反思》，李猛、李康译，中央编译出版社1998年版，第54页。

2 爱德华·W. 萨义德：《知识分子论》，单德兴译，陆建德校，三联书店2002年版，第62页。

学知识[1]变为"科学知识";而且,这种努力仍在持续。以研究性词汇使用论,中国法学学者颇为青睐"科学"一词,并使其享有普遍、基础的预设意义。在各阶段,若打开各类法学文本,则可轻松发现,"科学"意识化的修辞使用随处可见。[2]

以现有中国法学语境看,"科学"包含"客观""准确""反映规律""指涉真理""中立",乃至"知识分子独立精神"等含义;并且,这些含义时而相互联系。如一部刑法学术著作指出,刑法作为一门科学诞生,以实然性作为基础;对相当范围内现实事物的客观规律,科学性要求理论命题作出揭示与概括;有独立学术品格的法学家,应超越法律,揭示隐藏在法背后的规律性内容。[3]而一篇论文提出,法学学术应具有独立的特性和理性,应是一门科学;并且学人要有自己的学术品格。[4]显然,如果法学知识的确变为一类科学知识,则对中国法学而言,"成熟""自在自为"的独立学科特质,便可内化于法学理论。

上述中国法学中的"科学式"努力,在过去几十年,是从两个向度展开的。其一,在一类意识形态的宏观指引下,将法学知识变为"一般指引(指意识形态)与个别研究"彼此关系中的具体"个

---

1 本章分析的"法学知识",指学术语境中的各类基本法学知识,主要者如法理学、宪法学、行政法学、刑法学、民法学,法律史学中的知识。
2 对于这点,因其数量多,或许不可能进行广泛统计,作出数字上的说明或大量例举。相反,似乎应寻找难以寻觅的没有使用"科学"语汇的对立面的例子,从反面说明,"科学"意识化修辞如何占据了法学知识语词使用的广泛领域。
3 参见陈兴良:《走向哲学的刑法学》,法律出版社1999年版,第17、56页。
4 参见陈景良:《新中国法学研究中的若干问题——立足于1957—1966年的考察》,载《法学研究》1999年第3期,第120—121页。

别研究"。在此，法学知识称作"科学知识"，除意识形态内容的宏观普遍的指引外，主要缘于具体"个别研究"的实证分析运作。[1] 其二，希望摆脱某类意识形态内容的指引，试图直面社会中存在的各类法律现象，[2] 将法学知识视为有关社会法律实践的一类"不被有色眼镜过滤"的精确图解，并且，使法学知识成为客观、中立的。第二个向度意味着，法学知识称作"科学知识"，仅在于其本身的观察、论述及分析的客观中立。[3]

上述不同向度上展开的两类"科学式"努力，既存在区别，又存在相同。区别，是就某类意识形态内容"产生一般性影响"而言；应认为，在今天，其已日益显得并非十分重要。相同，是就两者均以为对社会各类法律现象这一广义文本的实证分析研究可拥有"科学资格"而言；[4] 相对来说，此非常重要。本章不讨论某类意识形态内容的"一般性指引"，其与本章主旨关系甚微。本章将深入研究、分析两类"科学式"努力的相同，即一种观念——相信对

1　目前中国法学中，多数文本常回避在法学知识细节上贯彻意识形态内容的指导。此为强调与"一般"相对的"个别"的重要性。关于这点，可参见《中国法律年鉴》（1987—1999，中国法律年鉴编辑部编辑，法律出版社）中有关法学各科发展概况的陈述，亦可参见《法学研究》《法学家》等法学刊物20世纪90年代以来发表的"各科法学研究综述"等文章。

2　"法律现象"一词，在此用以指称法律制度、法律条文文字、法律活动、法律言说等广义的法律文本。

3　一般看，第二类向度学术策略，主要体现在中青年法学学者的学术文本中。

4　在此需说明，两者虽然具有相同之处，但因为前一种科学式的观念赞同某类意识形态的宏观影响，故其中"科学"一词，有时失去了前文所例举的诸种含义中的"中立""知识分子独立精神"等要素。

社会各类法律现象进行实证分析研究可获得"法律科学知识"。[1]

本章,尝试从历时和共时两个方面,[2]分析"法学科学性"观念的理论困境。通过阐述,本章将论证一个观点:具有普遍意义的所谓"科学"的法学知识,难以存在;法学知识不可能成为法律现象的精确图解,即使是近似;法学知识,如法律现象本身一样,是特定历史语境中的产物,其可以而且只能,甚至应该成为社会法律实践中的一个组成部分,从而无法自身独立。

当然,首先应说明,提出"法学知识无法成为普遍、客观、精

1 关于"法律科学知识"的问题,需在此进一步说明。法学研究中,中国的相当一些法学学者,主要从"规范(或规则)研究"而非"经验研究"的角度使用"法律科学"一词。他们有时认为,法学专门研究"规范"(或规则)及"规范(或规则)相互关系"。但即使这类法学学者,其理论根基部分,也时常和"经验"判断存在密切联系。这意味着,其依然以作为实际存在的"法律现象"(如法律文字文本)作为思考对象。这一根基部分,与19世纪奥斯丁和20世纪凯尔森的观念十分接近,也可说,在学术渊源上主要来源于后两者思想。有关奥斯丁和凯尔森对"规范(或规则)研究分析"的强调,及这种强调以"经验观察"作为基础,可参见John Austin, *Lectures on Jurisprudence or the Philosophy of Positive Law*, 5th ed., rev. and ed. Robert Campbell, London: John Murray, 1885, vol. I, p. 1072;John Austin, *The Province of Jurisprudence Determined*, ed. Wilfrid Rumble, New York: Cambridge University Press, 1995, p. 112;凯尔森:《法与国家的一般理论》,沈宗灵译,中国大百科全书出版社1996年版,《作者序》及第4页。当然,这种"法律科学知识"的观念,亦十分相信实证分析研究之后的"理论指导实践",如奥斯丁提到,"通过对法律制度的分析,我们能够获得一个认识,即那些较为完善和成熟的制度,由于具有完善性和成熟性,富有卓越的指导意义"。见Austin, *Lectures on Jurisprudence or the Philosophy of Positive Law*, vol. I, p. 1073。同时,这种观念也相信,经过实证分析研究,可发现现存法律现象的不足或弊端,从而开出适宜的"建设性"药方。
2 本章将法学知识分为"历时性"和"共时性"两类。前者可称"历时性法学",后者可称"共时性法学"。这样分类,仅出于分析方便的缘故。后文对两者作出说明。当然,这样分类,有著作已提过,参见张文显主编:《法理学》,高等教育出版社1999年版,第1页。

确的知识"，即便不是"老生常谈"，也属于"老调重弹"，[1]但提出"法学知识实际上是法律实践中的一个组成部分"，则是极为鲜见。而且，本章观点暗示，提到"法学知识无法成为普遍、客观、精确的知识"，及提到"法学知识实际上是法律实践中的一个组成部分"，两者之间，存在重要的逻辑通道。前者纵深推进——当然是方向之一——即为后者的自然浮现。本章将提供一种可能较为独特的论证进路，说明这点。此论证进路的根本要点——集中于本章第五部分——在于将法律实践中"法律"一词及其他如"宪法""刑法""民法"……词汇的"探讨性"使用（后文对此做详细解释），予以凸现；并且由此，且以此作为根基，将法学知识谱系和实践中法律知识[2]谱系并置起来，使两者在重要意义上，呈现为同一事物的同一方面。[3]同时，本章将某些其他论证要点（相对而言非根本性的），最终嫁接于这一根本要点，进而，从其他方面，展现渐次深入的论说。

　　另外应说明，在通称的社会科学中，"科学"一词使用已成为惯例，并且，"科学"语汇使用及"科学意识形态"运作的成效，在除法学以外的其他社会科学学科中，[4]是本书作者现有知识、分析能力所不能把握的；故本章论证，仅限于法学与法律的语境。毫无疑问，社会科学各科之间可能存在共性，但本书作者的确认为，

---

1 如深受西方哲学阐释学和后现代思潮影响的法学，已论及此提法。

2 一般看，人们习惯认为实践中的法律知识是"实践性""经验累积性"的，为具体问题的解决而提出，故和法学知识存在显著区别。前者属于法律家，后者属于法学家。

3 当下中国各类法学知识，首先以法律、宪法、刑法、民法……诸概念作为基本前提，故分析这些概念的实践中运作状态，至关重要。此外，相关内容分析及论证，参见导论。

4 法学是否属于社会科学，意见分歧。在此，笔者采用一般性赞同意见，将前者归入后者。

且将深入分析论证，法学知识的独特根基与秉性，极可能使其与其他社会科学学科无法分享"科学"的荣誉，除非，对"科学"一词做出另外界定，如"仅进行精湛的理论分析即为科学"。本章无意攻击社会科学学术中"科学"一词的有益使用。本章目的，仅在于瓦解法学语境中的"科学主义"。[1]

当然，分析论证"科学式法学知识"观念的困境后，本章将进一步指出，法学知识的道路，其真正作用究竟如何，及抛弃法学"科学主义"，将会导致怎样的社会法律实践的积极意义。

二、"科学式"历时法学的研究对象

以今天较普遍接受的法学范式（paradigm）看，法学知识，可分为历时性法学和共时性法学。历时性法学，是针对"研究过去时序中存在的法律现象的学术运作"而言的；共时性法学，通常来说，是针对"研究任何时序——主要是当下——中存在的所有法律现象及其共性的学术运作"而言的。前者，常表现在如"法律

---

[1] "科学主义"包含一种十分重要的"帝国主义"（或"沙文主义"）的意图，即用颇为类似近代及现代自然科学的实证研究范式来"广泛统治"法学研究。在已发表的一篇文章中，笔者大致分析过法理学中的"科学主义"的困境。参见刘星：《法理学的基本使命与作用——一个疑问和重述》，载《法学》2000年第2期，第4—6页。在本章中，笔者将讨论扩展至大多数法学，而不限于法理学。同时，笔者将在其他方面进一步深化这一主题。其目的，在于进一步论证"法学语境中反科学主义"这一立场观点的学理空间和意义。

史""历史法律现象个案分析"的学科言述中;[1] 而后者,则一般表现在法理学、宪法学、民法学、刑法学等具有某种阶梯表象的分门别类的,或如"现存法律现象个案研究"的学科言述中。当然,"历时"与"共时",是就学科研究的时空及对象的学术模式而言。在实际存在的"法律史""法理学""宪法学""刑法学""民法学""法律现象个案研究"等学术文本中,均能发现,"历时"与"共时"两种模式彼此共存。[2]

　　本章将首先讨论历时性法学。这一节,集中其中"研究对象"的问题;下一节转向其中"研究主体本身遭遇限制"的问题。当然,应认为,两者是相互联系的。

　　从"研究对象"的问题看,第一,在历时性法学中,人们常会发现一个涉及根本性"争议"的困难问题:哪些或哪类被称为"法律现象",或具体说,如"宪法现象""刑法现象""民法现象"的个体,可归入研究对象之中?从任何角度,均可提出一

---

1 严格说,一切可作为分析对象的"存在"都是历史意义上的存在,但在此笔者尊重时下法学语境中约定俗成的看法:一定时期之前存在的法律现象,是"法律史"的研究对象,而当下存在的法律现象,另当别论。有关一切可作为分析对象的"存在"都是历史意义上的观点,可参见克罗齐的著名论述。参见贝奈戴托·克罗齐:《历史学的理论和实际》,道格拉斯·安斯利英译,傅任敢汉译,商务印书馆1982年版,第1页以下。

2 最常见的例子是,讲述法律史的学术文本总会适时阐述共时性法学的基本理论设定,而讲述法理学、宪法学、刑法学、民法学等学科的学术文本,总会夹带历时性法学的"历史回顾"言述。如《清代民族立法研究》这一中国法律史文本,在讨论嘉庆二十年(1815年)编纂的《理藩院则例》是否为"法典"时,便提出"'法典'都具有较强的稳定性、较大的普遍性、较高的概括性"这一共时性法学的基本理论。参见刘广安:《清代民族立法研究》,中国政法大学出版社1993年版,第13页。而《民法典草案的基本结构》这一民法学文本,在讨论中国民法典起草的理论问题时,回顾了大量国外民法典制定的历史。参见徐国栋:《民法典草案的基本结构》,载《法学研究》2000年第1期,第37—55页。

个疑问：当被称为法律现象的个体已浩如烟海（假定对"何为法律现象"没有争议），乃至无法全部归入研究对象系列时，而且，当所有历时性的法学文本均在特定而有限度的描述空间中展开，具有特定论题时，在某一历时性法学的研究文本中，为何某些、某类法律现象个体，具有被陈述的"合法"资格，而另一些、另类却被剥夺？

　　人们当然可指出，某些、某类法律现象个体所以具有被陈述的合法资格，因为，相对来说，其本身重要。但如果指出其本身重要，则会进一步遭遇疑问：根据何种理由或依据，称其本身具有重要性？理由或依据，由谁提出（称某物某事"本身具有重要性"时，其实正是有人在作出陈述）？为何"某人"或"某群体"，其所提出的理由或依据具有权威性？如果认为，权威由普遍群体来认可，同时，权威的依据由普遍群体来制定，则必将面对另外的追问："普遍群体"是指哪些学术主体，在何种意义上，其被称为"普遍群体"？显然，可认为并提出，从事学术研究的主体是众多的，尤其在打开具体时空的条件下，学术研究主体的数量谱系是开放的；而且，学术研究主体之间总会出现不同的意见。故"普遍群体"的概念界定，难以具有根据。

　　同时，如果考察历史时序中不断展现的历时性法学文本，可发现，这些文本，常赋予不同法律现象个体以不同的重要性，甚至"合法"资格的有与无。如民国时期的中国法律史文本，其中有

些，便认为清朝乾隆年间祝庆祺、鲍书芸等编撰的《刑案汇览》[1]
中所表现出来的"法律现象"，颇为重要。[2]而20世纪80年代，中
国法律史的研究性文本，通常并不认为《刑案汇览》中的"法律现
象"多么重要，其更多关注条文、章典文字性的法律制度。与此相
反，以往一段时期，许多中国法律史文本并不关注中国古代官府法
律裁判与民间自我息讼的相互关系，而在近年，众所周知，相当一
些中国法律史文本开始对其注意。类似的，则是明清时期的大量民
间笔记所记载的"法律活动"，在相当一段时期内，没有引起当代
中国法律史文本的足够兴趣（当然，笔记中也有一些"法律活动"
被某些《古代案例选》之类的文本所记录，[3]但很难认为这些记录
是法学研究性的法律史学术文本），仅在20世纪90年代后，才被
这些法律史文本集中系统研究。[4]

　　这意味着，历史的变迁，总在导致这里提到的"重要性"的变
迁。历史上某一时期的学术主体，的确没有且也不会被前一时期的
学术主体对"重要性"的认定所束缚，正如现在的学术主体，没有
且也不会被此前的学术主体的认定所束缚一样。就此而言，是否可
认为，"重要性"的意识因人而异？如果可以，则如何进而断定某
人的"重要性"意识的确重要，而他者是次要的？不仅如此，从另

1　参见祝庆祺、鲍书芸、潘文舫、何维楷编：《刑案汇览》（4册），北京古籍出版社
2004年版。

2　例子，参见瞿同祖：《中国法律与中国社会》，商务印书馆1947年版。

3　如北京大学法律系法制史教研室编：《中国古代案例选》，山西人民出版社1981
年版。

4　进行研究的较重要例子，参见徐忠明：《案例、故事与明清时期的司法文化》，法律
出版社2006年版；徐忠明：《法学与文学之间》，中国政法大学出版社2000年版。

一方向，还可追问，何为"重要性"的含义？重要意义是从何种角度而言的……[1]

可觉察，上述追问可不断展开，而且，方向总会导向怀疑性的道路。如此，的确有理由怀疑某一法律现象个体被赋予"陈述资格"的所谓的"客观性""准确性"。[2]

尤为重要的，在于还能提出更前提性的疑问：为何一些、一类个体被称为"法律现象"，或"宪法现象""刑法现象""民法现象"等，[3]另外一些、一类个体不行？这方面的困难，要比前面阐述的困难，更严重、根本。

这样来问：划分"是否属于法律（宪法、刑法、民法……）现象"的标准是什么？如果认为标准是"法律（宪法、刑法、民

1　举例说明。当代中国法律史研究中，可发现大致存在两种研究模式：规范的研究和法律社会学的研究。前者特别强调《唐律》《大清律例》等文字章典的重要性。后者强调社会之中司法判决、纠纷调解、契约活动等法律实践活动的重要性。两者之间的分歧，不仅在一般性法律史的言述中，而且在历史法律个案的言述中，均存在。可发现，试图说明何者真正重要，非常困难。因为两者法律观念，如文字中的法律观念和行动中的法律观念，及在说明这些"法律文本"对社会法律运作整体的效果的结论上，是完全不同的，各自成为一类理论体系。不奇怪，各类"法律文本"之间的实践互动关系，十分复杂，从不同角度及不同方面加以切入，得出不同的"重要性"论断，将是十分自然的。

2　克罗齐说，对过去现象个体"选择的决定永远是从实际动机作出的，它归结为保存或忽视的活动。我们在这种保存或忽视中实现我们的活动，从这种保存或忽视中，后来就为事实捏造出一种客观性质，以致把它们说成是'有价值的事实'或'在历史上无价值的事实'，是'历史的'事实或'非历史的'事实"。参见克罗齐：《历史学的理论和实际》，第85页。

3　"宪法""刑法""民法"等词汇，正如学界时常说明的，主要是经由日语词汇翻译而来的，且具有西学性质的法律分类词汇。对描述某些国家历史中的法律现象来说，它们基本没有问题。但对描述中国历史中的法律现象而言，它们可能存在较大问题。本章中，鉴于中国时下法学词汇术语已经如此，为叙述也为阅读方便，笔者将继续使用这些法学分类词汇作为描述工具，暂不论其对中国历史法律现象而言可能存在的问题。

法……）的概念"，则被使用的某一"概念"为何具有权威？如果认为某一概念的权威来自某一专家的权威意见，则为何这一专家的意见具有权威性？假定认为，不论概念本身的权威，还是专家的权威，均来自普遍群体的普遍认可，则又能根据何种方法、何种统计数据，认为古今中外的"普遍群体"表现了这样的普遍认可？[1]

　　过去历史主体对"法律（宪法、刑法、民法……）的概念"，可能具有不同观点，今人认为"属于法律"，在过去历史主体看，可能会有相反意见。反之，过去历史主体认为"属于"，今人则可能表达并不赞同的思考。以外国法学为例，欧洲中世纪及近代初期，一些极端自然法学理论主张者认为，只有意志而无理性或不符合自然法的法律，不是法律。[2]但今天西方，已极少有人如此认为。而欧洲中世纪及近代初期，相当一些学者，如阿奎那、格劳秀斯、孟德斯鸠，有如我们非常熟悉的，认为自然法、自然法则甚至"理性"等，是法律。但在当代，西方法学学者已鲜有这类观点。

　　从"研究对象"的问题看，第二，另可能出现的情形是：今人和过去的历史主体，或许根本对"法"或"法律"等词，"宪法""刑法""民法"等词，具有不同的使用方法；其用来所指称的对象，完全是不同的社会现象。如中文"法"一词在相当一些中国古籍中，含义为"法式""法度"；但现代书籍中，其常指国家

1　显然，就日常语言使用而言，"普遍群体"这一概念，是地域性和阶段性的概念。故来自"普遍群体认可"的"权威"，也不免是地域性、阶段性的。

2　典型例子，参见阿奎那：《阿奎那政治著作选》，马清槐译，商务印书馆1982年版，第104页以下；另参见William Blackstone, *Commentaries on the Laws of England*, 16th ed, London, 1825, I: p. 41。

制定或认可的规则。即使探讨同一社会现象，今人和过去的历史主体，依然可能使用不同语词，展开各自文本叙事。此在中国法律史研究中十分明显。如"民法"的旧时用语，有时是"文律""民律"等。实际上，当不断阅读不同历史时期的法学文本时，常可感到"相互对话的困难烦恼"。因为，不同的语词用法，及相同语词的不同含义，常构成对话的"障碍"。法学语境中，对话障碍的首要者则是"法律诸概念"上的意见分歧。

有人也许强调词典或辞典的重要意义。但词典或辞典的存在，必须注意，极可能同样无济于事。法学中，词典或辞典的描述论断，其本身就是法学文本的一种表现方式。正是所谓的"权威"，或"某些'普遍群体'"——实际上是特定时期、特定区域的"普遍群体"——相对的共同认可，使词典或辞典的权威话语的"合法性"得以出现。一旦历史语境发生变化，"权威""某些'普遍群体'"的呈现形态，便会发生变化，词典或辞典的权威性也会发生变化。如《说文解字》对"法"一词的解说，同目前中国词典极为不同；[1] 而清代《康熙字典》对"法"一词的解说，既颇为不同于《说文解字》，也颇为不同于目前中国词典。[2] 换言之，词典或辞典中的解说，其本身在另类语境中自然会遭遇另类"他者"的质疑，甚至替代。词典或辞典，其本身并不因为是"词典"或"辞典"，而具有所谓永恒的语词指称的意义。

1　《说文解字》对"法"一词的解说，参见许慎：《说文解字》，中华书局1963年版，第202页。

2　《康熙字典》的解说，参见张玉书等编纂：《康熙字典》，王引之等校订，上海古籍出版社1996年版，第602页。

　　故"法律诸概念"本身，及以其作为叙事基础衍生的历时性法学理论，其中无法存在所谓超越具体时空的"客观权威"。

　　从"研究对象"的问题看，第三，换种角度观察，历时性法学的运作是一类"档案"工作。而档案工作的首要任务，在于收集标识"过去存在"的历史证据。显然，历史证据的有与无、多与少，会影响直至左右历时性法学的定案操作。在此问题的关键，首先是人们常可发觉，所谓新证据的不断呈现与挖掘，会不断推翻一类定案结论，而这种推翻使人们有理由怀疑定案根基的稳固性；其次，作为历时性法学研究的"档案员"，根本无法知道所需用来定案的真实证据，在过去时序中究竟有多少，因为，历史证据的遗留，总依赖人为因素，或其他偶然因素，而这些因素，无形中完全可能对所有过去真实存在过的证据，发挥筛选、剔除、改造、变换等重塑对象的作用。就后一点而言，十分不奇怪，美国著名历史学者贝克尔（Carl Becher）曾指出，世界上，"不但包含着保存下来的历史事实，也包含着没有保存下来的真实事件"。[1]

　　深入看，当某些被称为"历史证据"的"文本""物证""传说"出现在"档案员"面前，如果"档案员"具有足够的反省、警醒意识，则首先使其感到困惑的是，为何这些文本、物证、传说得以存留，而其他可能存在的文本、物证、传说却失散、消匿以至无

1　卡尔·贝克尔：《什么是历史事实？》，段洎译，宜兆鹏、张金言校，载张文杰等编译：《现代西方历史哲学译文集》，上海译文出版社1984年版，第231页。而有法学学者则指出，"准确说，任何人只不过了解世界上曾存在或现存的一些法律制度而已"。参见David Walker, *The Oxford Companion to Law*. New York: Oxford University Press, 1980, p. 754。

影无踪？

此困惑十分重要，必须直面且需应对。因为，至少从当下各类正在发生、呈现的与我们共时存在的周边事物、事情的"存留境遇"中，可发现此问题的真实意义。能够想象，在今日，被称为立法、司法、执法、守法等社会法律实践的现象，及对其思考、认识、赞扬、批评、"失语"而产生的现象，其中相当部分无法被"封存""纪录""传诵"，人们甚至对其没有任何兴趣。"封存""记录""传诵"，依赖特定社会主体的工作，其工作，除兴趣外，依赖这种主体的爱好、观察角度、价值判断、立场观点，另可能依赖社会某些因素对这种主体的压力、限制、指令等，还可能依赖其他偶然性的原因，如缺乏工作所需的时间。故在论述史学理论中，克罗齐早已提到：

> 新闻、文件、纪念文字多得很，全部收集起来不仅不可能，而且和文化目的本身是背道而驰的……公立档案库中不仅谨防地收集报纸和保存报纸，并编出目录，而且也极力扔掉无用的报纸。[1]

同时，就容纳空间而言，"封存""记录""传诵"的方式，是有限的，而其所面对的对象却是无限的。这便使"对工作主体的影响因素"理所当然地发挥作用。故在后人历时性法学研究中，今日存留的历史证据，成为"部分性"；未存留的，成为未知数。

依此思路，有理由认为，历时性法学的"档案员"，总处在前

1　克罗齐：《历史学的理论和实际》，第83页以下。

述所提到的"后人"位置（当然，中国法律史的一些学者已意识到这一点）。此外，即便出现"封存""记录""传诵"，其依然可能再次出现"丢失"。就"封存""记录"而言，还存在保留技术的困难问题。有时，作为"档案"的"封存"证据和"记录"证据，也许因为物质的承载体失去承载能力，如纸张氧化而腐烂，使其中文字不能阅读，失去证据意义。就"传诵"而言，其同样可能因为时间十分长久，或传诵主体的不断增加，出现歪曲和失实。这使历时性法学的"档案员"，更有可能处于"后人"位置。

进一步，如果历时性法学的"档案员"面对上述种种困难，则其定案工作根基的稳固性便存疑问；[1] 而如果稳固性存疑问，则何以会有"客观性""准确性"？

从"研究对象"的问题看，第四，即便"所需用来定案的真实证据在过去时序中真正有多少"不是问题，我们依然要面对"已有证据是否真实"的问题。

"封存""记录""传诵"等存留方式，不是在真空中运作的。如前所述，它们受到各种因素，如封存者、记录者、传诵者的价值判断和知识判断（如认为"这是有用的""这是重要的"），及当时社会中的政治、经济、文化等力量对比的影响。如此，有何确凿理由认为：这些证据与真实发生的事物、事情之间，不会出现偏差？其实，作为例子，在中国法律史的研究群体中，相当一些学者已承认，以正史文本出现的某些"宫廷记录"极可能隐藏、遮蔽了历史真实。这些

---

[1] 这里，再次联系前面阐述的第二方面，即为何某些事物现象被称为"法律的"这一方面，可觉察，即使历史证据的呈现已不是问题，我们依然面对以"法律"观念作为根据决定取舍的基本困境。

"宫廷记录"，有时歌功颂德，有时诋毁贬抑。

此外，历时性法学的"档案员"，只能面对"历史证据"。面对时，其无法将"证据"和过去的"真实"加以对比，以证实"证据"的真实性。这就有如审判时法院面对证据的情形。有学者指出，史学研究者，"不可能直接与事件本身打交道。他所能接触的仅仅是这一事件的有关记载"。[1]"档案员"，当然可依赖相互联系的证据进行甄别工作，作出某种判断；但这一判断，只能在有限的证据网络关系中加以展开。展开过程，基于网络关系的有限性，不免出现一些令人困惑的释义循环：其一，依赖依然有待甄别的一个证据去解释另一个证据；其二，在依赖证据网络关系的总体结论去解释一个证据之际，又在依赖每个个体证据对总体结论的解释支持。[2]如此，再次可发现，历时性法学的稳固性及依此可能而来的"客观性""准确性"，都是悬而不决的。

在"科学式"的历时性法学中，一种"研究主体可靠近真实，不断发现真实"的观念，颇为盛行。其意味着，经过持续不懈的努力，历时性法学的"档案员"，可逐渐接近历史中曾存在的真正事实。但经过前面的"怀疑性"分析，我们的确有理由认为，这种观

---

1 贝克尔：《什么是历史事实？》，载张文杰等编译：《现代西方历史哲学译文集》，第229页。

2 关于释义循环的问题，可参见D.C.霍埃：《批评的循环》，兰金仁译，辽宁人民出版社1987年版，《英文版前言》第9页。从事中国法律史及外国法律史研究的学者，鉴于某些法律正史资料的不甚可靠，进而常依赖其他一些非法律正史资料或一些"边缘"性文本，如野史记载、民间传说、文学作品、个人传记，与这些法律正史资料相互印证，以求历史中"真实"。其实，如果对释义循环理论有所了解，就会发觉这样的做法除了增加"自信"之外，恐怕依然不能解决"真实"问题。其他非法律正史资料和"边缘"性文本，如同法律正史资料一样，也存在是否可靠的问题，其也依赖后者的辅助说明。

念是脆弱的。如果其可成立，则与之相反的观念同样可成立：由于历史证据的特有"悬疑"，历时性法学"档案员"也许距离历史存在的真正事实，越来越远。

三、历时性法学的学术生产过程

现在，需要对历时性法学研究者从事的学术研究过程展开分析。其意在思考"研究主体本身如何遭遇限制"。所谓遭遇限制，指研究者常面对外在制约条件，及面对自身观念"前见"。而"前见"，则称"前结构"，是哲学阐释学的用语，含义指思维者主观中预先存在的观念及思考方式。[1]

首先讨论外在的制约条件。

"科学式"的实证研究，较明显地受资源成本制约。实证材料的采集（此尤为重要）、原有文本资料的收集、研究文本的制作，均需相当数量的各类财物资源的支持。希望获取更多的实证材料、原始的文本资料，及进行更多的研究文本推敲制作，则财物资源的需求便会随之增加、膨胀。这里，问题关键不在于表面上的财物资源的有与无、多与少，而在于财物资源的支付者、承担者的观念倾向、需求意识，及希望得到的"结论"回报究竟怎样。一般而言，难以想象，当一种"科学式"的研究导致或可能导致对支付者、承担者的"资源形成结构"出现阻碍、减少、削弱直至瓦解的情形

---

1 此主要指以伽达默尔为代表的哲学阐述学的"前见"概念。参见汉斯-格奥尔格·伽达默尔：《真理与方法：哲学诠释学的基本特征》（下卷），洪汉鼎译，上海译文出版社1999年版，第347—348、378、506、626页。

时，支付者、承担者，依然会提供资源，以支持这类学术研究。[1]恰是在此，一种深层隐蔽的控制结构在"科学式"的法学研究中出现：财物付出者，通过"资源权力"进行间接制约。当然，应承认，有些研究者可不顾"资源权力"的制约，另辟蹊径，甚至偶尔获得成功。但"科学式"的法学研究，必然常依赖资源的有效支持，至少就实证材料而言是如此。可断定，没有资源支持的研究，无法比受到资源支持的研究，提供更多的材料说明。许多学者，已注意到"钱"一类资源对学术研究的重要意义。[2]

故可提出这样一个结论：财物资源拥有者和"科学式"法学研究之间的供需关系，对学术生产过程，常构成一种限定。此为第一个外在的制约条件。

第二个制约条件，是现存学术共同体的学术范式和游戏规则，常会限定号称"科学"的法学研究。

研究者成为一名研究者，首先在于其可进入一类学术环境，并被这一环境中的"学术范式"和"游戏规则"所认可；或说研究者的进入，依赖自身主动接受、在接触的学术共同体中分享"学术范式"和"游戏规则"。个别研究者，可能会反抗现有的"学术范式"及"游戏规则"，但通常看，其意义颇为有限。"学术范式"及"游戏规则"，其表现形态是多种多样的，既可通过学术权威，

1　这一道理浅显自明，但却容易被人们忽略、遗忘。关于这一问题的具体例子，可参见斯图尔特·麦考利：《新老法律现实主义："今非昔比"》，范愉译，载《政法论坛》2006年第4期，第60—61页。
2　法学学者例子，参见苏力：《制度是如何形成的》，中山大学出版社1999年版，第179页。

如专家鉴定、认同、推荐来体现，也可通过学术媒介，如编审、出版、发表来体现，又可通过其他途径来体现。个体研究者，为使学术"产出"获取"收益"，以成功方式进入学术职业，需接受"学术范式"及"游戏规则"的限定，否则，只能面对学术失败。[1]而长期看，"学术范式"和"游戏规则"，是发展变化的，由一定历史时期和特定区域的学术共同体发展和维持。因此，带有历史标记的"学术范式""游戏规则"，亦为研究者思考的制约条件。

当然，外在的制约条件，并不限于上述两个方面。另有一些制约因素是公开的，人所共知，如政治权力、社会舆论的影响与束缚。但上述两个制约条件，对历时性法学最为关键，而政治权力、社会舆论等，较为间接。相对学术共同体，较为间接的因素在条件发生变化时，可改变、隐去、消失。最关键的因素，却总是"在场"，不会因为较为间接因素的缺席而"缺席"。这对于分析"科学式"历时性法学的局限，至关重要。

现在分析观念"前见"。

法学研究者所以成为法学研究者，不仅在于外在制约条件、因素的捏塑，而且在于其本身的法学阅读、观察和思考。但阅读和观察，及由此而来的吸收，一般看，则是思考的另一前提要素。[2]在

---

[1] 当然，这里不否认，个性化研究者对抗现存的学术范式和"游戏规则"的行动，有可能成为后者动摇和瓦解的因素之一。但此极为有限。后者动摇和瓦解，如果可出现，最终也依赖学术共同体中的某些"群体"的共同行动及其不断壮大。

[2] 严格说，阅读和观察与思考的关系，并非纯粹是单向的。思考有时也完全可成为阅读和观察的前提。换言之，没有思考及由此而来的困惑，也许没有进一步的阅读和观察。故这里用"一般看"来讨论阅读和观察是思考的前提条件。

此，首先应关注由于法学知识接收而形成的"学科规训"。[1]

就法学阅读而言，这种阅读，是在阅读者思想已有的特定知识内容和结构，及由此而来的兴趣中展开的。严格论，任何一种法学阅读均有目的，不会漫无边际。特定法学知识内容及结构，还有随之而来的兴趣，既为阅读目的提供了方向，亦为其无法回避的边界。如此，法学研究者思想已有的特定知识，成为隐蔽的规训者，其指令甚至驾驭法学研究者的思路。虽然不能否认，阅读新的"法学知识"的过程也有对抗质疑性，但即使对抗、质疑，其亦在其他旧有"法学知识"的潜在规训下形成，如法学中，一个主张法律社会学知识的阅读者，在阅读传统的法律规范学知识时，会呈现对抗、质疑，但其本身又预先受到法律社会学知识的规训。[2]故一般情形下，被接受下来的"法学知识"，构成了历时性法学研究者的观念"前见"的重要部分。

就观察而言，这种观察，常从特定角度特定方面开始，而且，亦从数量有限的特定角度、特定方面展开，最后，也将终结于特定角度及特定方面。角度或方面，应认为是无限的。如果角度或方面的确无限，则从特定角度、特定方面观察而得到的法律表象（这里指历史证据），构成了具有限制意义的主观经验。这类主观经验，同样是历时性法学研究者的观念"前见"中的另一重要部分。此

---

1 "学科规训"，在此指某类或某些学科知识对研习者的潜在驯服和制约。

2 当然，也可能出现这种情形：一些学者依赖其他学科如经济学知识，质疑一类法学知识。但此时质疑者，实际上是以"经济学化"的法学知识来质疑的。经济学知识，在此是法学思考的一类工具、学术武装，而非单纯的经济学问。单纯的经济学问，如果不融入法学思考的理路，无法进入法学语境。

外，尽管可承认，"观察"在理论上能不断展开，但又需承认，学术研究最终应以特定时空的写作或陈述的方式来表现。故一旦写作和陈述最终结束，作为结果性的"观察"，及由此而来的知识，将终结于特定的角度和方面。此为另外意义的主观经验的限制。当然，亦应看到，法学思考可具有想象成分，但作为"科学式"的历时性法学，本身便拒绝没有确凿根据的想象发挥。于是，作为确凿根据起点的"观察"，及由此而来的主观经验，也就构筑了"科学式"历时性法学的有限视界。

实际上，正是这里所分析的观念"前见"，可使我们在另一方面，也是颇为重要的意义上，理解历时性法学何以出现前面分析的两个困难问题：为何某些法律（或宪法、刑法、民法……）现象，具有被陈述的资格，而某些没有？为何某些个体可被称作"法律（或宪法、刑法、民法……）现象"，有些不行？显然，历时性的法学研究者，正是在自己所具有的观念"前见"的操纵下，断定法律现象被陈述的资格，断定何以某些个体可称作"法律现象"。语境化的法学观念和主观经验，"迫使"研究者赋予某些法律现象被陈述的资格，赋予某些个体以"法律现象"的称呼。如此，观念"前见"的变化，自然会使历时性法学研究者的"断定"发生变化。而作为例子，可注意，在中国法律史的研究中，某些年出现的对过去时序中"民间法"（习惯法）及"民间法"（习惯法）和"国家法"的关系的研究，显然是在另类的法学观念"前见"的影响下展开的。[1]

概言之，正是这样一些观念"前见"，可使我们在深层理解：为何作为法学知识之一种的历时性法学，无法实现"客观""准确""反映规律""指涉真理"和"中立"。

四、"科学式"共时性法学的内在困境

"科学式"历时性法学具有内在困境。此困境，是"法学知识可成为科学知识"这一观念无法成立的逻辑根据之一。从"科学式"共时性法学的内在困境切入，可分析这一观念的彻底失败。本章另将指出，"科学式"共时性法学的某些内在困境，亦为"科学式"历时性法学的困境的根本原因。当然，前面分析的"科学式"历史性法学所具有的困境，也部分适用于"科学式"共时性法学，如制约条件、观念"前见"的束缚。但相互重叠时，对"科学式"共时性法学的分析，是从另一角度，甚至更深层面上展开的。

"科学式"共时性法学，其最基本出发点，即对社会中曾呈现及现存的诸种被称为"宪法""刑法""民法"等"法律"对象进行"外在"观察、归纳。所谓"外在"，指观察者、归纳者持有"局外人立场或视角"。此种"局外人"的姿态，主张对社会中的研究对象，应保持适当距离，且在保持距离时，摈弃先入为主的具体是非价值判断；并主张通过对诸种"法律"对象的不戴有色眼镜

1　这方面较典型的文本，可参见梁治平：《清代习惯法：社会与国家》，中国政法大学出版社1996年版。

的观察、归纳，从中分析基本特征、基本结构、基本因素、构成要件等称作"法学理论"的内容。[1] 此亦为"科学式"共时性法学可称作"科学知识"的主要依据。学术活动中，这种态度，十分类似且基本起源于 19 世纪法国学者孔德所主张的实证态度，及近现代自然科学的实证精神。[2]

但这种态度存在问题，并且，就法学知识而言，此问题包含不

1 晚近时期国外对这种"局外人"的法学立场的典型描述，及对其进行的当代辩护，可参见Gavison, "Comment", pp. 21–34。另对这样一种实证主义姿态的全面描述，可参见Jules Coleman and Brian Leiter, "Legal Positivism", in *A Companion to Philosophy of Law and Legal Theory*. ed. Dennis Patterson, Malden: Blackwell Publishers Inc., 1969, 1999. pp. 241–260。

2 孔德说，实证包含四个意思。其一是与虚幻相对的真实；其二是与无用相对的有用；其三是与犹豫相对的肯定；其四是与模糊相对的精确。参见奥古斯特·孔德：《论实证精神》，黄建华译，商务印书馆1996年版，第29—30页。关于西方现代实证法律科学观念和孔德实证主义观念的关系，可参见Edgar Bodenheimer, *Jurisprudence: the Philosophy and Method of the Law*. Cambridge: Harvard University Press, 1974, pp. 91–95。当然，伯尔曼（Horald Berman）说，在12世纪的欧洲，已出现类似的实证法律科学。参见Harold Berman, *Law and Revolution: The Formation of the Western Legal Tradition*. Cambridge: Harvard University Press, 1983, pp. 152–154。也有人认为，在古罗马已有类似的法律科学。参见Walker, *The Oxford Companion to Law*, p. 750。但就当代法学而言，实证的法律科学观念，与欧洲12世纪的实证法律科学及古罗马的法律科学的关系，并不密切。关于近代及现代（20世纪50年代以前）自然科学的实证精神与实证法学科学观念的关系，可参见Hubert Rottleuthner, "Legal Theory and Social Science", in *The Theory of Legal Science*. ed. Aleksander Peczenik, Lars Lindahl, and Bert van Roermund, Dordrecht: D. Reidel Publishing Company, 1984, p. 525。另可参见Dennis Lloyd, *Idea of Law*. New York: Viking Penguin Inc., 1981, pp. 105–108。还可参见Bodenheimer, *Jurisprudence: the Philosophy and Method of the Law*, p. 93。中国法学中的"科学"态度和西方法律科学观念的关系，较为复杂。一般看，近几十年出现的中国法学"科学"态度，既和西方的法律科学观念关系密切，也与苏联的一类意识形态内容指引下的科学观念具有联系（但联系不紧）。而苏联法学中的科学观念，撇开意识形态内容指引的问题，可发现，依然主要来自西方法律科学观念的言说。关于这点，参见C.C.阿列克谢耶夫，《法的一般理论》（上册），黄良平、丁文琪译，法律出版社1988年版，第1—5页。追根溯源，可认为，中国法学中的"科学"观念和孔德的实证主义及近现代自然科学的实证观念，存在学术源流关系。

可克服、具有前提性质的致命困难。

前面已分析,"科学式"历时性法学,必然面对"用何标准确定法律现象"的困境。与此相同,"科学式"共时性法学,亦难以找寻确定性的标准,宣称某一个体是"宪法"个体、"刑法"个体、"民法"个体……或(统称)"法律"个体。其困难,不仅在于古今中外难以发现共同使用的"法律"一词,及"宪法""刑法""民法"等词,亦不仅在于"法律"一词,及其他"具体法"(这里指"宪法""刑法""民法"等具体法律,为叙述方便,下面常会使用"具体法"一词)等词,在不同时期具有不同含义,或不同对象却被贴上同样的"法律"或其他"具体法"的词语标签,其困难,而且在于,即便在当下具体语境中,人们也会从社会法律实践中,产生对"法律"一词及其他具体"宪法""刑法""民法"等词汇用法的不同意见。这种具体语境中的"不同意见",最关键,亦更为要害。实践中产生的这类不同意见,有时具有激烈论争的特点,并且在相当程度上,势必深刻影响法律理论的探讨、构建。对此,需细致分析。[1]

"法律"一词和其他具体"法"词汇的使用,常在两个意义上加以展开。其一是"感性";其二是"探讨性"。

就"感性"使用而言,人们通常并不产生争论。如实践中,提出"这一问题应由法律来解决""宪法在社会中具有重要作用""充分利用刑法来维护社会秩序"等表述时,"法律"及"宪法""刑

---

[1] 应指出,笔者在后面的进一步分析,在一定程度上受德沃金早期法学理论的启发。其理论要点,参见Dworkin, *Law's Empire*, pp. 1–44。

法"等词，与"解决""社会""作用""社会秩序"等语词，甚至与"这一""应由""充分"等语词类似，是在人们并不关注其含义究竟如何的情况下，而被感性使用的。人们仅在不自觉地默认其含义的情形下，对其加以使用，并表达另外的论说主题。如此，对"法律"及其他"具体法"词汇，通常看，并不存在争议。

但就"探讨性"使用而言，情况则可能完全不同。人们可能常会发生争议。如身处同一案件的审理，或同一社会纠纷解决的具体语境中，并且，对具体审理或解决办法及结果具有不同意见，同时，承认且相信裁判机构的裁决只能是法律裁决，更准确说，依法裁决，在这种条件下，若提出"应依据一般法律原则来裁决本案"，或提出"只能根据立法机构制订的具体条文文字来裁决本案"，或提出"在作出法律裁决时应注意法律专家的学理意见"，或提出"上级裁判机构裁决的前例是下级裁决机构作出的裁决的依据之一"等陈述时，则"法律"一词的使用，即为"探讨性"。人们对"法律"一词的含义，并非不自觉地默认，相反，正在从不同角度，表达对"法律"一词的不同意见。尤其坚信裁决机构裁决是种法律裁决，或依法裁决时，[1] 第一个陈述，极可能是在表达"一

---

[1] 需注意，有时，人们可能认为除第二种陈述之外，其他陈述均表达了"自由裁量审判"的意思。这里，在"法律裁决""依法裁决"之下加注强调符号，是排除"自由裁量审判"的意思。肯定可以发现，许多人甚至许多法律裁判机构，在用除第二种陈述之外的其他陈述表达的意思来表达自己意见时，并不认为是因为出现了"自由裁量审判"的需要。相反，他（它）们依然认为，这还是在从事"法律裁决""依法裁决"，至少是在法律的框架之内。如在人人熟知的美国里格斯诉帕尔玛案中，法院使用了第一种陈述表达法律判决意见，同时，法院认为自己是在"依法裁决"。参见N. Y. 506, 22 N. E. 188 (1889)。另需说明，笔者在这里提出的有关"依法裁决"的观念，是德沃金在其著作《认真地对待权利》里曾经讨论的。参见Dworkin, *Taking Rights Seriously*, pp. 14–45。

般法律原则也是法律"的一个意见；第二个陈述，则是表达"只有立法机构制订的条文文字才是法律"的另一意见；第三个陈述，则是表达"法律专家的学理意见可成为法律一部分"的第三个意见；第四个陈述，则是表达"裁决机构的前例是法律依据之一"的第四个意见……在这里，各类陈述，是在不同角度"探讨""争论"法律一词的含义，或可说，其表现了对"法律"一词认识的根本性分歧。各类意见，其实非常关注"法律"一词的含义究竟怎样，会从不同立场出发，阐明或含蓄表达[1]"法律"一词的内涵和外延，进一步，将"法律"一词的使用，变为"探讨性"使用。[2]

　　法律实践中，人们常会因为具体法律处理意见的分歧，持续展开这种"探讨性"使用。具体纠纷争议中，为陈述自己的法律意见，人们常不免出现并凸现"法律观念"的分歧，进行"法律"一词含义的论辩。

　　应注意，"探讨""争论"或"根本性分歧"及它们的持续展开，是不可避免的。社会资源有限，故人们的政治、道德、文化等社会观念存在分歧，并因此导致纠纷及见解对立。进一步，对"法律"一词及其他"具体法"词汇含义的不同意见，直至争论，便随时在特定社会实践中表现出来。更重要的，在表达不同意见或争论

1　所以说有时含蓄表达，因为有些意见表述并不直接说明"法律是什么"，前面提到的"应注意法律专家的学理意见"这一表述，即为例子。其未直接称学理意见是法律的一部分，但在主张于法律纠纷中使用学理意见作为依据，并认为这样依然是依法裁决时，此表述在含蓄表达"学理意见是法律"。
2　前述例子中，我们完全可将其中"法律"一词转换为"宪法""刑法""民法"等具体法律的用词，从而具体说明在具体法律中的类似情形。

时，人们会使用各类具有论证作用且可以持续展开[1]的其他如社会理论的论说资源，支持自己对"法律"一词及其他"具体法"词汇的意见，使"法律"一词的争议及具体"法"词汇的争议，出现开放性。尤其当其他社会理论的论说资源我们无法断然确定，并且人们并不普遍承认其中只有一个正确时，更是如此。

完全可发现，在任何已知的特定时代和社会中，即便某人或某个群体——如个人学者或学术群体——宣布一个"法律"概念或其他"具体法"概念是固定的、普遍的，实践中的主体，依然会依据特定立场、特定姿态，提出自己的各类"探讨性"使用。[2]

有时，甚至可发现，人们虽然表面上赞同一种"法律"或其他"具体法"的概念，但出现具体法律实践问题争论时，却会不自觉地提出对立性的关于"法律"或其他"具体法"含义的意见，或以自己并未觉察的方式，使用潜在的另类"法律"及其他"具体法"的概念和理论。如 2000 年 11 月，最高人民法院颁发《最高人民法

[1] 只要不断争论，这种持续展开便十分自然。而且，持续展开中表现出来的论说方向，也是多维度的。

[2] 这里另有一个重要问题需注意。有些学者认为，"法律"一词及其他法律词汇的含义，有"确定中心"和"模糊边缘"之分。参见H.L.A. Hart, *The Concept of Law*. Oxford: Clarendon Press, 1961, pp. 121–150；Bodenheimer, *Jurisprudence: the Philosophy and Method of the Law*. p. 382. 根据这种看法，一般而言，法律实践中，人们对"法律"一词会有基本一致的看法。由此，本文所说的"探讨性"使用，不过是"模糊边缘"的问题。但这一理论的立论极可能难以成立。因为，在法律实践"斗争"中，人们即使感觉存在一个一般性的"法律"概念，依然会基于自己的利益需求、道德立场、政治见解，在对立争议场景中赋予"法律"一词以不同意见；即便针对所谓的"确定中心"含义来说，也是如此。换言之，法律实践中，资源有限及价值观念的分歧，总会"破坏"、抹去、消灭所谓的"确定中心"和"模糊边缘"的界线，从而使人们无法断定，哪种含义属于"确定中心"，哪种含义属于"模糊边缘"。导论中讨论的美国里格斯诉帕尔玛案，其中法官的不同法律意见，即为很好例子。

院关于审理交通肇事刑事案件具体应用法律若干问题的解释》，其中第 5 条规定：“交通肇事后，单位主管人员、机动车辆所有人、承包人或者乘车人指使肇事人逃逸，致使被害人因得不到救助而死亡的，以交通肇事罪的共犯论处。”[1] 对这类情形，1997 年《刑法》第 133 条，没有明文规定。最高人民法院指出，其解释，系根据《刑法》有关规定而作出。类似的例子，可注意该《解释》中的第 6 条、第 7 条。可发觉，实际上，最高人民法院是以不自觉的方式主张了一种法律概念：法律不限于明确文字规定，其也包含隐含内容。在最高人民法院看来，其解释，是将《刑法》的隐含内容加以明确，尽管，最高人民法院没有清晰如此表示。

其实，就一般意义而言，上面讨论的“‘探讨性’使用”的分歧，不是单纯概念意义上的分歧，相反，其为概念背后隐藏的利益或观念——如政治、道德观念——的分歧，是利益或观念分歧导致的意识形态化的话语（福柯用语）斗争。因为，具体法律实践问题的解决，必须将利益配置的结果予以凸现，必须裁决某一观念的正当性；而利益结果或观念裁决，对某些人是支持，对某些人是否定，其不是“给予”，便是“剥夺”，不是“赞扬”，便是“贬抑”。故“法律”及其他“具体法”词汇的各类“探讨性”的使用、持续展开，总是寄生且无法摆脱于深层的以社会争夺为内容的人类欲望，及话语征服的内驱力。

可看出，社会实践中“法律”及其他“具体法”词汇的“探讨性”的使用，对“科学式”共时性法学，构成了根本性的瓦解。其

---

1 最高人民法院（法释［2000］33号）。

对后者所持"外在观察"立场、态度的可能，提出了根本性的质疑。换言之，如果社会实践中这些"法律"词汇的"探讨性"使用，是存在的，尤其当社会资源是有限的，及各类社会观念多元化已导致纠纷和对立观念的持续存在，进一步，导致了这些"法律"词汇争议是"经常性"的，则"科学式"共时性法学，怎样才能捕捉、"冻结""固定"被称为"法律""宪法""刑法""民法"还有其他"具体法"的对象，并将其"外在地"观察、归纳？[1]

特别需注意的，则是我们并不知道，且无法预测，在未来社会实践中，人们将会怎样"探讨性"地使用这些法律词汇。这意味着，即使强行推广一种"法律"及其他"具体法"的含义，人们依然可能在未来实践中，我行我素。[2] 纠纷争议和观念对立，在未来亦无法避免。

---

[1] "科学式"共时性法学得以成立，首先依赖当下社会中"宪法""刑法""民法"……特别是一般意义的"法律"一词在含义上的统一使用。正如凯尔森所说，科学的法学理论的出发点，是日常生活中"法律"一词的通常使用。参见凯尔森：《法与国家的一般理论》，《序言》及第4页。

[2] 实际上，中国法学中，学者常"推销"并向他人灌输自己的法律诸概念，但中国的法律实践，依然呈现了使用法律概念的多样化景观。我们时常可看到法律实践者运用各类论证资源，在自己的"法律裁判"中，彰显法律的概念。当然，中国法律实践者一般不以直接提出自己的"法律诸概念"见解的方式，而是通过实践中的"法律"（而非"事实"）问题的争论，表现这一点。如当"婚内强奸"事实查清后，法律实践者会争论其中的刑法定性问题，并通过定性的争论，表现出对"刑法"——甚至其他具体法如婚姻登记法——基本概念和理论的不同见解。在国外，自然也有类似情形。美国法学学者指出，尽管美国著名法学家霍菲尔德（Wesley Hohfeld）对法律科学的一般基本概念进行了系统逻辑的分类，并对基本概念的含义作出了细致阐述，而且迫切希望法律实践家可以遵循这些概念的分析，但美国法院，在实践中，并没有尊重霍菲尔德的意见，倒是依然继续多元化地使用法律的基本概念。参见Bodenheimer, *Jurisprudence: the Philosophy and Method of the Law*. pp. 383–384。

　　故有理由提出反问：当"科学式"共时性法学建立一套法律理论时，其自身，何以能宣称，其中作为法学理论出发点的"法律""宪法""刑法""民法"等概念，具有普遍的涵盖意义？其自身，何以能断言，其中某一被宣布为"法律"，或宣布为"宪法""刑法""民法"……的概念，是社会普遍接受的，即使相对而言的"普遍涵盖意义"，或相对而言的"社会普遍接受"？进一步，可提出疑问：依据这些基本概念而建立的法学理论，怎能以"外在"方式，"客观""中立""准确"反映已呈现的或现存的社会法律实践，即使是相对而言的？

　　那么，撇去"探讨性"使用的问题不论，是否可依赖社会实践中"法律"和其他"具体法"等词的"感性"使用，建构"科学式"法律的基本理论？我认为，同样不能成功。

　　依"科学式"共时性法学的要求，"法律"等词，应具有精确的含义指涉，其应为被细致说明阐述的若干语汇。尽管，被用来说明阐述该词的其他词语，可被感性使用，而且，相对于该词而言，其他词语只能被感性使用，但在"科学式"共时性法学潜在意识中，"法律"等词，本身必须被"精确探讨"使用，即对其含义，需要予以澄清。[1]"科学式"共时性法学，并不希望据以建立的基本词汇，可在并不十分清晰的情形下被使用。故这类法学，必须关注且必须研讨实践中出现的"探讨性"的使用，必须将后者分类剥离，以求普遍性的精确陈述，其结果，便是无法依赖"法律"一词

---

1 这里所说"精确探讨"使用，不同于前面所说实践中出现的带有争议的"探讨性"使用。但两者之间存在密切联系。后文将作出说明。

及其他"具体法"词汇的感性使用。

其实，退一步，即使认定"法律"等词的日常化"感性"使用可被依赖，"科学式"共时性法学，极可能依然无法成功。因为，感性使用，正因为是日常化的，故可能变动不居、随情转化。感性使用的日常语言，有"游戏"特性。维特根斯坦（Ludwig Wittgenstein）曾说，日常语言可看作古代的城市，是由错综复杂的狭小街道、广场、时新时旧的房屋及在不同时期做了添补的房屋组成的迷宫。[1]于是，以其作为基础，从"科学式"共时的内在要求，如精确、稳固、普适、界线分明等来看，将使理论构建，极可能同样飘浮不定。

进一步看，"探讨性"的使用，并不局限于前面描述、在实践中产生的争议性使用，其还包括在一般性理论分析中产生的争议性使用。而纵然认为，一般理论分析中出现的争议性使用，可通过某种学术共同体或学术权威的努力而出现一致性的意见（其实，不可能出现整齐的一致性意见，否则，展示不同理论的法学史已不存在），实践中产生的争议性使用，依然会继续存在。在此，问题的关键，第一是实践中产生的争议性使用，不会因为一般理论分析中的争议性使用的停止——其实也不可能停止——而停止；第二，"科学式"共时性法学，又必须依赖——而且其本身也希望依赖——被细致描述过的"法律"及其他"具体法"概念，但被细致描述过的"法律"等概念，在实践争议不断且持续存在的条件下，

---

1 参见维特根斯坦：《哲学研究》，李步楼译，陈维杭校，商务印书馆1996年版，第12页。

则难以出现共识意见。就第二点而言，如前所述，恰因为"科学式"共时性法学必须关注、研讨社会实践中存在的"法律"等诸词的"探讨性"使用，且以其作为起点，铺设法学理论编织的话语通道，故没有共识意见，"科学式"共时性法学的基础，便无法避免根本性的危机或动摇。

五、法律实践中的"理论"和法学理论中的"理论"的异同

现在，需讨论另外问题：法律实践中的"理论"和法律理论中的"理论"，是否存在区别？如果存在，其区别究竟怎样？此问题，对于进一步理解本章讨论的实践中"法律"一词和其他"具体法"词汇的"探讨性"使用对"科学式"共时性法学的影响，至关重要。而且，本章对两者是否有区别的阐述，对"科学式共时性法学没有坚实基础"这一命题所展开的深入论证，亦为一个侧面前提。

首先，需说明，使用"法律实践中的'理论'"这一陈述，是因为可发现，实践中出现的有关"法律""宪法""刑法""民法"等词的"探讨性"的使用，涉及抽象论说，并且不可避免地进行抽象论说。而抽象论说，一般看，正是通常使用的"理论"一词所指称的对象。

如实践中，当有人提出"应依据一般法律原则审理本案"，而有人提出"只能根据立法机构制订的条文文字判决本案"，另外有人提出"在作出法律判决时应注意法律专家的学理意见"，还有人提出"上级法院判决的前例是下级法院作出的判决的依据之一"等

相互排斥，甚至对立的陈述时，任何一方，显然，需找寻进一步的抽象意义的论说资源，证明自己陈述的正当性，并以此征服、压抑另一方。

具体说，如果认为，"应根据一般法律原则审理本案"，则可提出如下一些前提性的抽象论说：第一，作为一种准则，法律并不一定仅包括法律的具体条文文字，其另包括普遍性的一般原则，这些原则有时是明确规定的，有时潜存于具体条文背后；第二，所以认为法律另包括普遍性的一般原则，因为法律的具体条文的制定，常依赖这些原则，换言之，没有其指导，有时无法制定具体条文的规则；第三，既然法律具体条文的制定，常依赖这些原则的指导，则当现有具体条文不能顺利解决具体问题时，运用这些原则，包括潜在的原则，以解决具体问题，正类似用通过这些原则制定具体规则的方式解决具体问题，而此亦为顺理成章。[1]

反之，如果认为，"只能根据立法机构制订的条文文字判决本案"，则可提出另外一些抽象论说与上述论述相对。可宣称：第一，条文文字清晰、明确，依此判决是法院严格恪守"依法审判"信条的正当表现，法院的制度功能，不是揣测立法者会有怎样的想法，或"摸索"法律文字背后具有怎样的意义，而是严格依照法律条文的明确规则审判案件；第二，若法院可揣测或"摸索"，则法院的行动便会破坏立法、司法权力分立的制度框架，即法院会将自己的权力以隐蔽方式延伸至立法，此为变相的权力合一；第三，法

1　在此展开的有关一般原则和具体规则关系的"抽象论说"的假设，参考了德沃金的分析。参见Dworkin, *Taking Rights Seriously*, pp. 14–45。但德沃金理论的后续部分及目的，与本章分析不同。

律应具有指导性，而指导性基于明确性，若允许法院揣测或"摸索"，则意味着允许法律可不明确，进而失去指导性，这与对法律特性尤其是"可预测性"的一般理解，发生矛盾……

在此，可发现，上述相互对立、用以支持自己主张的前提性抽象论说，的确是人们较熟悉甚至视为基本常识的"法律理论"。它们可以，而且也的确，真实呈现于具体法律实践。如果继续展开推论，不断开掘思路，显然可将各种前提性论说的空间持续拓展。

而进一步，若持续拓展，则可发现其中恰存在理论中的"法律理论"的不断探讨。如果实践中的"法律理论"和理论中的"法律理论"，在内容甚至语词表述上，均十分类似，且实践中，"法律"诸词的争议及支持一类"法律"词汇含义的抽象论说总会持续展开，那些抽象论说涉及相互不同乃至对立的政治、道德、文化观念的抽象阐述，则自然可得出这样的结论：就内容看，正如导论所细致分析，法律理论中的"理论"和法律实践中的"理论"，并不存在实质性的区别。

因此，可倒转认为，理论研究者从事的法学思考，实际上，是从另外角度——理论文本角度——开始、延续、深化实践者所进行的法律实践中的"理论"争议。其产出的法学知识，恰可视为内在于法律实践中的"深度阐述"中。也因此，不得不承认，实践中的"法律理论"和理论中的"法律理论"，可以"合而为一"。如果存在区别，其区别也仅在于前者在实践中，后者在理论中。法国学者福柯曾说，理论既未表达、传达实践，也非为实践目的而存在，相反，其本身正是实践。[1]

　　如果法律实践中的"理论"和法律理论中的"理论"，是相互贯通的，并无实质性区别，我们所理解的，在法律实践中观察到的"法律"一词及其他"具体法"词汇的"探讨性"使用，便以潜伏隐蔽的方式，存在于法律理论中看似属于纯粹理论争论的"法律"诸词的"争议性"使用中。换言之，也可这样认为，法律理论中所呈现的对"法律"诸词进行的学术研究，是法律实践中的"法律"诸词"探讨性"使用的另外一种方式的展开。

　　若这种考察正确，则可得出进一步的结论：不仅法律实践中的"探讨性"的使用，会使"科学式"共时性法学的理论基础发生根本动摇；而且，法律理论中的"争议性"使用，已预先在内部使其基础瓦解。这意味着，无论从"科学式"共时性法学的外部（面对的法律实践）看，还是从其内部（理论自身）看，作为其出发点的基本"法律"概念，及其他"具体法"概念，均无法统一一致。共时性法学面临的困境，不仅是外在的，而且是内在的。深言之，不仅会看到，即便法律理论宣称自己已找到准确的"法律"概念，或其他"宪法""刑法""民法"等概念，法律实践中的各类"探讨性"的使用，依然会我行我素；而且会看到，这或许更重要，当法律理论宣称自己已发现、研究或概括所谓准确的"法律"诸概念时，实际上，就内容而言，这些概念极可能不过是法律实践中出现的多种"探讨性"使用之一，它们，也许正在法律实践之中和其他

―――――――――――

1　参见Michel Foucault, *Language, Counter-Memory, Practice: Selected Essays and Interviews*. ed. Donald Bouchard, trans. Donald Bouchard and Sherry Simon, Oxford: Blackwell, 1977, p. 208。

"法律""宪法""刑法""民法"等概念相互斗争、相互压抑，争夺实践中法律意识形态的领导权。正如有的学者所指出，作为貌似可涵盖全部客体对象的"法律"词汇，其实，"只能指向一个法律观念"。[1]

故"科学式"共时性法学的所谓"外在"立场、"局外人"的观察视角，不论情感多么真实，设想多么真诚，其都可能自然而然，甚至以自己均未觉察的方式，呈现为一种法律实践中"内在参与"的立场，呈现为法律实践中"局内人"与他者寸土必争、寸利必得的争夺视角。

现在，结合"科学式"历时性法学问题，阐述前面所展开的分析可得出的深入结果。

作为"科学式"共时性法学出发点的"法律"诸概念，通常而言，正是"科学式"历时性法学的出发点。一般情形下，前者的理论界定和预设，为后者奠定了重要叙述基础。后者如试图建立自己的一套叙述话语，且使之具有学术上的合法性，便不可避免需尊重前者建立的学术话语框架。尽管，作为框架基本要素的"法律"诸概念这一出发点，不论在前者中，还是在后者中，事实上表现了多样化情形，即学术中多种学说的并存局面，但信奉"科学式"的各类学说依然都在期待，自己出发点客观、中立，因而是可靠的。

颇为不幸，前面对"科学式"共时性法学面对的"法律"诸词汇"探讨性"使用的剖解，使我们不得不深刻发觉，像前者"法律"诸词汇使用总会影响后者一样，前者中存在的"法律"诸词汇

1　Valerie Kerruish, *Jurisprudence as Ideology*. London: Routledge, 1991, p. 2.

使用的困境，自然会传递至后者。也因此，"科学式"历时性法学的"法律"诸概念的基础，不仅面对着"不同时期的'法律'一词及其他'具体法'词汇不同使用""一般意义上的各类人群对'法律'诸词汇不同使用"的困境，而且面对着法律实践中"法律"一词及其他"具体法"词汇的"探讨性"使用的根本困扰，进而更明显的，在深层根基上，暴露疏松动摇。

实际上，从另一角度看，依然可认为，所以会出现"科学式"历时性法学所面对的相对宏观意义上的"不同时期'法律'一词及其他'具体法'词汇的不同使用"，和"一般意义上的各类人群对'法律'诸词汇的不同使用"，正是因为，"科学式"共时性法学所面对的"探讨性"使用，是这样两类"不同使用"范式变化和区别的微观因素。此类"探讨性"使用，使前两者出现得以可能，亦使其变化得以可能。其以不易觉察的方式，暗中使作为"科学式"历时性法学前提基础的"法律"诸概念，在建构之际解构、肯定之际否定、趋同之际分散、"固定"之际开放。

六、法学知识如何成为法律实践的组成部分

经过前面分析，可断言，不论"科学式"历时性法学，还是"科学式"共时性法学，其中包含的"法学知识可以且必将是科学知识"的观念，是失败的。其失败，在于其学术期待中包含的不可克服的前提困境。在法学实证的观察、归纳、分析的方法中，一种

可能[1]在实证的自然科学或实证的其他社会科学学科中得以存在、极富成效的——或较富成效——推论和结果，则是极易如履薄冰、瞬息即逝，甚至形同虚设。[2]"科学式"的法学学术追求，或更准确说"科学主义"的，其中，隐藏了也许令人遗憾、但又无可奈何的自我瓦解。其希望像实证的自然科学，或其他社会科学学科研究那样，处理历史及当下的社会法律实践的各类对象，是一种奢望，缺乏自我警醒，而又过分自信。

如此，法学知识究竟怎样？其道路、真实意义又是什么？

一方面，不论我们是否愿意、自觉，法学知识终将是具体历史语境中的，以包含实践参与欲望的形式，对同样是存在于具体历史语境中的社会法律实践进行理论编织。法学知识，或明或暗，展示了特定历史主体的有关法律对象的历史"偏见"（不含贬义）、法律姿态、参与诉求。在这种"偏见"、姿态和诉求中，特定的历史主体，融合了自己的知识"前见"、价值判断和实践立场。换言之，学术中的法学知识，终将是社会法律实践的一个组成部分。不论我们是否已意识，或根本未意识，其或从正面，或从侧面，都在参与、影响直至推动——当然有限度——社会法律实践的生成和变

1　使用"可能"一词，因为即便自然科学中，亦有观点认为自然科学中产生的观念和结论时常并不以"实证"为基础或标准。参见卡尔·波普尔：《猜想与反驳——科学知识的增长》，傅季重、纪树立、周昌忠、蒋戈为译，上海译文出版社1986年版，第318页以下；保罗·法伊尔阿本德：《反对方法：无政府主义知识论纲要》，周昌忠译，上海译文出版社1992年版，第7—11页。
2　自然科学如何对法学中的"科学观念"产生影响，是非常重要的问题。时常可发现，许多从事法学研究的学者，总以自然科学为楷模，甚至移用自然科学的知识，标榜或支撑自己的学术运作。但此另需探讨。

化，同时，其直接或间接，均从社会法律实践中各类不同政治、道德、文化观念和利益冲突中，汲取养分与质素，并受其制约，从而固执、坚决、胸怀征服他者意念。

另一方面，即使从法学知识的学术个体化及共同体化生产看，法学知识，并不因为研究主体的"客观""独立""中立"的立场、期待和愿望，或有意摆脱自己的知识"前见"、价值判断和实践立场，而成为"客观""独立""中立"的。个体及共同体的研究姿态，不论其"独立精神"在道德上如何令人尊敬、赞赏，依然不能且无法因此改变法学知识的历史境遇性及"参与性"。法学知识的学术个体化和共同体化的"冷静"运作，仅提供一种有关法学知识产出的"独立自在"的外在表象，其无法修正，甚至无法遮掩，法学知识本身的历史境遇性，及"参与性"。毕竟，在法律及法学语境中，知识的起源，不能摆脱广义的与法律相关的各类知识判断、价值异议和实践纷争。个体及共同体进行学术研究所依赖的知识前提，或直接，或间接，与社会中的知识传递、价值冲突和实践交流存在相互联系。即便学术个体和共同体对自身的知识"前见"、价值判断和实践立场有所警觉、反思，试图尽可能实现"客观""独立""中立"，这种警觉、反思，亦将在另类知识"前见"、价值判断和实践立场的操纵下展开，无法"自拔头发跳离地球"。

至为关键的，则是法学知识的生发、产出、变化，如前面所阐述，难以摆脱具体历史语境中出现的"法律"诸词汇"探讨性"使用的制约。在具体历史语境中，不与这些"使用"发生联系，一类知识的确难以称作法学知识。而当发生联系的样式本身多样化时，法学知识受制于"法律"诸词汇"探讨性"使用的方式，亦为多样化。进一步，因为"受制于"方式的多样化，法学知识亦呈现了"探讨性"争论的多样化，从而与具体历史语境中的纷争关系十分密切，其中历史"偏见"、法律姿态及参与诉求，亦会不可避免地显露自身。

如此，需接受这样的判断：法学知识是历史语境化的，而非普遍科学化，它是"小写"的，而非"大写"的，它是一种"参与"，而非"客观分析"；个体化和共同体化的法学知识，不会因为学者"自我克制"，摆脱社会历史法律实践的"非客观"束缚。

其实，在此完全应指出，前面用以分析"科学式法学观念"失败的理由阐述，正为本章主张"法学知识实际上是历史语境化的一类知识及法律实践中的一个组成部分"的理由，亦为本章否定学者"客观""独立""中立"的期待可改变法学知识的历史性和参与性的理由。

就法学知识的道路而言，是否可认为，通过人为地将历史语境中的片段化法学知识叠加、累积直至有机整合，我们便能像有些学者乐观想象的，逐渐靠近法律现象背后的"真实本质"，或像有些学者所断言的，逐渐推进对法律现象的真理认识，或像某些学者雄心勃勃地宣称的，逐渐砌筑法学真理的宏伟大厦？[1]

我认为，不能这样认为。

因为，我们根本无从且无法将现法学知识和我们设想存在的

---

[1] 如美国学者博登海默（Edgar Bodenheimer）提出，各类法学理论的可贵之处，在于它们可成为法学大厦的建筑之石。参见Bodenheimer, *Jurisprudence: the Philosophy and Method of the Law*. p. 163。

"法律真实"[1]加以对比，并以后者作为标准，对前者作出"上帝"的审判。在这个意义上，"是否靠近真实本质""是否靠近真理认识"，"是否成为宏伟大厦的一砖一瓦"等，其本身，便成为无法证实的玄学问题。不能否认，其他学科领域中，有可能实现"相对真理的增加叠加和有机整合可接近绝对真理"，但法学语境中，由于"法律"一词、"具体法"等词汇的"探讨性"使用的特殊性，及法律与被作为研究对象的人物群体和作为研究者的人物群体均有密切利益关系，故人们不能超越其外，从事貌似"外在"客观公允的法学研究，并不断累积叠加、有机整合法学的"相对真理"，进一步，走向绝对真理。

更重要的，显然应注意，社会中法律现象，本身是历史语境化的，无论从价值论意义看，还是从知识论意义看，法律现象均在变化之中。过去认为是"法律"的，现在也许认为不是；某人认为是"法律"的，也许他者并不认为。这些看法，有时不同，有时甚至针锋相对。这种例子不胜枚举。"法律"一词及"具体法"诸词作为标签，其使用背后隐藏了价值判断，及特定知识制约的认识判断，尤为重要的，隐藏了社会资源有限导致的具有持续性的利益纷争。否则，根本无法理解，为何现实中，人们可以因为某一对象是否具有"法律资格"而无休止地争论，甚至水火不容。也因此，只能承认，即使存在一个"法律真实"，这一"法律真实"在历史主体的视域中，也依然除了徒有其"名"之外，将没有任何具体内容可充实其中。它是一个虚构。

---

1 笔者以为，将这种"法律真实"视为虚构的，并不过分。

如此看，法学知识，无论我们的，还是他者的，仅是一种法学知识，一种只能在"一种"底下添加强调符号的法学知识，一类我们如果身在其中，则无法超越其外的法学知识，如同只能在宇宙中研究宇宙，不能跳出其外另立"上帝视角"。也在这个意义上，所谓客观中立的立场，"知识分子独立思考"的精神，在面对最终以不断发生的利益纷争为根基的法律现象时，都将变得"是在逃避""是在掩饰"，最后也将不自觉、"似从前门走出却从后门走进"地"参与"社会法律实践，或变相地建立一种以"科学""真理"为名的法学话语霸权。

将法学知识不视为"科学""真理"，意味着将其视为直线型——"直线型"一词在此不排除"曲折向前发展"的意思——的从低级走向高级的知识构建。法学知识的道路，由此变为一种"演化"模式。演化意味着变化，而不一定意味着"进化"。它与实证的自然科学研究和其他一些卓有"科学"成就的社会科学学科的道路，存在重要不同。

法学知识，作为研究社会现象的一类知识，和其他获得"科学"成就的社会科学学科之间所同时具有的某些共性，如针对人、人的活动方式进行研究，不能淹没、溶解其所具有的个性道路。我们的确可看到内容各异，甚至类型各异的法学知识，而且，其中某些看似极其卓越而又丰富，但即使在时序中来看这些知识，依然并无坚实的逻辑理由，站在一个历史语境之外的视角，断定一些知识必定是在较低阶段，一些知识必定是在较高阶段。这不仅仅因为各类法学知识联系着不同价值判断、认知判断，是对法律实践的"参与"；更是因为，我们自己作出的断定，亦联系着一类价值判断和认知判断，亦为法律实践的一类"参与"。

就"我们自己作出的断定"而言，我们的"法律"一词、其他"具体法"词汇的使用，及依此而来的"对何为法学知识""什么可归属法学知识""法学知识有高有低"的判断，如前面所分析的，正是以隐蔽方式，与我们所身处的具体历史语境中法律实践的"法律"诸词汇"探讨性"使用，彼此勾连。我们实在没有理由，亦无资格，认为自己法学知识中的掺杂历史"偏见"的价值判断、认知判断，可成为力排他者的"唯我独尊"，没有理由与资格将自己摆在貌似公允的"外在"立场，论说法学知识的低高进化。故准确看，在不同法学知识之间看到的不是"进化"，而是"变化"，是一种我们自己的判断也渗透其中的"变化"（因为这一"变化"又是我们认为的"变化"），一种和具体历史语境中的社会法律实践时时相联、息息相关的"变化"。如果相信，与利益需求密切相连的价值判断，就普遍意义而言极难存在高低之分，而且相信，法学的认知判断是在持续不断的利益纷争的背景中展开的，是种"参与"，进一步，和价值判断相互纠缠，则法学知识的"变化"而非"进化"，不论我们感到多么不情愿、难以置信，也将成为合乎逻辑的自然结论。

当然，我不否认，具体语境中，某类法学知识可能优于另外一类，但此仅就具体语境而言。一旦身处不同另类语境，我们便会发现，"他者"法学知识可能具有优先性。人们熟知的沿袭罗马私法而来的法学知识的"中国遭遇"，可成为一个例子。通常看，罗马私法的法学知识，常被认为优于其他私法法学知识。20世纪80年代，随着市场经济发展，特别是20世纪90年代，随着经济、政治、文化的深化改革，罗马私法的内容对中国而言可能非常具有价值。但20世纪50年代，面对新旧势力——包括政治、经济和文化的——激烈争夺的特殊历史状态，而且，计划式政治、经济、文化的安排具有重要意义，可发觉，沿袭罗马私法而来的法学知识对中国并不适宜，甚至可认为，这种法学知识"劣于"另类的具有社会主义特征的私法法学知识。语境不同，法学知识的"优劣"位置，便会发生变化。

另需补充的，则是在具体语境中作出的"优劣"判断，其亦为具体语境中各种因素相互作用的认识结果，亦为"参与姿态"的结果。换言之，具体语境中的价值认同、知识结构、政治状态、经济情形等历史条件及"参与姿态"，是相互作用的，故孕育了这种认识结论。也因此，各种历史条件和"参与姿态"的变化，引发了"优先性"结论的变化。

现在提出进一步的问题：将法学知识不视为"科学""真理"的知识，是否会导致极为消极的理论结果？或从法学知识话语中删除"科学""真理"一类的修饰性关键词，法学知识是否将会无所适从？我认为，正相反，恰可因此获得更积极的实践意义。

如果实现一类知识认识的消解转换，将法学知识不再视作"科学""真理"的，我们将会更贴近法学知识与法律实践相互关系的真正意义，法学知识本身，也将获得全方位的再次解放。作为法学研究主体的学者及共同体，便有理由，进一步，便会自觉地将法学知识的编织融入主体存在其中的法律生活。法学知识的构建，我们便会由衷地相信，应该积极参与社会法律实践中的"真实斗争"，在多方不同乃至对立的价值意见之中论辩、甄别和抉择，而且是在相互理解的场景中将论辩、甄别和抉择予以启动、展开和深化，进而在这一过程中，真正实现法学知识作为制度创新的因素之一的意义。

同时，作为法学研究主体的学者及共同体，便有理由，进一步，便会自觉地在具体历史社会语境变迁之际，调整法学知识的动态策略，使之真正适应动态的法律实践，并在其中"商谈"——而非貌似指导——法律道路的有益前景。就历时性法学来说，我们便会自觉承认，基于当下社会法律实践需求来判断历史时序中的法律现象的有益与否、借鉴可否，都是自然而然的。就共时性法学而言，我们便会自觉相信，将其编织融入激荡热烈的法律生活，使其焕发时代气息，并将其变为法学家与法律家乃至平民大众之间的、具有实践目的的对话机制，是深切的社会职责所在。

由此，法学知识，无论相对片段的，还是相对整体的，都将在来自社会法律实践之际重返其中，重返时，并在自我调节和自我推动时，成为社会法律实践的话语调节器、推动器，落实自己的真正位置和角色。[1]最重要的，作为法学知识生产主体，学术共同体将

1　在此，可能有人认为，笔者作出的分析具有"理论来源于实践"这一朴素说法的影子。对此，笔者不完全否认。但要强调，笔者作出的分析与"理论来源于实践"在许多重要方面是不同的。"理论来源于实践"，依然强调了理论研究者对实践活动及对实践中出现的"抽象论说"的观察、抽象和概括；而笔者的分析意图，正在于希望证明理论研究者的工作不过是以隐蔽方式从事实践中的"抽象论说"，是实践的一个组成部分。"理论来源于实践"，在分析理论与实践的关系时，既强调了两者联系，也坚持了两者区别。而笔者的阐述，既强调了两者联系，又淡化了两者区别，甚至将两者视为一个"事物进程"的"正面与背面"。故笔者的分析，虽然不排斥"理论来源于实践"这一语汇编织，但的确试图在其中输入新的意义和内涵，使其呈现出新的叙事空间和思路。另请详见本书导论中的分析。

会自觉警惕来自内部的理论"霸权"，首先使自身有能力发现，一类号称"科学"或"较为科学"[1]的普遍主义法学知识，极可能属于乔装打扮的特殊法学知识，其次使自身有能力在内部实现交流对话的民主机制，将法学理论话语中的民主因素，通过"参与"现实的能动过程，融入具体历史语境中的社会法律实践，进一步，不断实现在社会法律实践中警惕、批判、瓦解任一"独断"霸权的目的。而这一切，都将全面而又彻底地实现法学知识及作为法学研究者的知识分子，其原本就应具有的"积极参与式"的人文关怀、社会责任感。

最后，若有读者认为，本章全文论述针对"法学知识科学性"的学术情结而言，颇有浓重的怀疑论倾向，则我十分乐意接受这一判断。但必须强调，不能因为"怀疑论"一词的贬义，及由此而来的语词"谴责"直至修辞"压制"，拒斥问题的认真分析。问题的认真分析，或许可使我们发现，在法学与法律的语境中，这类"怀疑论"完全可能机巧地融入"理论来自实践并在实践中发展"这一人人又均乐意接受的朴素判断，并使其增添新鲜生动的学理认知含义。

需重申，作为本章出发点和中心点的"法学知识无法成为普遍客观精确"的陈述，当然不是新颖见解；但正如本章开始部分所提示的，对法学知识生产的"社会性考察"，对其细致的"微观"分析，而且最重要的，将其中隐藏的具有中枢作用的"法律概念"诸

---

[1] 这里提到"较为科学"，因为，一类承认自己不是绝对科学，但却相信自己是相对科学的法学知识，有可能借助"比较"一词，表明自己"相对而言较高"的合法性。

词汇"探讨性"使用揭示出来，可赋予这一陈述新的意义和学理力量，驱散其头顶被罩盖的具有歧视压抑用意的"相对主义"修辞阴霾；进一步，同样最关键的，可使我们更关注、更好理解法学知识的"实践参与性"。依此看，重新检视"将法学知识变为科学知识"的学术努力，便是重新质问、追究、反省法学知识及学者的社会责任立场，便是重新寻找法学知识曾经失去——或可能将要失去——的"实践天堂"。

第二章　法学的"全球意义"

——从民国时期三种法理知识的生产看

> 回顾过去是解释现在的最常见的策略。使用这种方法的原因只是由于对过去发生了什么和过去是什么样子产生了意见的分歧；还有关于过去是否真的已经完全彻底地过去……[1]

前面一章，从"历时性法学"和"共时性法学"两个层面，剖析中国的法学"科学主义"；分析进而论证，法学"科学主义"包含难以克服的逻辑困难。为深入考察这一逻辑困难，前面一章，引入法律语词的"探讨性使用"的概念，且与之呼应，引入"学术中的法律理论与实践中的法律理论的相互关系"的分析框架。结论是：法学知识只能且应当成为法律实践的组成部分。本书中，这一结论为核心。

这一章，从中国近现代法学的角度，拓展进一步的分析层次；将表明，因为中国当代法学和中国近现代法学存在密切关联，且中国近现代法学，特别是法学职业意义上的法律学者所发展的法学，具有"中国当代法学"的历史发动意义，故从其入手，可在历史纵向上，深入理解中国的法学知识与法律实践彼此关系的逻辑结构。

---

1 爱德华·W.萨义德：《文化与帝国主义》，李琨译，三联书店2003年版，第1—2页。

这一章，将通过法律实践的角度，在分析近现代中国法学的理论生产模型，及该法学展现的"全球意义"时，论证在近现代的历史时期，中国的法学知识和法律实践的关系已经预示"你中有我""我中有你"的辩证关系；而一个"法律行动者"的视角，对此具有重要揭示作用。

具体说，这一章，围绕民国法律学者的一些法学文本，及其他历史资料，从细节上考察民国时期某些值得关注的"法理知识生产"，包括其中的学术纹路及论证机制。这一章，以此作为进入路径，逐步揭示并解释，这一特定时期法学的某种全球意义；逐步揭示并解释，这些法理知识生产"如何可成为世界法学生产的一个组成部分"（而非"中外法学对立"的一方），及这些生产与其时中国多元微观法律、法学活动因素的复杂关联。特别重要的，这一章，将深入解释特定的"社会角色"如何将法律理论和法律实践勾连起来，进一步，将前面一章的理论分析，在历史经验材料的层面上，加以推进。最后，这一章将表明，这些揭示、解释和推进的深层意蕴何在及一个视角，即"法律行动者"的视角，对全书主题具有怎样的深层意义。

一、问题

针对民国法学的历史变迁，学界一直存在一个重要表达：迅速变革时期中的民国法学，在面对外国法学时，特别是面对西方法学，基本呈现了"移植接受""对抗拒斥"和"妥协折中"的三种状态。[1]

在我看，这种"表达"，的确反映了某些方面的实际情况，且反映了主要方面，但也存在两个重要问题。第一，这种"表达"，未对其时中国法学与外国法学的关系更精细地考察，通过三种状态的解释，无形建立了较整体绝对的"中外法学彼此分立"，尤其是"中西法学彼此分立"，遮蔽了另一层面或许颇有价值的民国法学的"独立生产能力"，[2] 及由此而来的"世界法学性质的对话形态"。第二，与前一重要问题相联系，这种"表达"，建立了一个"外国法律文化在遭遇中国法律文化之际如何进入、受阻"的历史理解框架。这种框架，一方面，强化了外国法律知识与中国法律知识在"政治"上的关联意义，即外国法律知识如何可作为政治工具进而"富国强兵"，或中国法律知识如何可作为政治工具进而"抵御外夷"；[3] 另一方面，淡化了外国法律知识与中国法律知识在法律层面上——尤其是法学层面上——的关联意义，换言之，这种"表达"，易使人们遗忘这一时期外国法律知识和中国法律知识，

1 参见民国时期蔡枢衡：《中国法学与法学教育》，载蔡枢衡：《中国法理自觉的发展》，清华大学出版社2005年版，第92—93、第98—99页。另参见当代中国学者李贵连：《二十世纪初期的中国法学（续）》，载《中外法学》1997年第5期，第3—22页；何勤华：《中国古代法学的死亡与再生——关于中国法学近代化的一点思考》，载《法学研究》1998年第2期，第134—143页；许章润：《以法律为业——关于近代中国语境下的法律公民与法律理性的思考》，载《金陵法律评论》2003年第1期，第12—30页。
2 蔡枢衡认为，民国法学研究能力颇为堪忧。参见蔡枢衡：《中国法学与法学教育》，载蔡枢衡：《中国法理自觉的发展》，第87—101页。今天亦有学者如此认为，参见李贵连：《二十世纪初期的中国法学（续）》，第18页。在笔者看，针对某些民国法学著述而言，这种判断正确，但本文分析会表明，针对另外一些民国法学著述而言，这种判断可能有问题。
3 从近代到现代，这种"政治"上的关联意义，一直是人们理解中国法学的一个重要提示。

这两者与中国多元微观法律、法学活动因素的复杂关系，从而使人们不能发现，其时法学知识，如何与这种复杂活动因素产生互动，这种复杂活动因素，不仅包括微观狭义的法律操作，如立法司法活动、对具体现实的"法律关注"，而且包括法学运作的学术建制，如教学、研究、编辑、出版。而就法学知识的本身特性看，从这种互动角度去理解民国法学变迁，更有意义。

上述两个重要问题，与忽视这一时期法学的"全球意义"，存在密切联系，且从深层方面说，与忽视一个"法律行动者"的视角的隐蔽作用，存在密切联系。

二、民国法理知识的生产方式

民国时期，法理知识生产的表现形式多种多样。对本章试图揭示且解释的某种"全球意义"而言，首先特别值得注意的，即为"从微观法律经验入手，逐渐推理论证自己的法理观点"。

1934年，张志让发表《借英国法中许多希奇有趣之点来阐明法律的性质》一文。[1]此文中，张志让的分析论证，便属于"从微观法律经验入手，逐渐推理论证自己的法理观点"。

首先，细节上，张志让着重分析英国17—18世纪若干民事侵权案例中的法院判例，解释英国其时普通法中的刑法，指出英国17—18世纪的法律尤为保护不动产，而对动产和人，保护十分有

---

1 张志让：《借英国法中许多希奇有趣之点来阐明法律的性质》，载《法轨》第1卷第2期，1934年。

限。张志让认为，这种现象所以出现，缘于英国普通法从封建时期发展而来，而在封建时期，土地等不动产属于最重要的财产。随后，张志让转入考察英国 17—18 世纪以前的一些法律规定，如英国 1436 年的谷物出口法律，1463 年的谷物进口法律，及 17—18 世纪以后的一些法律规定，如 1812 年的惩治破坏机械行为法律。当然，张志让另细致分析 1890 年斯坦利诉鲍威尔（Stanley v. Powell）民事侵权案的法院判决。在他看，这一判决，明显表现了并不关心对人的保护。他认为，英国 17—18 世纪以前的一些法律，因为当时的经济需要，对谷物一类的动产保护特别明显，对不动产，并不重视；而这一时期之后，进入工业化的 19 世纪，法律对动产的保护非常类似 17—18 世纪之前。但不论何时，一个共同点则是，英国法律对物的保护超过了对人。[1] 此外，为辅助论证，张志让引用民国时期的《惩治盗匪暂行条例》和其他民国时期的刑法，说明因财产恐吓、绑架会被处以死刑，而因侵犯妇女权益（如买卖、奸淫妇女）出现恐吓、绑架仅处徒刑，其显然是着重保护金融资本产权，对人身较轻视的结果。同时，张志让解释了民国时期法律为何如此的社会经济原因。[2] 张志让进而指出：

　　富有财产的人……的身体是被他的财产所围绕起来了。因此他

1　张志让：《借英国法中许多希奇有趣之点来阐明法律的性质》，载吴经熊、华懋生编：《法学文选》，中国政法大学出版社2003年版，第186—192页。
2　张志让：《借英国法中许多希奇有趣之点来阐明法律的性质》，载吴经熊、华懋生编：《法学文选》，第193页。

的身体所需法律上的保护，就并不甚多。[1]

　　法律向来是在这种人的手里产生的，所以它所注重的在财产，而不在身体……握有这项财产的人就成为当时最有力量的人。[2]

　　故在张志让看来，法律的性质在于保护"握有生产机关的人的利益"。[3]

　　张志让的论证，不能认为非常严密。材料使用上，其文本本身便提到，17—18世纪英国曾有羊毛出口的刑罚规定，该规定十分严厉，对运输羊毛者不仅钉悬示众，而且二次运输时处以死刑。[4]在此，人们似乎不能认为，17—18世纪对动产的保护不能和不动产相提并论。此外，其文本论说，主要是不完全归纳式的，极易遭遇相反例证，从而使自身观点难以成立。

　　但此非关键。关键是，作者运用了细节化的经验推论，且提出了自己理解的法理知识。作者首先提出问题，如开篇提出，"人比财产为重，这是一句大家承认的话；然而在法律上却是不然……这何以见得呢"？[5]其然后运用上面提到的"法律经验"，加以研讨，以此为基础，推进深层次的问题和论证，继续运用"法律经验"，反复演绎辩驳，最后提出自己的法理理论。不难发现，这是法理知识的一种实质性的生产方式。此外，张志让借助法律经验论证法理

1　张志让：《借英国法中许多希奇有趣之点来阐明法律的性质》，第191页。

2　张志让：《借英国法中许多希奇有趣之点来阐明法律的性质》，第192页。

3　张志让：《借英国法中许多希奇有趣之点来阐明法律的性质》，第192页。

4　张志让：《借英国法中许多希奇有趣之点来阐明法律的性质》，第192页。

5　张志让：《借英国法中许多希奇有趣之点来阐明法律的性质》，第186页。

知识，不属于"通俗论说"。法律是务实的，目的在于解决社会实际问题，从而十分复杂。故从复杂的法律经验中挖掘、推演法理知识，特别是一般性的法理知识，我们也就可将其理解为无须凭借他者的扶助和支持即可展开且深入，将其理解为法理知识的一种"具有独立能力"的生产过程。

张志让的学术运作方式，在民国时期其他一些学者的法学操作中，也可见到。如1933年，在《法律与正义》[1]一文中，江镇三通过西方国家、日本及民国的丰富立法实践，逐步分析论证了法律与正义的关系，认为与法律相关的现代正义的核心意义在于"中庸持平"，法律不能无视"中庸持平"。[2]在有关立法实践的陈述中，为辅助论证，其运用实例，尤其提到当时普遍争议的一个法律现象：甲未经乙同意在乙所有土地上建筑房屋，当乙不通过公权力而是以自己行动拆毁甲房屋时，在法律上，应如何看待乙行为。针对这一法律现象，他详尽分析对立观点，推进辩驳，指出现代刑法，如1925年德国、澳大利亚和瑞士的刑法，已用中庸方式予以解决，适时在法律上不否定乙行为。[3]首先提出问题，后在"法律经验"中推论，再设问、再推论……使江镇三的法理生产方式，类似张志让。

民国另外一些法律学者，亦有相近学术运作。如在《法理学与

---

1 江镇三：《法律与正义》，载《法轨》创刊号，1933年。
2 参见江镇三：《法律与正义》，载何勤华、李秀清编：《民国法学论文精萃》（基础法律篇），法律出版社2003年版，第101—102页。
3 参见江镇三：《法律与正义》，载何勤华、李秀清编：《民国法学论文精萃》（基础法律篇），法律出版社2003年版，第101页。

近代法律变迁之趋向》一文中，维华指出：

　　吾人探讨法理学之先，必知法理学者既非"术"之一种，更非哲学；乃研究法理之科学也……盖凡一种有系统之科学，必有具体之材料供其研究始可，如文法学必有方言为其资料；法学亦然。[1]

　　而较早时期，在《护法及弄法之法理学的意义》一文中，陈启修认为，法学属于学术，学术总要历经"事功"到"事理"；"事功"意味着认识事实经验，"事理"则是在知其然的基础上，探求所以然。[2]孙渠也曾概括指出："极奥妙之学理恒得以极浅显之事实证明，似可骇异，然学理之价值正在于此。"[3]

　　现在，观察第二种法理知识生产的表现方式："运用各种常识理论资源，逐步论证自己的法理观点。"

　　1922年，吴经熊发表《法律的基本概念》[4]一文。这篇文章中，吴经熊提出一个观点：法律根基在于"理"，而"理"既绝对又相对。[5]首先，为论证法律的"理"既绝对又相对，吴经熊运用了"对'公平'的理解时常因时代不同而不同"的常识理论资

1　维华：《法理学与近代法律变迁之趋向》（《南开大学周刊》第100期，1931年），载何勤华、李秀清编：《民国法学论文精萃》（基础法律篇），第218—219页。
2　陈启修：《护法及弄法之法理学的意义》（《北京大学月刊》第1卷第2号，1919年），载何勤华、李秀清编：《民国法学论文精萃》（基础法律篇），第230—231页。
3　孙渠：《续中国新分析派法学简述》（《法学季刊》第4卷第6期，1930年），载吴经熊、华懋生编：《法学文选》，第246页。
4　吴经熊：《法律的基本概念》，载《改造》第4卷第6期，1922年。
5　吴经熊：《法律的基本概念》，载吴经熊：《法律哲学研究》，清华大学出版社2005年版，第8页。

源。他指出，"法律应该公平"这一陈述，是普遍的，在任何时候不能舍弃，否则即违背了"法律的命意"；但公平内容，则是变化的。如中国古时，视"出妻"为十分公平，"曾参的妻服事曾参的母亲稍稍不周到一些，曾参就把她驱逐出了……照我们眼光看来，不觉为曾参的妻代抱不平；因为我们的脑筋中只有离婚的事，没有出妻的事"；[1] 故吴经熊的意思是，从"公平理解"的相对性出发，即可理解法律的理的相对一面。[2] 其次，吴经熊提出"幸福理解总会因人而异"的常识见解，以此进一步论证"法律的理"的绝对与相对。他说，对幸福所提出的定义，总是不同，幸福定义随着观念的变化而变化，故"伊壁鸠鲁以身心逸乐为幸福，庄子以逍遥世外为幸福，老子以无为为幸福，孔子以大同为幸福，杨朱以一毛不拔为幸福"，[3] 这就如同"衣""食""住""教育"不过是普通名词，古代将"兽革木叶"视为衣，将"茹毛饮血"视为食，将"穴居野处"视为住，将"钻木取火"视为教育，而现在，则远非如此。[4] 但幸福人人都要提到。故涉及幸福问题的法律，其理既绝对又相对。[5] 再次，吴经熊运用"权利自由总是有限"的常识理论，佐证自己的基本观点。他提出，尽管某些时代一般人的权利自由的范围比较广泛，某些时代则相反，但"无论什么权利——即使我们现在所梦想不到的权利——也不可越出'不

1　吴经熊：《法律的基本概念》，载吴经熊：《法律哲学研究》，清华大学出版社2005年版，第8页。

2　吴经熊：《法律的基本概念》，第8页。

3　吴经熊：《法律的基本概念》，第8页。

4　吴经熊：《法律的基本概念》，第8页。

5　吴经熊：《法律的基本概念》，第8页。

损害别人的权利'的限制"。[1]"权利的名目不变，而权利的内容却是无定"。[2] 故涉及权利自由的法律，是在绝对和相对的关系中确立发展。[3]

　　某种意义看，法律原理的确和常识观念存在密切联系，以常识道理作为根由。此外，运用常识理论资源论证法理观点，犹如其他学术论证，其基础在于人们对常识理论的自然认同。常识理论，如同日常经验，人们难以否定，故可用作推理论证的重要手段。针对吴经熊的"法律的理既绝对又相对"的观点，虽然可提出不同看法，指出其观点不过是"名实"问题的法学延续，[4] 但依然可认为，其不断搜寻常识理论，在复杂生动的常识理论和法理知识之间建立不断更新的学术通道，是法理知识的另外一种"具有独立能力"的生产方式。因为，这种生产方式，依然无须凭借他者的扶助、支持，即能在推论上展开、深入。

　　与吴经熊类似者，亦有他人。1923年，张君劢发表《政法上的唯心主义》[5] 一文。文章中，张君劢论证了立法问题应由"衣食住行超脱者"，而非"衣食住行打算者"来解决的观点。张君劢的论证，依据两个常识理论：其一，"衣食住行打算者"，总难以思考真正的精神问题。其二，凡游戏展开前，总要先定游戏规则。[6] 他认为，两个常识理论相互关联，即"先定游戏规则"首先意味着

1　吴经熊：《法律的基本概念》，第8页。
2　吴经熊：《法律的基本概念》，第8页。
3　吴经熊：《法律的基本概念》，第8页。
4　吴经熊自己亦提到"名实"问题，参见吴经熊：《法律的基本概念》，第8页。
5　张君劢：《政法上的唯心主义》，载《法学季刊》第1卷第5期，1923年。
6　张君劢：《政法上的唯心主义》，载吴经熊、华懋生编：《法学文选》，第184页。

"衣食住行无忧",故只有"衣食住行超脱者",才能解决立法这种精神问题。[1]

1930年,在《法律解释论》[2]一文中,朱显祯论证了自己的法律解释观点。他指出,法律文字载体所含意思,应以一般人的合理判断为依据。[3] 论证时,其不仅运用其他法律理论资源,而且运用四个常识理论:第一,"书信之解释,在以明确发信者之具体思想为目的";第二,"谚语与格言等解释之目的,在以究明一般人对于谚语格言自体可以认出之抽象的思想";第三,"又法律行为加以表意人之真意认为其内容时,则法律行为之解释,其目的在探究表意者之真意";第四,"若以一般交易上所认表示行为之意思认为其内容时,则法律行为解释之目的,当然在确定依表示行为自体之合理的判断所推论之意思"。[4] 可发现,朱显祯提到的四个常识理论,人们一般较易赞同。

再看民国法理知识生产的第三种表现方式:"结合古今中外已成学说展开论证"。

作为一种"观点表现"的法理知识,在古今中外的法学学术中,总是"似曾相识",这意味着,针对法律、法学问题而提出的"观点",除个性化的表达方式外,大体上常会出现"基本意思重

---

1 参见张君劢:《政法上的唯心主义》,第184页。
2 朱显祯:《法律解释论》,载《社会科学论丛》第2卷第8、9期合刊(法律专号),1930年。
3 朱显祯:《法律解释论》,载吴经熊、华懋生编:《法学文选》,第69页。
4 详见朱显祯:《法律解释论》,第69页。

复"的现象，[1]但此非停止法学生产的理由，因为，对不同"观点"进行考察，并以此为基础，推进法学学理的增长，依然可行。就此而言，关注此第三种表现方式，有其必要。

1913 年，李晋发表《法律与道德》[2]一文。文章中，李晋主要论证了法律与道德之间的复杂关系。他提出若干观点：第一，古时法律与道德常不分彼此，"法律之起源，亦即道德之起源"；[3]第二，"法律所以治人，道德所以治己"；[4]第三，"法律所以范围正当之行为，道德所以养成善良之风习"。[5]李晋的核心思想在于如其所说：

> 夫世界维持人类之大经有二，一曰道德，一曰法律，二者相需而不离……苟缺其一焉，则其国浸衰浸弱，驯至于亡。[6]

论证中，李晋考察了各种学说观点，如今天习惯称谓的古典自然法学、历史法学、社会法学、实用主义法学、中国古代法家及中国古代儒家。其提到格劳秀斯（Hugo Grotius）、霍布斯

---

1 这里仅指"观点"，并不包含"学理论证"。对"法律是正义的体现""法律是强者的利益表达""法律由习惯演变而来"及其他各种"观点"，我们均能发现人们是在不断"重复"它们。但"学理论证"可多种多样，并不重复。针对同一"观点"，可提供不同学理论证思路。
2 李晋：《法律与道德》，载《言治》第1期，1913年。
3 李晋：《法律与道德》，载何勤华、李秀清编：《民国法学论文精萃》（基础法律篇），第92页。
4 李晋：《法律与道德》，第94页。
5 李晋：《法律与道德》，第95页。
6 李晋：《法律与道德》，第90页。

（Thomas Hobbes）等，另提到孟子和古代罗马法学。李晋对各种学说，逐一分析，指出其意义及不足。在他看，大部分学说均忽略法律与道德的紧密联系，即使个别学说给予关注，但这些个别学说，依然未在特定的"动荡社会"条件下揭示两者的独特关联。社会激烈动荡时期，两者的相互依赖关系，显得尤为重要，在两者之间不能认为其一为主，而其一为次；它们只是互为内外、相辅相成。[1]

从今日学术的论证层次和学理分析意识看，与前文提到的两种表现方式相同，李晋的学术操作，依然较粗略素朴，但其结合各种前人学说，逐一分析得失，推演自己论据，在民国初期具体知识环境中，极为需要论及。这样一种运作，是以另外一种方式，搭建"拥有独立能力"的法理探讨平台，其机制，自然孕育着法理知识生产的所需条件，其学术旨趣，显然在于推进普遍意义的学理增长。

在当时吴经熊发表的《关于现今法学的几个观察》[2]、丘汉平发表的《法律之语源》、[3] 黄右昌发表的《现代法律的分类之我见》、[4] 燕树棠发表的《自由与法律》[5] 的文本中，也能发现"结合古今中外已成学说论证自己的法理观点"的典型表达。在自己文本中，吴经熊探讨了若干法律基本问题，如法律渊源、司法技艺。提

---

1 详见李晋：《法律与道德》，第90-96页。
2 吴经熊：《关于现今法学的几个观察》，载《东方杂志》第31卷第1号，1934年。
3 丘汉平：《法律之语源》，载《法学杂志》第5卷第2期，1931年。
4 黄右昌：《现代法律的分类之我见》，载《中华法学杂志》第2卷第8期，1931年。
5 燕树棠：《自由与法律》，载《清华学报》第9卷第1期，1934年。

出观点时，其常将古今中外的各种学说加以分析，指出问题，论证自己学理的"增长"。[1]丘汉平则结合中外各种"法律"语意学说，论证了"法律"一词的含义可分为二，一是抽象，二是具体，并提醒学者，首先应注意"法律"一词的抽象用法和具体用法的区别。[2]黄右昌则认为，"根本法有二种：一为宪法，二为民法。其他非宪法的附属法，即民法的附属也"。[3]此外，黄右昌提出母法与子法、团体法与社会法等分类，而这些分类，均以批评公法与私法之分、国际法与国内法之分、一般法与特别法之分等各种学说，作为基础。[4]燕树棠更是些许不留情面地指出，法律究竟是扩大自由，还是限制自由这一问题，世界许多学说总认为对其可作出定论，但"恐怕永远不能得到一个定论"。[5]这一观点，同样以批判中外各种主流法学学说，作为依据。[6]

当然，需指出一点，前面分析的三种民国法理知识生产方式，并非截然分开；在一个或多个法学文本中，这三种方式有时被民国法律学者交叉互用。

---

1 参见吴经熊：《关于现今法学的几个观察》，载吴经熊、华懋生编：《法学文选》，第87—110页。

2 参见丘汉平：《法律之语源》，载《丘汉平法学文集》，洪佳期译，中国政法大学出版社2004年版，第26—31页。

3 黄右昌：《现代法律的分类之我见》，载何勤华、李秀清编：《民国法学论文精萃》（基础法律篇），第416页。

4 参见黄右昌：《现代法律的分类之我见》，第397—417页。

5 燕树棠：《自由与法律》，载何勤华、李秀清编：《民国法学论文精萃》（基础法律篇），第87页。

6 燕树棠：《自由与法律》，第77—87页。

三、近现代法理知识生产中的"全球意义"

前面，着重概括了三种民国法理知识的生产方式。这三种方式，从今天看，并非新颖，或恰为人们所熟知，甚至熟练运用，但对于本章试图着重阐述的"民国时期法学的全球意义"，至关重要。

第一，其中，"中外二元对立"的预设前提，基本可被消解。

就张志让等"深入考察微观法律经验与法理知识的逻辑关联"的学术策略而言，这些学者，实际上，切断了"中外二元对立"与"日常法律问题"这两者的某些纽带。此意思并非说，其时不存在"中国"——更准确说"传统中的中国"——问题，及外国问题；而是说，这些学者能发觉，一定意义上，中外二元对立与日常法律实践，总是不同领域的问题。作为日常法律实践的"登记""订约""收养""惩罚""管制"，甚至"诉讼"等，不仅可以是中国的，而且可以是西方的，甚至可以是其他世界地域的。同时，这些日常法律实践，又可包含一定的"普适"内容，又可表明其中并不必然要么一定属于"外国经验"，要么一定属于"中国经验"，要么只能在中外二元对立关系或亲和关系中，加以理解。当在其中提炼法律原理时，提炼本身，即意味着即使在外国法律实践经验中，依然可总结适用于中国法律实践经验的法理知识；反之，亦如此。某些法理知识，尤其作为一般的基本法律原理的法律性质的知识，可以且应当，说明更多世界地域的法律实践经验。

如张志让"法律性质在于保护有产阶级的利益"，江镇三"法律正义之间的'中庸持平'"等观点，作为一类法理知识，即不仅可说明西方的法律制度实践，而且可说明中国的，包括世界其他地域的。其为非常重要的法律一般原理（尽管可争论），但完全可不包含"中外二元对立"的预设。

就吴经熊等运用"常识理论推演法理知识"的学术策略而言，民国学者，同样在自己的学术运作中，淡化"中外二元对立"与"日常法律实践"的某些关联，尽管这种淡化，就实际情况而言，也许是不自觉的。常识理论，常为一般接受的道理论说，从学术经验看，亦属不易反对，且在许多时代、许多地方总被人们反复运用，故这种理论，具有普适指涉的意义、内容。吴经熊提到的"幸福总是因人而异""权利自由总是有限的"，张君劢提到的"衣食住行打算者总是难以思考真正的精神问题""凡游戏展开之前总要先定游戏规则"等，作为常识理论，我们很难认为，其要么是中国的，要么是西方的，或是某个时代世界其他地域的。在各种民族、国家、文化、语言的思想文本中，我们其实不难看到其中相似，甚至相同的一般表述。某些情况下，各种文明，总会遇到相似生活经验，进而从不同角度出发，得出相似甚至相同的常识感受，概括同样的常识理论。就此看，通过常识理论阐发的法理知识，无甚可能仅带有"中国文化"标识，或仅带有"外国文化"标识。这种法理知识，可映射各种文明之下相当一些法律实践，尽管，并非所有法律实践。

从此意义看，"中外二元对立"的观念意识，在上述常识理论操作的法理知识生产中，失去了可辨识、可把握直至可论说的踪迹。故对吴经熊等所从事的学术工作，人们需努力发掘的法理知识生产模式，不是"中外二元对立"背景下的，而是"日常法律实践"具体语境中的。

就李晋等"结合古今中外已成学说论证自己的法理观点"这一学术策略来说，民国学者更明显地淡化了"中外二元对立"和"一般法律问题"的相互勾连。考察古今中外已有成说，从中展开法理推论，实际上，暗含略去"古代""今天""中国"、"外国"的法学最终权威的身份印记，及"外国强者""中国强者""古代优秀传统""现代先进文明"的固定标识。而此身份印记、固定标识，在近现代，极易成为"中外二元对立"的间接表达和指示，甚至有时是直接的。如"古代"一词，或许已强调"从古而来的中外不同"；"今天"一词，可能已暗示"当下的中外对峙"；"优秀传统"一词，或许已直接呼吁"中国应当对抗外国"；"先进文明"一词，可能已直接主张"中国只能顺应外国"。弱化这种印记、标识，意味着学术生产者，正避开"中外二元对立"背景观念的控制，将"一般法律问题"视为相对独立的部分社会日常现象；同时，弱化中，各种学说，成为平等的参与理论交往的话语成员，其理论成立的合法依据，在于学说本身针对一般法律问题而来的解释能力，及论辩能力。如此，某些法理知识的思考，不应预设从古到今的"外国权威""中国权威"，并由此展开、论述。以往所有已成学说，可能的确展现了针对某些一般法律问题的深刻理解，但随时间推移，学者思想认识的推进，其又必须重新接受审视、质疑。审视、质疑的目的，则在于再次深入体验"法律实践的日常场景"，从中搜寻挖掘法律本身也许具有的，而以往学说并未揭示的机制。

近代以来，不论政治文化领域，还是其他社会文化领域，"中外二元对立"总是基本的认知范式。从西方强势化的物质文明闯入中国后，中国知识分子作为中国思想主体，常易从"接受外国文明"（如"全盘西化"）、"反抗外国文明"（如"祖宗之法"）、"利用外国文明"（如"师夷制夷""中体西用"）等观念角度，考察中国问题。此中国知识分子，当然包括中国的法律思想者。于是，外国法律制度、思想等"外国法律文化"，常被当作"中国法律文化"的对立参照，树为想象中的"他者"。"他者"，要么成为可被仿效的"先进范例"，要么成为可被拒绝的"奇技淫巧"。

需承认，"中外对立"的认知范式，一定意义上，可以理解，而且也需理解，因为，当时中国身处政治经济还有文化——有时文化更加重要——的"殖民主义和民族主义"的争斗之中。但在这种范式中，具有一定普适通约的法律制度的具体原理研究，终究被忽略了，人们更多从"宏观政治化的法律工具"，而非"微观法律化的法律内容"，追究法律自身的机制。

与此不同，上述三种法理知识生产的民国学者，自觉或不自觉，在研究中设定了"法律原本问题"的学术预期，疏离了"中外二元对立"的认知范式，在这种学术预期和预设前提之间，开辟了必要而又带有学科边界意义的知识距离。同时，其所凭借的这种学术策略，将外国法律文化包括中国传统法律文化的话语霸权，悄悄地放逐，因为，这些民国学者，不甚在意外国或中国传统的法学、法律所说，而是直指实际的法学、法律问题，并在细密辩驳的基础上，展开法理推论。故在"预期""疏离""放逐""直指"中，即可发觉一种"全球意义"。

第二，上述三种生产方式，均未固守"地方性文化"的观念。

以张志让等人的法理知识生产方式论，可明显发现，"普遍法理知识如何可从特定地域法律运作中挖掘提升"。这种方式，其中既有具体微观的外国法律制度，如英国的侵权法、出口管制法，也有具体微观的中国法律制度，如民国时期的盗匪惩治法。但具体法律制度仅表现"具体例子"的指示意义。更需指出的，则是具体法律制度，作为"具体例子"，亦可相互替代；换言之，将"具体例子"原有的地域国家标记予以更换，如在"中国……法"中置换"英国、德国、法国"等前缀标记，或在"英国、德国、法国……法"中置换"中国"前缀标记，并不影响原有具体例子的解释功能。因为，张志让等人所运用的具体法律制度例子，其所指示的内容，总在各个地域国家可被发现。侵权处理、出口管制、盗匪惩治，作为法律内容，不论在何地域国家，均可被看到，尽管表达、表现方式可能存差异。这意味着，具体法律制度，在这种生产方式中，并不带有文化意义的地方性。也由此，从中发掘提升的法理知识，亦无地方性。

在这个意义上，可深入理解，作为法理知识探讨，为何其时李晋指出：

> 英人某曰：读法律万卷，不能见一爱字，盖言法律之酷薄寡恩。与《汉书·艺文志》叙法家者流，谓其去仁爱，任刑法，残害至亲，伤恩薄厚之言，东西若出一辙。[1]

---

1 李晋：《法律与道德》，第93页。

以吴经熊等运用"常识理论推演法理知识"的学术生产方式论，同样可明显发现，"普遍法理知识如何可从具体常识理论中加以推论"。不能认为，所有常识理论，均无地方性文化印记，但的确可认为，吴经熊提出的"对'公平'的理解时常因时代不同而不同""幸福理解总会因人而异""权利自由总是有限"，张君劢提出的"'衣食住行打算者'总是难以思考真正的精神问题""凡游戏展开之前总要先定游戏规则"等常识理论，没有地方性的文化印记。不论中国，还是外国，自然可发现"公平理解的相对性""幸福理解的相对性""权利自由的有限性""精神思考以衣食住行为前提""游戏规则需先定"，因为，不论何种地域国家的社会生活，在这些方面，总会出现相互重叠内容。一般看，用以论证普遍法理的常识理论，总是"普遍通约"的，毕竟，作为论证对象的法理知识，希望说明所有法律现象。这也是有些外国法理知识在中国可运用，相反，有些中国法理知识在外国同样可运用，其缘由所在。当然，这里所提到的"普遍通约"，并非绝对。

以李晋等结合古今中外各种学说论证法理知识的学术生产方式论，依然可明显发现，"普遍法理知识如何可从各种地域的成说中辩论产出"。在李晋等人的学术操作中，"各种成说"，作为例子，是没有地域代码的。"各种成说"，仅作为"例证"化的学术言说，而被树为对话目标。这些成说，略去民族、国别的身份标志，依然可作为论辩对象予以审视。就李晋等人提到的格劳秀斯、霍布斯、孔子、孟子的理论，及自然法观念、社会法观念、实证法观念的理论来说，我们很难认为，只有这些个人或派别，才提出被赋予"他（它）们地域"之名的特定观念，很难认为，这些个人或这些派别的理论，要么是彼地方的思想观念，要么是此地方的。实际上，除语言表达及阐述方式的修辞区别之外，其他地域的个人或群体，依然可能提出过类似的理论意思。[1]不论理论意思由谁提出，在李晋等人的学术操作中，其均需作为没有独特地域代码的学术陈述被讨论，而这种讨论，目的在于深入推进法理知识的理解思路。因此，地方性的观念，同样失去了其所依附的寄生场所。

应指出，针对近现代以来的中国法学理论知识的生产而言，"地方性文化"的观念，常和"中外二元对立"的观念，存在若即若离的合谋关系。某种意义上，前者常是后者的延续，或延伸，甚至成为后者的内在基石之一。不论坚守"地方性文化"互斥性的观点，还是主张"地方性文化"兼容性的观点，常预设"中国"的地方存在和"外国"的地方存在的区别。[2]这种区别，当然不是地理意义的，或不仅是地理意义的；这种区别，首先是"民族国家"意义的。此外，从更重要的方面看，"地方性文化"的观念，有时包含"从中国看外国后从外国看中国"的考察立场，包含欲从这种考察立场出发，思索如何在两者中实现"改变中国""保留中国""接纳外国""反抗外国"的政治设想。

应看到，民族国家的"某些部分"，具有自己的地方性，但伴

1　目前，法学界已逐步指出，某些其他地域如西方所具有的法律基本观念，除修辞表述的差异外，非常类似。具体例子，可参见夏勇关于"权利观念"的分析，参见夏勇：《民本与民权——中国权利话语的历史基础》，载《中国社会科学》2004年第5期，第4—23页。
2　因为，尽管中国存在多种"地方"，外国亦存在多种"地方"，但中国和外国之间首先便可构成一种"多个地方"的关系。

随民族国家的各种交往，包括政治对话（或殖民或抵抗）、经济交易、文化传输等，各个民族国家，总会在某些方面，或某些问题上，遇到相似甚至相同的法律焦点，从而在地方性上形成交叉互补意义的共同法律对象，进而，淡化法律地方性的"自我"和边界。此外，伴随民族国家各种交往，过去处于"封闭"状态的地方法律文化，总会因为"他者"的进入、浸淫，逐渐开始从"自我是一个独立的存在"向"自己是世界的一个组成部分"转变。[1] 即使各民族国家之间没有各种交往，正如前文提到的，它们依然可能遇到类似的"登记""订约""收养""惩罚""管制"甚至"诉讼"等具体法律问题，展开类似的法律实践。避开"地方性文化"的观念，并不意味着否定特定法律所具有的"地方性生成"的环境条件，及这种条件和法律的紧密制约关系；而是意味着，应注意某些方面的法律知识原理所具有的广泛共享性、交互性。同时，这种避开，也潜在意味着，某个地方性法律并不具有所谓天然的先进性、"领导性"，及一个地方性法律尤其是西方法律，并不具有所谓的引导世界法律发展的现代性，而且，也潜在意味着，应淡化一种地方性法律的"优秀经验"，及另种地方性法律的"落后教训"的定式思考。故问题的重要，依然在于法律知识原理的本身构成及在一个地域的法律中，是否依然可发掘"普适通约"的法律理解；问题的重要，并不在于两种或多种地方性文化之间的二元对立，或多元对立。

---

1 在这个意义上，针对近现代以来的中国法律文化而言，很难使用"这纯粹是中国的""这纯粹是外国的"之类的表述。近现代以来中国地域里的法律文化，实际上是一个不断自我生产的"既中国又外国"的复杂变动体。

前述民国三种法理知识生产的方式，当然并不一定具有这样的自主性、自觉性，但其中，的确包含了避开"地方性文化"观念牵制的学术智识。如此，一种"全球意义"，逐渐凸显。

概言之，消解"中外二元对立"的认知范式，避开"地方性文化"的观念，并在细节上演绎推论、反复辩驳，不论是否自觉，均标志三种民国法理知识生产及由此而来的法学，具有"全球意义"，标志其可成为"世界法学生产的一个组成部分"，并且，这种"全球意义"和"可成为"，直指法律原理知识本身的内在机制。

四、法学"全球意义"的主观构建

为何其中可看到"全球意义"，且其"可成为世界法学生产的一个组成部分"？

在我看，首先应注意一个现象：民国法律学者，有时以"世界学术成员"的姿态进行学术操作，尽管，此未必有意而为。当时，一些民国法律学者，有如今天所见，言必称西学如何、国学如何，言必称西塞罗（Marcus Tullius Cicero）、洛克（John Locke）、萨维尼（Friedrich Carl von Savigny）、边沁（Jeremy Bentham）、奥斯丁、狄骥（Léon Duguit）、霍姆斯（Oliver Wendell Holmes）、庞德（Roscoe Pound）、孔子、孟子、韩非子等"大师"，仿佛从中，才能汲取法律的基本原理。但某些民国法律学者，则是"尤愿陈述学理"，[1]试图讨论"法理的精微处所"，[2]其理念是"世界各国法律思想之趋势，与时俱进……"[3]其追求是"一切学术之性质，与时俱进……"[4]一些民国法律学者，似乎试图以不经意的方式，淡化"或外国或中国的强势法学""或外国或中国的弱势法学"，淡化"经典法学"与"边缘法学"的位置，而直接进入法律原理的自身结构。

在前面提到的张志让《借英国法中许多希奇有趣之点来阐明法律的性质》一文中，可发现，作者提到了当时著名的美国法律学者霍姆斯、英国法律学者塞尔芒德（John Salmond），并对其提出批评。张志让指出，对于民事侵权行为的某些问题，两位学者，包括其他西方学者，并未作出较佳解释。关于张如何批评，举例说明。文中，张志让说，17 世纪的贝斯利诉克拉克森（*Basely v. Clarkson*）案中，被告在自己地上割草，因自己地界与原告地界模糊，被告越界割去原告一些地草，法院认为侵权成立，但在斯坦利诉鲍威尔案中，被告合法使用枪支猎射山鸡，枪支一发子弹碰到树枝后方向改变，误中原告，法院认为并不存在侵权问题。对于法院的不同判决，霍姆斯和塞尔芒德，均试图运用"不可免的事故"和"不可免的错误"的区分方法，作出解释。这意味着，在斯坦利诉鲍威尔案

1　吴稚晖：《杂志界之希望》，载《太平洋》第1卷第1号，1927年。当时《太平洋》法律文章主要撰稿人是燕树棠、周鲠生、杨端六等。这是吴稚晖对撰稿人的一个描述。

2　参见吴经熊、华懋生：《法学文选序》，载吴经熊、华懋生编：《法学文选》，中国政法大学出版社2003年版，第1页。

3　丁元普：《法学思潮之展望》（《法轨》第1卷第2期，1934年），载何勤华、李秀清编：《民国法学论文精萃》（基础法律篇），第451页。

4　陈启修：《护法及弄法之法理学的意义》，第230页。

中，被告开枪时，没有预见结果，同时这种没有预见不是由于自己的疏忽，此时出现的原告受伤是"不可免的事故"。反之，在贝斯利诉克拉克森案中，被告割草造成的结果，是被告知道的，只是由于误认原告的地草是自己的，才出现误割。被告出现的误认，不是缘于被告的疏忽。如此，被告的错误是"不可免的错误"。张志让认为，两个学者的观点虽有道理，且两种侵权的区别的确存在，但两个学者并未说明，为何两个案件中当被告均为"无咎"时，其一承担责任，其一没有。以此作为基础之一，张志让进一步论证了自己的法理观点。[1] 显然，张志让具有在微观层面上展开世界学术对话的潜在动力，[2] 并不试图简单在中外二元对立中，对抗或接纳外国法学、中国传统法学。揭示法律原理的自身含义，在张志让看，至关重要。

吴经熊在《法律的基本概念》一文中，为展开自己"法律的理"的论证，阐述了中国宋明时期儒家的相关概念，及欧美18世纪法学家的自然理性概念，且指出：

据我看来，宋明诸儒的理和欧美十八九世纪的理是个照照灵灵不可捉摸的理，其流弊就像戴东原先生所说："启天下后世人人凭在己之意见而执之曰理，以祸斯民。"又如顾亭林先生所说："置

---

1 参见张志让：《借英国法中许多希奇有趣之点来阐明法律的性质》，第187—188页。

2 张志让另专门撰文分析西方法学的理论，如《新旧各派法律学说之一览》（《法律周刊》第26期，1923年）和《社会法学派之起源主义及批评》（《法律周刊》第28、29期，1924年）。

四海困穷不言，而讲危微精一！"。[1]

吴经熊认为，应在世界的学术变迁中理解相关的法理讨论：

中国宋明诸儒为了这个理字，质难辩论，曾用了一番苦工。但其结果真理愈弄愈涩……清代诸儒以为前车可鉴就起了一个大反动，这个反动在中国思想界至今尚占势力。欧美十八九世纪诸法家亦想专恃一个理字来解决一切法学上问题。现在二十世纪的一般法学巨子新近也起了一个大反动。[2]

在吴经熊看，后人应意识到：

理是个实事求是的理——固非玄想中之理，又非书本中之理，却是社会日常行事中之理……情即是理，理即是情，情和理固属一而二二而一的，万万不可分离而讲。[3]

吴经熊十分注意学说中的世界学理动态，以展开自己的法理研究。另外可注意，在《法律的基本概念》一文中，当阐述"法律的标准"时，吴经熊认为，中国传统经典人物老子、孔子、庄子、杨朱等，及外国传统经典人物伊壁鸠鲁、边沁等关于"幸福"的观念，"都是个人幸福观的不同"；吴经熊指出，当下法学学术，实

1 吴经熊：《法律的基本概念》，第7页。
2 吴经熊：《法律的基本概念》，第7页。
3 吴经熊：《法律的基本概念》，第7页。

际上应注意的则是，"一时代有一时代的幸福观，和别的时代迥然不同。既是这样，我们可说幸福的名目虽然不变，幸福的实质却是各时各别的"。[1]这些叙述，展示了吴经熊在法学学术语境中进行对话的世界学术成员姿态。故其时张君劢评价："盖吴君越脱成文法派之束缚，而为法界开一新生面之旨趣亦在是矣。"[2]后来更有学者认为，吴经熊的学说，"轰动欧美，跃居领袖之地位矣"。[3]

前面一节提到李晋《法律与道德》一文，其则属于直接进入世界学术话语且展开学术对话的文本，更明显表现了作者世界学术成员的姿态。

此外，可注意其他一些重要范例。如在 1929 年发表的《法律不容不知之原则》[4]一文中，关于"不知法律规定不能成为对抗法律责任承担"的原则，费青分析了各种法律实践、学说。首先，其追溯自优士丁尼（Flavius Anicius Justinianus）《学说汇纂》以来的大陆国家法律规定、法律判决；其次，其概括了英语国家的法律规定、法律判决。以此为基础，其分别讨论布莱克斯通（William Blackstone）、奥斯丁、霍姆斯、塞尔芒德、波洛克（Frederick Pollock）、阿莫斯（Sheldon Amos）等人的理论。费青指出：

1 吴经熊：《法律的基本概念》，第8页。
2 张君劢：《〈法律的基本概念〉之序言》（《改造》第4卷第6期，1922年），载吴经熊：《法律哲学研究》，第4页。
3 高维廉：《中国法学思想之国际地位》（《法学季刊》第4卷第3期，1930年），载何勤华、李秀清编：《民国法学论文精萃》（基础法律篇），第277页。当然，吴经熊本人有时十分推崇霍姆斯的思想。但表现出来的推崇是一个问题，实际的学术运作是另一问题。就后者来说，吴实际上还是有如本文所分析的，很有世界学术成员意识。
4 费青：《法律不容不知之原则》，载《法学季刊》第4卷第2期，1929年。

以上诸说之仅具片面理由，无俟申述。[1]

虽然文章最后，就西方而言费青认为：

社会法学派之创法律相对性与归纳性也，盖深察乎人事之变幻无穷，正义之时地各异，法律非得执一而不变。[2]

但费青同样提出自己看法：

所贵于法者，惟人善于运用之耳。[3]

而在《从"法"说到"宪法"》[4]一文中，阮毅成运用追问方式，直接剖解奥斯丁实证主义学说和西方古典自然法学说的问题，及德国学者耶林（Rudolf von Jhering）等人学说的问题，进行法理论证。[5]阮毅成指出：

耶林说，因为只有国家有强制权，故法仅能在国家中存在。

1　费青：《法律不容不知之原则》，载何勤华、李秀清编：《民国法学论文精萃》（基础法律篇），第209—215页。

2　费青：《法律不容不知之原则》，第216页。

3　费青：《法律不容不知之原则》，第216页。

4　阮毅成：《从"法"说到"宪法"》，载《时代公论》第87、89号，1933年。

5　阮毅成：《从"法"说到"宪法"》，载何勤华、李秀清编：《民国法学论文精萃》（宪法法律篇），法律出版社2002年版，第2—3页。

其实，法的强制力，并非得之于国家，乃是得之于社会生活中的事实规则……就是确由国家制定的成文法律，其强制力也不为国家所独掌。[1]

在朱怡庵的《法的本质》[2]一文中，亦能发现作者站在反资产阶级立场，对各种西方法理学说展开批判。朱怡庵提到，法的本质，需从阶级利益角度予以理解，且法律需从政治力量均衡的角度予以理解。[3]另外，在萧邦承的《社会法律学派之形成及其发展》[4]一文中，依然可看到作者对当时十分流行的分析法学、历史法学、新康德法学、新黑格尔法学等法学流派的批评，同时看到，作者对社会法学不足的揭示。[5]在费青、阮毅成、朱怡庵、萧邦承的文本中，同样可发现作者宽阔的世界学术视野，及世界学术成员角色的担当。

为理解前面一节概括的三种法理知识生产方式，其次应注意另外一个现象：民国法律学者，常不仅注意当时人们通常认为的"最为重要"的人物、文本，且注意人们通常认为的"较为次要"——甚至不重要——的人物、文本。

---

1 阮毅成：《从"法"说到"宪法"》，载何勤华、李秀清编：《民国法学论文精萃》（宪法法律篇），第3—4页。
2 朱怡庵：《法的本质》，载《新兴文化》创刊号，1929年。
3 朱怡庵：《法的本质》，载何勤华、李秀清编：《民国法学论文精萃》（基础法律篇），第39—43页。
4 萧邦承：《社会法律学派之形成及其发展》，载《法轨》第2卷第1期，1934年。
5 参见萧邦承：《社会法律学派之形成及其发展》，载何勤华、李秀清编：《民国法学论文精萃》（基础法律篇），第546—563页。

　　以燕树棠为例，在《自由与法律》一文中，关于主题，其不仅考察各种外国学说，且在参考文献中，开列相当数量并不十分显赫的法律学者著述，标注页码。[1]某些外国学说内容的阐述，及若干参考文献的标注，表明作者对"较为次要"的法学著述的关注。就学说内容阐述而言，其时一些最重要法学的人物思想和较为次要法学的人物思想，在燕树棠文本中，呈现了对立冲突的学术景观。如在介绍分析人们熟知的英国法律史学者梅因（Henry Maine）的"从身份到契约"这一著名现代性法学观念后，燕树棠指出，英国的几位法律学者，波洛克、戴雪（Albert Dicey）、梅特兰（Frederic Maitland）等，对"他的主张都有些批评"。[2]波洛克认为，以往任何国家、任何时期"在法律上并不把婚姻看作合伙，各国的立法也没有这种的趋势"；戴雪认为，"现代劳工赔偿法所以承认工人要求损害赔偿之权利实在是因身份而取得，并不是因契约而取得，并不得以契约取消这种权利"；梅特兰则"研究法律的历史，观察到民族的品格、智慧、制度，实有根本相异之点，所以认为不应该定下一个狭隘的概论"。[3]从当代眼光看，波洛克、戴雪和梅特兰等，也许已是著名、较为重要的法学人物，但在1934年以前的世界法学中，尤其相对梅因这位当时历史法学的最重要代表人物之一而言，他们的学术声音，则可视为法学边缘。[4]就参考

1　燕树棠：《自由与法律》，第87—88页。

2　燕树棠：《自由与法律》，第83页。

3　参见燕树棠：《自由与法律》，第83—84页。

4　波洛克、戴雪和梅特兰是19世纪末20世纪初英国活跃的学术人物，但显然并未形成一种与梅因类似的学术霸权。

并不著名的学者著述文献而言，燕树棠在文章最后，开列如美国学者布朗（William Brown）的《现代立法主要原则》（*Underlying Principles of Modern Legislation*）[1]、霍兢（William Hocking）的《法律哲学与权利哲学的目前状况》（*Present Status of Philosophy of Law and of Rights*），德国学者盖瑞斯（Karl Gareis）的《法律科学导论》（*Introduction to Science of Law*）等并非十分知名的法学文献。[2]

其他类似民国学者，如黄右昌，在其《现代法律的分类之我见》一文中，参考了德国学者布兰奇里（Johann Bluntschli）的法律分类理论，及德国学者凯斯克尔（Walter Kaskel）的《法与经济》（*Recht und Wirtschaft*）和《法律与国家科学词典》（*Enzyklopädie der rechts-und Staatswissenschaft*）。[3]朱显祯在其《德国历史法学派之学说及其批评》[4]一文中，参考了德国学者图尔（Heinrich Thöl）的《商法》（*Das Handelsrecht*）、施瓦奈特（Hermann Schwanert）的《法律与习惯》（*Gesetz und Gewonheit*）。[5]在《关于现今法学的几个观察》一文中，吴经熊同样提到美国学者凯尔尼斯（Huntington Cairnes）的《法律和人类学》（*Law and Anthropology*），法国学者鲍内凯斯（Julien Bonnecase）的《法律科学和浪漫主义》（*Science du droit et romantiseme*）、瑞博梯（Emile Ripert）的《债权关系中的道德诫律》（*La règle morale dans les obligations civiles*）、黑瑞欧

---

1 下文括号内法学著述斜体外文为"著作"，正体外文为"论文"。

2 燕树棠：《自由与法律》，第87页。

3 黄右昌：《现代法律的分类之我见》，第399—400、409页。

4 朱显祯：《德国历史法学派之学说及其批评》，载《社会科学论丛》第1卷第10期，1929年。

5 参见朱显祯：《德国历史法学派之学说及其批评》，载何勤华、李秀清编：《民国法学论文精萃》（基础法律篇），第587、589页。

（Maurice Hauriou）的《法律哲学和社会科学》（*La philosophie du droit et sciences sociales*），德国学者鲍兹（Alfred Bozi）的《法学的世界观》（*Die Weltanschauung der Jurisprudenz*）等并不十分知名的法学文献。[1] 而张鼎昌，在《比较法之研究》[2] 一文提到法国学者塞琉斯（Raymond Saleilles）的比较法学说，波斯特（Allert Post）的《非裔法学》（*Afrikanische jurisprudenz*）和《法律人类学基础》（*Grundriss der ethnologischen jurisprudenz*）；[3] 赵之元在《法律观念之演进及其诠释》[4] 一文中，更考察了法国学者阿考勒斯（Emile Acollas）的《法律研究导论》（*Introduction á l'eude du droit*）、狄曼梯（Antoine Demante）的《民法典解析》（*Cours analytique de code civil*），德国学者克劳斯（Karl Krause）的《法律哲学体系纲要》（*Abriss des Systemesder Philosophie des Rechtes*）、豪森道夫（F. von Holtzendorff）的《法学百科全书》（*Encyklopädie der Rechtswissenschaft*）、比洛兹黑默（Fritz Berolzheimer）的《法律体系》（*System der Rechts*），英国学者克拉克（Edwin Clark）的《实用法学：评奥斯丁》（*Practical Jurisprudence: A comment on Austin*）、帕尔斯基（Agost Pulszky）的《法律理论与市民社会》（*Theory of Law and Civil Society*）。[5]

---

1 详见吴经熊：《关于现今法学的几个观察》，第92—93页。
2 张鼎昌：《比较法之研究》，载《中华法学杂志》新1卷第9期，1937年。
3 参见张鼎昌：《比较法之研究》，载何勤华、李秀清编：《民国法学论文精萃》（基础法律篇），第426、434页。
4 赵之远：《法律观念之演进及其诠释》，载《社会科学丛刊》第1卷第1期，1934年。
5 参见赵之远：《法律观念之演进及其诠释》，载吴经熊、华懋生编：《法学文选》，第297、298、303、306、308、309页。

　　上述"较为次要"人物思想、文本，并非无意义，但相对霍姆斯、卡多佐、庞德、狄骥、惹尼（Francois Gény）、萨维尼、普赫塔（Georg Friedrich Puchta）、边沁、奥斯丁等"最重要"的人物思想及文本而言，在当时历史时期中，的确是边缘的。而实际上，对最重要的法学文献和较为次要的人物、文本的全景式关注，从侧面表现了民国法律学者的世界学术成员的主体姿态。就此而言，可理解，梅汝璈、吴经熊等民国法律学者，为何像美国法律学者庞德一样强调，其时不仅中国法学缺乏中心，而且世界法学亦缺乏中心；[1]"一切正在酝酿震荡扰攘——这便是现在法学的状态"。[2]

　　此外，可认为，融合"最重要"人物、文本和"较为次要"人物、文本，意味着，将中心法学理论和边缘法学理论（相对而言）的界线逐渐消解，意味着，贴近法学理论与法律实践的原本连接。若认为法学理论和法律实践存在密切关系，法律实践是复杂的，体现利益纷争、立场对峙，则"不仅关注最重要法学而且关注较为次要的法学"，等于是在展现方位逐步扩展、视角逐步放大的对法律实践多元结构、复杂变迁的关注，同时，等于是在展现从微观进入法律实践活动的一种学术尝试。因为，无论"最重要法学"，还是"较为次要的法学"，均体现法律实践中一些法律观念的学术表达。[3]此外，展示"较为次要的法学"人物、文本，等于为法理知

1 梅汝璈的提法，参见《时事月报》，1933年8月，"专文栏"，第103页。参见吴经熊：《关于现今法学的几个观察》，载吴经熊、华懋生编：《法学文选》，第88页注释。吴经熊的提法，参见吴经熊：《关于现今法学的几个观察》，第88—90页。庞德的提法，参见Roscoe Pound, *The Rejection of Liberalism*. n.p., 1929, pp. 229–247。
2 吴经熊：《关于现今法学的几个观察》，第108页。
3 参见前面一章。

识生产的学术运作，准备更丰富的背景资源。一时"最重要法学"和一时"较为次要的法学"的主次关系，时常可互换。这意味着，某一时期，被视为较为边缘的法学人物、文本，在另一时期，可被视为中心的；反之亦然。而通过全景式的将较为次要的法学和最重要法学纳入学术视野，则不会遗忘总有可能成为最重要法学思想的所谓"较为次要"法学。同时，还能洞悉，较为次要的法学和最重要法学，其间内在深刻的学术权力关系，即为何特定时期的一种法学，可获得相对的学术领导权的地位。在更深层次上，人们进而可拓展法学理论的思考资源，且进入真正广泛的法学全球视域。

为理解前面一节概括的三种法理知识生产方式，再次应注意第三个现象：民国时期，从事法理知识生产的一些学者，常类似外国某些著名法学学者，如萨维尼、霍姆斯，既精通法理学一般理论，又深谙部门法具体知识。换言之，这些民国学者，全方位地，常往返于法律一般理论和法律具体理解之间，包括法律教育。

依然可注意前面提到的民国法律学者。以张志让为例，其不仅发表一般法律理论论文，且发表《十九世纪中世界法律上新旧两大主义之嬗替》一文，详细探讨具体部门法中法律思想倾向的问题。[1] 此外，其发表《法国立法司法两权之消长》《捷克斯拉夫之宪法裁判院》《论宪法施行条文中关于设立省务院所应有之规定》《论我国国体在宪法上为联邦制》和《国宪应修正之点》等具体宪法宪政

1　参见张志让：《十九世纪中世界法律上新旧两大主义之嬗替》，载《法律周刊》第30期，1924年。

问题讨论的文章，[1] 及《关于私文书盖章问题之举证责任》[2] 等具体部门法的文章。20世纪20年代，张志让用外文教科书，教授外国法课程，其中涉及外国各种具体法律制度；1948年至1949年，其教授宪法原理。[3] 江镇三除撰写一般法律理论著述，另出版《新民事诉讼法要义》《刑法总论》。[4] 黄右昌发表《法律的新分类》、[5] 出版《法律的农民化》[6] 和《法律之革命》[7] 等一般法学理论著述，另发表《国民会议与职业代表制》《从组织法上说到组织的类别》《县市自治法比较的观察与警察之关系》《县市自治法之制定及近数年来地方自治之检讨》等有关具体部门法的文章，[8] 还著有《民法诠释·物权编》《罗马法》和《刑事政策学》等书。[9]1919年，黄右昌教授继承法、亲属法、物权法，且亲拟内容层次分明、论辩细致的民事诉讼实习案件题目。[10] 与张志让、黄右昌类似，燕树棠

1 前四篇文章分别见《法律周刊》第12、13、16、17期，1923年；最后一篇见《宪法论丛》第1卷，1924年。

2 参见《法轨》第2卷第1期，1935年。

3 参见李贵连、孙家红、李启成、俞江编：《百年法学——北京大学法学院院史（1904—2004）》，北京大学出版社2004年版，第84—85、209页。

4 前一本书，上海：华通书局，1932年；后一本书，上海：政法学院，1931年。

5 《社会科学季刊》第5卷第1、2期，1929年。

6 北平：中华书局，1928年。

7 北平：北大法律研究社，1929年。

8 第一篇参见《社会科学季刊》第5卷第1、2期，1929年；后三篇分别参见《中华法学杂志》第2卷第11期（1931年）、新1卷第4期（1936年）、新1卷第9期（1937年）。

9 第一本书，上海：商务印书馆，1947年；第二本书，上海：锦章图书局，1915年；第三本书，北京：北京大学，1920年。

10 参见李贵连、孙家红、李启成、俞江编：《百年法学——北京大学法学院院史（1904—2004）》，第85页。

除发表《国家与法律》《公道与法律》等一般法学理论著述外，[1]
另针对具体法律制度问题，发表《中华民国宪法草案的初稿》《英
美之陪审制度》《财政观念之变迁》《刑事责任问题》《私法上占
有观念之两大争点》《国际法与国内法上之政治犯问题》《过错
主义可否为侵权责任之唯一根本原则》等文，[2] 且教授民法概论、
宪法、国际私法，指导研究生张挹材的论文《司法调查》、崔道
录的论文《隋唐法律思想与法律制度》。[3] 丘汉平则撰写《违警罚
法》一书、[4]《票据法总则释义》一文，[5] 且更是撰写过《票据法第
二十五条关于利息规定之研究》一文，[6] 该文中，针对王效文《中
国票据法》一书，探讨了相关具体问题。费青、阮毅成、朱显祯、
李晋等，特别是吴经熊，我们在其著述中，既能发现为数不少的法
律一般理论著述，亦能发现数量可观、有关具体法律制度的著述；[7]
此外，我们另能看到他们在法律教育中，如何在从事一般法律理论

1　分别参见《武汉大学社会科学季刊》第1卷第1期，1930年；《清华周刊》第38卷第7、
8期，1932年。

2　第一篇著述参见《独立评论》第60期，1933年。其他著述刊参见《北大社会科学季
刊》，刊载情况参见李贵连、孙家红、李启成、俞江编：《百年法学——北京大学法学
院院史（1904—2004）》，第134页。

3　参见李贵连、孙家红、李启成、俞江编：《百年法学——北京大学法学院院史（1904—
2004）》，第170、172、175页。

4　上海：商务印书馆，1937年。

5　《法学季刊》第4卷第7、8期，1931年。

6　《法学杂志》第6卷第2期，1932年。

7　如费青发表过《国际私法上反致原则之肯定论》，载《国立北京大学五十周年纪念论
文集》，参见李贵连、孙家红、李启成、俞江编：《百年法学——北京大学法学院院史
（1904—2004）》，第202页。吴经熊曾编（郭卫增订）：《中华民国六法理由判解汇编·民
法》，上海：会文堂新记书局，1947年。关于这些学者数量可观的其他具体法律制度著述，
另可参见北京图书馆编：《民国时期总书目·法律》，书目文献出版社1990年版。

讲授之时，展开具体法律制度的分析。

一定意义上，正是这样一种运作方式、策略，为民国法律学者法理知识生产的较细致的学理机制、论辩层次，提供了丰富的知识资源背景，进而使其法理知识生产，更趋"全球化"或"世界化"。

学术运作中，将法律一般理论和法律具体理解——包括法律教育——加以结合，可使学者在带有实践性质、微观细致的法律思考中，洞察法理的知识谱系。正如前面提到，具体法律理解中的问题，常是普遍的，可跨越地域边界，绝大多数民族国家总会面对，故从中发掘出的法理知识，也可具有全球化或世界化的印记。民国学者的这种学术运作，尽管可能不自觉，可能是当时某些条件的限定结果（如从事法学教育的人员较少，因而一人身兼数种法律学科教育），但其毕竟在客观上，瞄向了法理生产的世界目标。换言之，一定程度的法学学术生产社会分工的界线模糊，或许恰可使法理生产及由此而来的法学，呈现"全球意义"。

五、法学"全球意义"的客观语境

世界学术成员的姿态，对学术对象文本全景式的关注，及将法律一般理解和具体理解予以融合，是使民国某些法理知识生产及法学呈现全球意义的"主观"的微观法学活动因素。现需考察相关的"客观"的微观法律、法学活动因素，及这种"客观"因素和"主观"因素的关联意义。

首先，上述民国学者，其中相当一些，社会角色上不仅是法律学问研究者，而且是法律实践参与者。以黄右昌为例，1930 年，其出任南京立法院委员，[1]1930 年起，历任南京国民政府立法委员、大法官等职。[2]屡次提到的吴经熊，1927 年任上海特区法院法官，1928 年春成为南京政府立法院立法委员，同年被任命为司法院法官，1929 年被任命为上海特区法院院长，[3]1930 年开始从事律师职业，[4]1946 年为中国宪法的起草人之一。[5]1927 年，南京国民政府设立法制局，其着手起草各重要法典。时任法制局秘书的燕树棠，于 1928 年负责民法亲属编中通则、婚姻、夫妻关系、父母与子女之关系、抚养、监护人、亲属共七章、八十二条的立法起草。[6]1936 年 9 月 16 日，其以重要法学专家身份，参加"全国司法会议"。[7]丘汉平则不断从事律师业务，自己亦曾提到：

　　因为律务的关系，所以每日只能规定四五小时读史，而大半时间多在深夜或早晨。[8]

1 参见李贵连、孙家红、李启成、俞江编：《百年法学——北京大学法学院院史（1904—2004）》，第146页。

2 参见中共临澧县委宣传部：http://www.linli.cn/llxx/news/view.asp?NewsID=5&classID=5，2004年10月7日。

3 参见王健：《超越东西方：法学家吴经熊》，载《比较法研究》1998年第2期，第218页。

4 参见田默迪：《东西方之间的法律哲学——吴经熊早期法律哲学思想之比较研究》，中国政法大学出版社2004年版，第79页。

5 参见康雅信：《培养中国的近代法律家：东吴大学法学院》，王健译，贺卫方校，载贺卫方编：《中国法律教育之路》，中国政法大学出版社1997年版，第272页。

6 参见谢振民：《中华民国立法史》，中国政法大学出版社2000年版，第906—907页。

7 参见李贵连、孙家红、李启成、俞江编：《百年法学——北京大学法学院院史（1904—2004）》，第147页。

8 丘汉平：《〈历代刑法志〉自序》（1938年），载丘汉平：《丘汉平法学文集》，第101页。

在提到其时重要的东吴大学法学院时，有学者指出，这所吴经熊曾任院长的法学院，其中许多老师，均参加过立法活动。[1]概言之，民国法律学者兼任法律实践者的社会角色，有如今天法律学者一样，非常普遍。

当然，兼任法律实践者的社会角色，并不意味着，可生产"全球意义"的法理知识，但这种兼任，为必要前提，同时，对某些前述学者来说，又为一个充分前提。此外，一般看，具体部门法的法律学问和日常法律实践，始终存在些许不同操作谱系、运作目标，故即使在与具体部门法相关的具体法律知识之中可摸近"全球化"的法律问题，依然不能忽略现实中法律实践者社会角色的独特价值。作为法律实践者，法律实践中，必然需具体化地解决现实问题。这些现实问题，当然会与更宏观的民族国家"大"问题相互关联，但显然更会与更广泛的日常生活"小"问题相互关联。为解决日常生活"小"问题，法律实践者，一方面，要通过立法展开仔细应对；另一方面，要通过司法及其他法律运作展开深入活动。仔细应对和深入活动，自然会使法律实践者，在更广泛的日常生活"小"问题中，感悟、思考具体的法律问题。若具体法律知识常是普遍的，跨越地域边界，则法律实践者感悟、思考的具体法律生活内容及对象，亦为世界其他地域法律实践者时常所具体面对。于是，在"微观"的法律实践中，来触摸具有普遍意义的世界各个地

---

[1] 参见康雅信：《培养中国的近代法律家：东吴大学法学院》，王健译，贺卫方校，载贺卫方编：《中国法律教育之路》，第292页。

域总要面对的法律机制，便具有更具体实在的基础、机会。完全可想见，通过法律实践者这种身份角色的要求、体验，某些民国法理知识生产者，自然而然会在法理思考过程中，置入具体日常法律问题的经验背景，在具体日常法律问题的思考中，激发法理知识的理论跃动。

其次，民国学者，当然是其中某些，时常对现实中"公共化"的具体法律问题，表达自己的具体"法律见解"。如1926年春夏，北京出现悬挂外国国旗事件，燕树棠以"召"为署名，发表《北京城内的外国旗》一文，分析"条约法律"的相关问题，提出自己的立场看法；在透露政治立场时，亦指出法律问题和政治问题的相互区别。[1] 更值得注意的例子，则是颇为具有象征意义的沈崇事件发生后，费青发表《皮尔逊强奸案翻案事答问》一文，其提到：

> 这个复核结果当然是不当，从而违反了公道，但是狭义地或严格地讲，不能说它是违法。我并非在替美国辩护，更不是在反讥美国以违法为合法。[2]

出于法学家的职业思考立场，费青从法理角度，深入分析此强奸案件的法律问题，而非简单进行"政治意义上的抗议"，简单从政治角度，指责美军士兵的暴行，及美国海军部对皮尔逊（Pearson）案的翻案。感情上，费青当然支持学生的抗议行动，且道义上，亦

1　参见《现代评论》第3卷第74期，1926年。
2　费青：《皮尔逊强奸案翻案事答问》，载《观察周刊》第3卷第3期，1947年。

认为必须谴责美国人的各种行径，但其的确认为，法律问题和政治道义问题存在区别。[1]应指出，一般看，在当时的宏观历史条件下，沈崇事件作为政治事件，极为敏感且影响广泛；此事件，激起了中国民众对国外骄横势力的强烈不满、抵制情绪。这种条件下，将其中法律问题视为政治问题，非常容易。但对待此事件，"政治道理"和"法律道理"，可从不同角度加以阐述，且两种道理，亦可通过协调而相互支持。深入说，"法律道理"的阐述，即使在"政治道理"看来不可接受，依然可提醒人们注意，为何"法律道理"可和"政治道理"失去彼此合作，从而提醒人们注意"法律道理"再次建构的独特意义。在此，"法律道理"，当然是立场的，支持一方，不利他方，但其应具有自己的特定论证机制，且重新构筑后，可用自己的知识力量支持"政治道理"。事实上，正是这个意义上，费青后来撰写《我们为什么要反对特别刑事法庭》一文，进一步分析事件中法律"道理"，进而从法律角度，支持国民的政治期望。[2]

对现实中"公共化"的具体法律问题提出法律自身的具体思考，尤其是在政治语境中剥离其中完全可能自我存在的法律问题，是法律学问研究者充实且加强法律实践参与者这一社会角色的一种重要方式。"公共化"的具体法律问题，及其包含的法律争议，可

---

1 参见费青：《皮尔逊强奸案翻案事答问》，载《观察周刊》第3卷第3期，1947年。
2 参见《北京大学半月刊》1948年6月，阎李贵连、孙家红、李启成、俞江编：《百年法学——北京大学法学院院史（1904—2004）》，第200页。另外，美国学者康雅信亦曾提到，其时东吴大学法学院的许多老师"时常参与全国性的重大事务的讨论"。参见康雅信：《培养中国的近代法律家：东吴大学法学院》，第292页。

激励法律学问者深入研讨"公共化""普遍化"的法律理解，以推进自己法律理论的"公共"理解、"公共"接受。同时，随社会交往形式的普遍展开，特别是不同民族国家之间的交往，法律学问者，自然也期待自己的法律理论，可进入世界语境，得到"世界"的认同、接受（即使在极度政治化的语境中，人们期待自己法律理论具有政治意义上的"胜利"效果）。故在"公共化"的具体法律问题讨论中，法律学问者，可凭借更强式的"法律实践者"的角色意义，加强法律理论和具体法律问题的关系，可更直接面对普遍意义的世界各个地域总要面对的法律机制，从而使法理知识生产，在更积极主动的层面上，走向"全球意义"。当然，正如兼任法律实践者的社会角色并不意味着可生产"全球意义"的法理知识一样，参与"公共化"的具体法律讨论，亦如此。但在"兼任法律实践的社会角色"这一因素，及后面将要提到的若干其他因素之间构成的相互关系中，这种参与，则具有重要意义。

概言之，法律学问研究者和法律实践参与者的双重社会重角色担当，及在社会中参与"公共化"具体法律问题的实践活动，是构筑"全球意义"的法理知识生产方式及其法学和具体法律语境相互勾连的"物质"条件之一。更重要的，这种角色担当，及实践活动，实际上是深入理解本文第四部分讨论的"世界学术成员姿态""将最重要的文本和较为次要的文本加以结合"，及"一般法律理论和具体法律知识相互融贯"这三个内容的一个关键路径。不断面对具体法律实践问题，尤其面对且积极参与"公共化"的法律实践问题的讨论，要求本身便具有"学问者"身份的实践参与者，主动关注、理解世界各种表达方式所呈现的法律理论，主动注意边缘化的法学文本，主动熟悉且运用具体部门法的知识，以拓展法理思考的思想资源、论辩能力。而在重要的民族国家对抗中，这些主动，具有品质独特的意义。在此，当然仅在此，可能与"人们通常理解"恰相反，具体法律问题，不会因为民族国家的对峙冲突而"溶解"、消逝；其却会因为这种对峙冲突变得更真实、更迫切。近现代，自外国列强开始"进入"中国，法律问题上的较量，从来都是政治斗争的不可或缺的手段、武器。故可理解，为何林则徐运用军事策略抵御"外夷"时，亦十分重视国际法的翻译与研究，[1]可理解，为何东吴大学法学院运用外语研习法律，以期解决公共租界里的部分涉外法律问题。[2]换言之，运用"法律道理"展开政治斗争，有时具有不可替代的关键意义。

　　再次，也即第三个方面，从学术生产的微观制约角度看，民国法律学者的学术出版、语言运用、相互传播，亦为促使"全球意义"的法理知识生产及其法学得以实现的重要因素。以学术出版论，民国时期，已出现大量法学专业刊物，如今天熟知的《法政学报》《法律周报》《法学杂志》《法律周刊》《法律评论》，及上文注释中提到的《法轨》。这些刊物，不断刊登专业论文，同时，因为多具民间性质，并无明显"级别"之分，所刊论文十分"百花齐放"，各种观点、观念纷然杂陈。其中，不乏各种"主义派别"，如张志让、朱怡庵、萧邦承等人的"阶级观点"，吴经熊等

---

1 参见林庆元：《林则徐评传》，南京大学出版社2000年版，第246–249页。
2 参见康雅信：《培养中国的近代法律家：东吴大学法学院》，第261页。

人的"新分析观点",胡汉民等人的"三民主义观点"。[1]而当时
法学著作出版,亦蔚为可观。[2]以语言运用论,民国法律学者常有
留学背景,[3]对外语驾轻就熟,这使其直接掌握,甚至直接运用外
语进行学术运作,可无任何障碍。如前述民国法律学者的著述中,
可发现大量外文文献的直接使用。以相互传播论,民国法律学者,
不仅通过翻译、评介方式大量介绍世界法学,而且通过相互评论进
行国内法学交流,更有甚者,通过外语写作直接与外国学者进行学
术切磋,如吴经熊,即为典型,[4]其他一些在东吴大学法学院开办
的英文杂志《中华法学杂志》(*The China Law Review*)上发表论文
的民国学者,亦如此。

　　学术出版的自由建制、语言运用的轻松自如和学术观点的交互
作用,是全球意义的民国法理知识生产及其法学的文化介质。在
此,重要的,则是这种柔性的文化介质,与上面所述微观法律实践
及"公共化"的具体法律问题讨论,存在值得注意的相互关联。自
由的学术出版,可使学术作者及学术读者,从"多种主义"的文本
中直接或间接阅读微观法律实践的复杂思想立场,特别是其中体现
的"多重向度"的法理理解,从而靠近"全球意义"的复杂法学语

1 关于"三民主义观点",可参见丘汉平:《从西半球的法学说到三民主义的法理学》
(《东方杂志》第32卷第1号,1935年),载丘汉平:《丘汉平法学文集》,第260—265页。
2 可参见北京图书馆编:《民国时期总书目·法律》。何勤华教授提到,民国时期法律
著述达5500余种。参见何勤华:《中国古代法学的死亡与再生——关于中国法学近代化的
一点思考》,第143页。
3 参见郝铁川:《中国近代法学留学生与法制近代化》,载《法学研究》1997年第6期,
第3—25页。
4 参见田默迪:《东西方之间的法律哲学——吴经熊早期法律哲学思想之比较研究》,
第208页以下。

境。[1]语言运用的轻松自如，可使这些作者——当然包括读者——直接把握"全球意义"的复杂法学内容，洞悉这种复杂法学内容和"全球意义"的复杂微观法律实践的隐蔽关系。学术观点的交互作用，也能促使这些作者及读者，从具体学理层面上，深入思考法理知识的逻辑支点，深入思考法理知识的复杂生产，从而刺激"追寻'全球意义'法理资源"的学术动机。

此外，这种柔性的文化介质，亦和上面所述"世界学术成员姿态""将最重要的文本和较为次要的文本加以结合"，及"一般法律理论和具体法律知识相互融贯"，存在不可分割的关联。在自由出版机制中，一个期待，也即为充分表达自己的学术理念从而不断通过对话、质询、论辩的方式以显现"与外国权威平等"的身份姿态这样一个期待，具有了现实的可能性。因为，在民间性质且无明显"级别"的自由出版机制中，时常隐含着"消解权威"的主体意愿。在这种机制中，人们更易认为，"对话应当完全平等"。语言的交流顺畅，则使学者在具有世界学术成员姿态之际，更易像运用母语一样，搜寻、关注"次要学术文本"，深入理解其他民族语言表述的异国微观法律运作，进而展开世界化的学术对话。学术观点的交互作用，作为激励的直接要素，可促使学者积极认识国内法学学术与国外法学学术的全方位复杂关系，把握其中路向、问题所在，进而推进全球意义的法学学术思索。

---

[1] 有的法学刊物，则直接表达了"多种法律原理理解的相互参考"的宗旨。如前文提到的英文法律期刊《中华法学杂志》就曾提出办刊思想：应广泛扩展法律原理的知识，使各国法律原理相互发明。参见康雅信：《培养中国的近代法律家：东吴大学法学院》，第269—270页。

当然，也如前面针对"法律实践者的社会角色兼任"所分析的，柔性的文化介质，并不注定导致"全球意义"的法理知识生产及其法学，导致"世界学术成员姿态""关注次要学术文本"和"将具体法律制度知识融入一般法律理论"。因为，某些民国法律学者，在这些介质中，没有类似结果。但看到其间相互纠缠的必要联系，则有意义。毕竟其间存在明确可见的制约联系。

六、在法学"全球意义"的深层中考察

现在，应提出问题：对具有"全球意义"的三种民国法理知识生产方式加以梳理，对这些生产方式得以出现的"主观"及"客观"活动因素加以分析，此外，对这些因素相互之间及其与这些生产方式之间的制约联系加以揭示，深层的意义是什么？

第一，可得出一个结论：应淡化对中国还有世界其他民族国家近现代相当一部分法学的"整体宏观的本民族国家／外民族国家二元对立"的预设理解。这里关键理由，如前所述，在于近现代以来，世界相当一部分民族国家的法学，当然包括法理知识的生产，总和本文分析的立法司法活动、对具体现实的"法律关注"、法律教学研究编辑出版等微观法律、法学活动环境因素，存在相互依托、相互影响、相互推动的关系。

近现代以来，无论外国，还是中国，随民族国家进一步发展，随民族国家面对的危机不断出现，随民族国家之间交互往来的政治对垒、经济斗争，当然还有广义的文化冲突，人们十分容易从"本国与外国"的二元视角，理解法学及法理知识生产的存在、

机制和变迁，并置入"民族国家"的宏大意识形态。对西方，霍布斯、洛克、孟德斯鸠、卢梭（Jean-Jacques Rousseau）、边沁、奥斯丁、胡果（Gustav Hugo）、萨维尼，及现代以来的霍姆斯、柯勒（Joseph Kohler）、狄骥、惹尼甚至庞德，对中国，沈家本、伍廷芳、梁启超、董康，及本文提到或没有提到的诸多民国法律学者，人们在理解其法学及法理知识时，总将"二元对立"和"民族国家的宏大意识形态"，作为根基，将法学及法理知识生产，化解为"要么本国、要么外国"，或溶解为民族国家政治意识生产的一个组成部分。

在此，不能否认，法学及法理知识的生产，有时的确具有民族国家的原有法律文化或外国法律文化的明显标识。法律生产的某一部分，及由此而来的法学和法理知识生产的某一部分，有时直接或间接体现为"原有本国"，或"域外他国"的表征。但需注意，如前文不断提示，首先，法律生产的更多部分，是日常社会生活化的，法学和法理知识的生产，更多时候，对应日常社会生活而自发动员；其次，虽然一般日常社会生活也是权力斗争的，但其始终和"'一国'与'他国'政治、经济、文化二元对立"意义上的民族国家之间的宏观权力斗争，具有区别；再次，世界各个民族地域的日常社会法律生活场景，存在重复性和类似性；再次，近现代以来，随民族国家的交往，一个民族国家的法律内容，及与此相伴的一个民族国家的法学和法理知识生产，总会"掺杂域内域外因素"，从而很难认为"仅是该民族国家的"，相反，可认为"是世界的一部分"，此尤为重要；再次，随"近代"步入"现代"，法律职业阶层不断凸显；最后，法学和法理知识的生产，随"近代"步入"现代"，总会甚至更在某些方面和本文前面讨论的"法律实践者的社会角色担当""'公共化'的具体法律问题探讨""学术出版的建制""语言种类的分享""学术观点的交流",当然首先是"具体化的日常社会法律生活"的现实,相互裹挟。在这个意义上,针对近现代以来的法学运作,以"本国与外国"二元对立作为历史理解标识的"大历史观",不能且不应当,笼罩甚至支配关于法学及法理知识生产的"小历史观"。法学及法理知识的生产,一般情况下,特别是近现代以来,应在一般日常的法律环境中加以理解,从而梳理。法学及法理知识的一般生产演化,未必体现"本国的或外国的",未必体现民族国家意识形态的"宏大"要求。

在此意义上,我们可重新理解,为何作为显著例子的德国近代法学,尤其是以萨维尼为代表的德国近代历史法学,一方面,不断需回应本国的具体法律实践(如萨维尼不断参与德国的微观法律实践),[1]另一方面,总会参考其他民族国家的法学研究,对其他民族国家法学的作品仔细分析,且作出评论。[2]更重要的,我们可重

---

[1] 萨维尼在19世纪亦担任过普鲁士立法大臣,且根据某些学者考察,萨维尼及其重要法学教授朋友,不仅希望法律科学推动当时德国法律实践,而且曾多次亲自参与当时德国法院法令的起草工作。参见John Dawson, *The Oracles of the Law*. Ann Arbor: The University of Michigan Law School, 1968, p. 456。

[2] 1841年,法国学者弗利克斯(Johann J.C. Foelix)到德国学习,1843年出版法文法学著述并时而评论甚至批评萨维尼的理论。当时已成为重要法学权威的萨维尼,阅读了这部著述的第二版内容并有回应。1841年,美国学者斯托里(Josef Story)出版英文法学著述的第二版。萨维尼阅读了这版英文原著,并给予分析讨论。在撰写《当代罗马法体系》时,萨维尼另参考当时意大利学者罗科(Niccola Rocco)和英国学者伯奇(William Burge)的学术著述。参见Gerhard Kegel, "Story and Savigny". *American Journal of Comparative Law*, 37 (1989), pp. 40–43。

新理解，为何德国近代历史法学，能在众所周知的德国民法典制定过程中，发挥至今人们都颇为感兴趣的作用——或阻碍或推动。同时，我们可重新理解，为何如康托洛维茨（Hermann Kantorowicz）所说，恰是萨维尼这样的德国历史法学旗帜性的学者，提升了德国近代法学研究、德国法学学者在社会分工意义上的显赫地位；[1] 为何德国近代历史法学，能在吸收其他民族国家法学知识时，逐步推动"世界法学"，并使自己成为"世界法学流通"的一部分。

　　在此意义上，我们可重新理解，为何作为另外一个显著例子的英国近代法律实证主义，特别是以边沁和奥斯丁为代表的实证法学，不断批评本国的法律传统，竭力倡导英国的法律改革；而奥斯丁这样的学者，当然还有其他学者，同时特别关注其他民族国家的法学发展。奥斯丁不仅来到德国，研究德国当时各种学说，而且在赞扬德国一些法学时，对德国历史法学不屑一顾，其明确指出，萨维尼的著名"小册子"——《我们时代的立法及法学的使命》——不过是"外表华丽而内容空洞"的次等作品，与其1803年撰写的"法学极品"——《论占有权》——完全不可同日而语。[2] 此外，我们可深入理解，为何奥斯丁本人从未放弃自己的法律实践，不仅早期从事律师职业，而且后来参加英国的刑事法律委员会，参加英属马耳他

1　参见Hermann Kantorowicz, "Savigny and the Historical School of Law". *The Law Quarterly Review*, 53 (1937), pp. 326–343。

2　奥斯丁曾对德国抽象化的思考不以为然，他说，"我极为看重德国学者著作，至为尊重德国学术界，但不能欣赏，而只能原谅德国哲学的嗜好，此嗜好晦涩、神秘和抽象"。参见Austin, *Lectures on Jurisprudence or the Philosophy of Positive Law*, vol. I, p. 325。对萨维尼的《小册子》和论文《论占有权》的评论，见John Austin, *Lectures on Jurisprudence or the Philosophy of Positive Law*, vol. 2, pp. 666–667; vol. I, p. 53。

的法律实务调查报告的撰写。[1]最后，我们可重新理解，为何人们可普遍认为，从世界法学的角度看，恰是奥斯丁的法律实证主义，使法学本身从近代的多学科融合中独立出来，使法学从此可具有自己独立的演化道路，而且，使法学本身更具有了世界流通的意义。

故法学的历史研究，即使在最凸显的民族国家对立的历史背景中，依然需在相当一些方面，摆脱"本民族国家／外民族国家"二元对立观念的控制。

进而言之，为理解近现代民族国家的法理知识生产，及由此而来的法学，我们应适当拉开"本国／外国、本民族／他民族的对立"问题和"一般法律活动"问题的彼此距离，甚至在必要时，切断它们之间的某些联系。这样一种思考结果，对中国还有相当一部分世界其他民族国家近现代以来的其他法学内容，同样适用。

第二，对民国时期法理知识生产及其法学的全球意义予以考察，且将其与当时"中外二元对立"适当予以隔离，另有重要的"法律理解"意义。此意思是，这里，需要一个"法律行动者"的视角。因为，从具体法律行动者的角度，当然主要是参与具体法律实践的一般民众、一般法律职业者的角度看，只要社会资源稀缺，纠纷难免存在，则一般日常化的法律问题和法理生产机制，始终具有不可替代的社会存在价值，其相对重大政治、经济、文化环境而言，从来不是可有可无，而是具体常在的生活实际、行动实际。不论时代的重大政治、经济、文化影响如何展现，或存在，或缺席，

1　参见Sarah Austin，"preface"，in Austin, *Lectures on Jurisprudence or the Philosophy of Positive Law*, vol. I, p. 4。

一般日常化的法律问题，始终是法律行动者的实践生活的一个组成部分。这意味着，具体法律行动者的视角，或说参与这种实践的一般民众和一般法律职业者的视角，决定了从宏观政治、经济、文化影响角度考察一般日常化的法律问题，总存困难。故针对以政治、经济、文化剧烈变动作为背景的民国法理知识生产及法学，还有相当一些其他民族国家的法理知识生产及法学，在其中探讨"全球意义"，而且，适当将这种生产及法学和"本民族国家/他民族国家二元对立"予以隔离，会使我们清晰感受"法律行动者视角对中国近现代法学及世界近现代法学展开考察"的重要价值。

　　近现代以来，对中国——包括世界其他民族国家——的法学生产的考察，总是忽略"法律行动者"的视角，假定"其他社会行动角色"的另类视角的独有合法性，特别是当宏观的政治、经济、文化变迁看似十分惊心动魄时。[1]宏观"本民族国家/外民族国家二元对立"的思考框架，其基础，正是"看似十分惊心动魄"背景中的某种社会政治行动者、经济行动者、文化行动者的视角感受。依赖这些视角感受，及在宏观"本民族国家/外民族国家二元对立"中考察法学生产，某种程度上，等于武断地运用了这些行动者的视角，压抑"法律行动者"的视角。前者视角感受，当然不是错误，但其和"法律行动者"的视角，终究存在差异，存在意向背离。前者不能替代后者。故适度抛离"本民族国家/外民族国家二元对立"的理解框架，是在适当恢复可能已被放逐的"法律行动者"视角的合法性，将研究对象，从其他视角束缚中解放出来。这个意义

---

[1] 这在近现代中国十分明显，如我们首先易想到张之洞、康有为甚至孙中山等。

上，"法律行动者"的视角，是零距离地深刻理解法律自身机制的必要视角。此视角，可让人们更深入地反向理解，为何近现代的中国——还有其他民族国家——某些法理知识生产及其法学，能是全球意义的，可成为"世界法学生产的一个组成部分"，为何法理知识生产及其法学，与各种微观法律、法学活动因素，存在无法隔断的相互制约，以及为何我们可宣称，在近现代时期，中国还有世界其他民族国家，才真正出现了现代意义的法律、法学职业阶层。

而且，从历史角度看，这一视角，对于揭发理论中的法律知识和实践中的法律知识的关系，颇有进一步的启发意义。

作为结论，可指出，认识民国法理知识生产及其法学的"全球意义"，梳理这种生产和其时微观法律、法学活动等各种因素的相互关联，其深层意义，恰在于揭示以"近现代"作为历史标识的激烈动荡社会背景中的日常社会法律生活的"相对独立性质"，及与这种性质具有紧密联系的"法律行动者视角"的认知功能。尤需强调，这种视角的认知功能，相对"本民族国家／外民族国家二元对立"观念，在民族国家迅速交互融合、激烈对立冲突的近现代历史阶段，针对民国法律及法学生产，针对世界其他民族国家法律及法学生产，也许是更重要的。

第三章 西方法学理论的"中国表达"

——话语如何迁移

> 各个文化彼此之间太过混合，其内容和历史互相依赖、掺杂，无法像外科手术般分割为东方和西方这样巨大的、大都为意识形态的对立情况（ideological oppositions）。[1]

第二章，从近现代历史角度，分析一个重要问题：对理解本书主题，即理论中法律知识和实践中法律知识的关系，"法律行动者"的视角具有怎样意义？当然，对此意义，第二章未展开细致分析，因为，导论已有讨论。从近现代具有法学专业标志意义的民国法理知识生产入手，第二章，分析"中/西二元对立关系"，及法学知识在历史发动的层面上，如何与法律实践相互交织，如何与其他学术建制发生互动关联。进而，第二章，以综合性"考察学术历史"方式，尝试推进、补充第一章的思考主题。

第三章，将从当代中国法学知识变迁中的一个向度，即西方法学理论的"中国表达"，或说，从当代中西法律理论关系的视角，进一步阐发本书主题。西方法学理论的"中国表达"，作为一个问题，是第二章分析的"中西法学关系"的延续，因为，从近现代开

---

1 萨义德：《知识分子论》，第3页。

始，"中西法学关系"的辩识，从未停止，也不应停止。

第三章尝试论证，法学理论的流动，更集中说，域外法学理论在本土的某种呈现，实际上依赖本土法律实践的表现，需在本土法律实践的"演化运动"中，逐步孕育，且应当如此；而作为关键性"中介"，本土法学理论的自我跃动，尤其是深藏其后的本土法律实践自我涌动，是连接域外法学理论和本土法学理论的重要环节。这一章的论证目标，在于表明，法学知识本身的"中西纠缠"，实质上是法律实践中的"本土法律多元价值纠缠"的一个缩影；换言之，如何看待法学知识中的"中西纠缠"，实际上是如何看待本土法律话语多元纠缠，及本土法律实践多元纠缠。这意味着，法律实践中的"多元化"，是法学知识运作复杂化的"背景"。对于深入理解理论中法律知识和实践中法律知识的关系而言，把握法学知识本身的复杂运作、交互往来，直至其本身"背景"——法律实践的复杂运作——的意义，又为一个关键。

一、问题和必要的说明

近代以来，在中国，作为现代法律思想建构的一个重要话语资源，西方法学理论开始"进入"。[1] 众所周知，域外法学进入中国，常经过如下几种方式实现：第一，著述翻译，如严复所译《法意》；[2] 第二，思想评介，如近代以来中国许多学者写就的"外国

---

[1] 本章所说西方法学理论，主要指西方法理学理论。

[2] 孟德斯鸠：《法意》，严复译，上海：商务印书馆，1904—1909年。

法学评介";第三,学者交流,如20世纪40年代庞德在华讲述法学理论,[1]及20世纪90年代中期以后许多西方学者来华讲学;[2]第四,原文展现,如20世纪90年代中国引进原版《西学基本经典·法学卷》中的10种原文外国法学经典,[3]另中国学者以各种方式直接对中国学术机构所购原版著述的阅读。

严格说,四种"进入"方式,其间存在区别。就第四种方式而言,限于语言的自然障碍,其对大多数中国法学学者,包括20世纪80年代以来的,均为意义有限。事实上,这种方式即便时至今日仍未在中国全面深入展开,其本身已说明问题,[4]但该方式本应最重要,因为,理论上,其可较直接、全面促进西方法律观念的"中国进入"。

就第三种方式而言,其与第四种方式存在联系,但又存在重要差异。学者交流受时间、空间限定,在特定时间、空间里,外国学者不可能全面深入像撰写自己的著述那样,交代自己的思想理路、根据。故学者交流,常演变为另一种方式的"思想评介",换言之,演变为一方面要简短阐述自己的思想观念,另一方面需运用有限的时间,回应中国受众的疑惑、追问。通常认为,第三种方式具有一个重要功能,即外国学者可直接表达、解释自己的思想,而中

1　有关信息参见王健编:《西法东渐——外国人与中国法的近代变革》,中国政法大学出版社2001年版,第61—89页,特别是第74—77页。
2　一个例子可参见宋冰编:《程序、正义与现代化——外国法学家在华演讲录》,中国政法大学出版社1998年版。
3　北京:中国社会科学出版社,1999年。
4　"进入有限"的原因很多,如即使掌握外语、但依旧不易直接读到原版著述,不易出国研修,图书提供有限。

国受众因此可直接把握其法律思考。但鉴于前述时间、空间的限定，以这种方式"表达"的西方法学理论，对中国学者而言，依然是"片段""零散"的。2002 年来华讲学的美国学者德沃金的"学者交流"，即为明显例子。这次交流中，当然可直接听到"作者"本人如何阐述自己的法律、权利思考，[1] 但中国受众，依然希望，通过阅读"原著"和"学者交流中的讲述"相互印证，以期理解、把握其观念，直至与其展开一些对话。显然，在华期间，德沃金无足够时间，亦无足够文本空间，详细说明自己的思想。[2] 在这个意义上，第三种方式和第二种方式是接近的。

　　就第一种方式看，人们想象中，以恰当、准确展现外国法学理论为目的，则翻译即属上佳途径。但通过翻译把握外国法律思想，本身依然存在重要问题。首先，对翻译能否很好"表达"原文会有疑问。在此，一方面，有翻译能力、水平、技术等问题；另一方面，有原著本身的"叙事"问题，即外国学术表达方式和中国学者所熟悉的表达方式，存在差别，中国读者难免遇到阅读理解的障碍或困难。[3] 其次，原著正因为可"全面展现""全面表达"，故不太适应"经济阅读"的效率原则，尤其以著作作为表达方式的文本，需相当时间加以阅读、理解，这使非母语读者易失去一定的耐心、"毅力"。在此，不是"是否应潜心攻读"的问题，而是面对思想信息异常迅速扩展、日益丰富，学术"焦点中心"从近现代以

---

1 众所周知，其学说重要部分即为权利理论。
2 德沃金来华讲学情况，可参见中国各主要学术网站所刊登的消息。另见朱伟一：《与大师对弈："德沃金法哲学思想国际研讨会"侧记》，载《科学决策》2002年第7期，第3—9页。
3 我们常可听到中国读者抱怨，对翻译过来的外国法学著述"无法读懂"。

　　来总是较速转变，读者的确需在特定时间内，把握对象，以尽快展开学术生产。读者依赖效率，特别是学术化的读者。故第一种方式，"展开有限"亦在情理。

　　因此，需注意且特别需考察的是第二种方式。

　　作为第二种方式的"思想评介"，在中国法学语境中，一般看主要表现为如下一种形式：对西方法学理论进行较全面的梳理、介绍。这种形式中，可看到西方法学思想的社会背景、思想背景、理论内容；若属于人物性的思想评介，又能看到思想主体的个人履历、学术著述等，若属于群体性的思想评介，主要是学派评介，另能看到思想主体的集体动向、学术活动、出版状况等。当然，在这种形式的最后部分，有时可看到一些评价、讨论，只是其所占篇幅，十分有限。[1]

　　与这种形式相近、但具有实质区别的另外一种"思想评介"，是对西方法学理论简短介绍后，迅速转入对话式分析。这种"思想评介"，亦有可能夹叙夹议，且其中评价、讨论所占篇幅，颇为可观。[2]

　　两种形式，可能存在实质的叙事意图区别。或许前者希望"重在介绍"，后者则希望"重在对话"。本书倾向于将后种形式不视为"思想评介"。因为，这种对话式的"思想说明阐述"，其学术目的，更在于如同本国法学理论的思考争论一样，将作为讨论对象的西方法学理论视为"对等交流"的学术客体，其中，"介绍他者

---

[1]　20世纪90年代中期以前中国学者的"评介"论著，主要属这种情况。

[2]　作为一个例子，可参见刘星：《法律是什么——二十世纪英美法理学批判阅读》，中国政法大学出版社1998年版。

理论"一类的"叙事隐义",几乎不存在。[1]

后文集中讨论前一种形式的"思想评介",尽管,有时涉及后一种。

在我看,首先应注意的问题,是"西方法学理论如何被'建构'";其次,应注意,"西方法学理论如何被'想象'";再次,应注意,"西方法学理论的'中国权威'是如何形成的";最后,应注意,"中国法学自身变化和西方法学理论的'中国进入',如何互动关联"。当然,时间上,讨论限定在20世纪80年代后。[2]

二、西方法学理论如何被"建构"

前面提到,首先应注意的问题,是"西方法学理论如何被'建构'"。此已意味着,"评介中"的西方法学理论和原有的西方法学理论,存在区别。通过评介表达的西方法学理论,其中,包含"中国撰写者"的理解、推论,及表面上的"缩减、概括"。在此需提到,与人们通常理解有所不同,即使存在"中国撰写者"的理解、推论,存在表面上的"缩减、概括","被评介的西方法学理论和原有的西方法学理论之间,最终是否应存在对应关系"这样一个问题,依然可能不是真问题。有时,中国学者会有一种观念,即认为评介前提,首先在于准确理解、把握评介对象,尤其当自己理

---

[1] 自然,前种和后种形式有时也不易分清。

[2] 所以如此限定,因为,严格说,20世纪80年代后,即改革开放后,当代中国法学视野中的西方法学理论才开始较全面进入中国。这与20世纪初期大规模的西方法学翻译,形成有意思的对比。

解、推论掺夹其中，当自己缩减、概括不可避免。但从今天熟知的解释学角度看，阅读所叙述的对象和文本所表达的对象，其间可存在自由的对应关系，换言之，阅读和文本之间的关系是松散的。一定意义上，极难认为，只有一个阅读才是文本的准确理解。[1] 而更重要的，缩减、概括的被评介对象，始终为缩减、概括的结果，既然缩减、概括，也就极可能成为主观上的"改写"，即使"改写"被努力回避。故思想评介中的"建构"，成为一个问题。

　　观察例子。

　　20 世纪 80 年代后，中国学者对美国现实主义法学（Legal Realism）和批判法学（Critical Legal Studies），开始了解，[2] 并逐渐熟悉。人们一般承认，后者和前者存在渊源关系，即后者某些基本理论出发点，如"法律的不确定性"，是前者主要观念的延续。[3] 现实主义法学认为，法律含义，总需官员（officials）解释，进而由其把握，故"法律是什么"由官员尤其是法官所决定，法律存在于官员行动中。[4] 既然法律在官员行动中，而官员行动，又是具体的，另有可能随意，[5] 故法律不确定。20 世纪 50 年代前后，遭遇西

---

1 参见汉斯-格奥尔格·伽达默尔：《真理与方法：哲学诠释学的基本特征》（下卷），第380页。

2 在20世纪80年代以前的中国法学界，现实主义法学已为人知晓。这里主要指20世纪80年代初期后中国学者对现实主义法学的重新了解。

3 批判法学的某些重要文本本身亦承认这点，例子参见Robert Gordon, "Unfreezing Legal Reality: Critical Approaches to Law". *Florida State University Law Review*, 15 (1987), p. 197。

4 现实主义法学此观点的例子，参见Karl Llewellyn, *The Bramble Bush: Some Lectures on Law and its Study*.New York: Columbia Law School, 1930, p. 3。

5 此观点例子，参见Jerome Frank, *Law and Modern Mind*. New York: Bretano's, 1930, pp. 183–199。

方某些法学理论的严厉批评，现实主义法学的主要代表人物，如卢埃林（Karl Llewellyn）、弗兰克（Jerome Frank），均承认自己观点些许偏激，承认自己的观点只能说明某些法律现象，或其他情况下，现实主义法学缺乏解释力。[1]但20世纪70年代后，批判法学兴起，其核心观念之一又为"法律的不确定性"，及官员、法官这样的"人"决定法律含义。以此为基础，其坚决主张，所谓法律之治不过是另外一种人治，仅是较隐蔽，而这种人治，准确说，即"法律家之治"。[2]与现实主义法学观念的区别之处，是批判法学的学术思考指向"自由主义法律、法治、法学的批判"，[3]而现实主义法学，则是追求社会政治上的"实用主义"。[4]如此，一个令人费解的问题出现：当现实主义法学的代表人物已承认"法律的不确定性"观念些许偏激，并承认这种观念仅能解释部分法律现象时，批判法学的学者，为何依然认为且竭力主张，此观念足以适用全部法律现象？

在20世纪80年代后的西方法学理论的"中国表达"中，尤其

---

1 卢埃林认为自己的观点最多是对事实的部分描述。参见Karl Llewellyn, *The Bramble Bush: On Our Law and its Study*. New York: Oceana Publication, 1951, preface, p. 9。弗兰克则认为自己观点较偏颇。见Jerome Frank, *Law and Modern Mind*. 6th ed., New York: Bretano's, 1949, preface, p. 8。

2 批判法学的观点例子，可见Gray Peller, "Metaphysics of American Law". *California Law Review*, 73 (1985); Allan Huchinson and Patrick Monahan, "Law, Politics and Critical Legal Scholars: the Unfolding Drama of American Legal Thought". *Stanford Law Review*, 36 (1984)。

3 参见David Kairys, "Introduction", in *The Politics of Law: a Progressive Critique*. 3rd ed., ed., David Kairys, New York: Basic Books, 1998, pp. 1–23; Robert Gordon, "Some Critical Theories of Law and Their Critcs", in *The Politics of Law*. 3rd ed., ed., David Kairys, pp. 641–661。

4 参见Gary Aichele, *Legal Realism and Twentieth-Century American Jurisprudence*. New York: Garland Publishing Inc., 1990, pp. 51–73。

是通过思想评介方式表达的，可发现，此问题基本未得到清晰说明。从学术运作角度看，一个理论若曾受到批评，且批评已被学界——包括被批评者——基本认可，则重新运用此理论，且以其作为没有疑问的理论起点，便需对过去批评作出有效回应，并需进一步，从其他角度，说明此理论为何具有解释适用的能力，否则，重新"拾起"，学术上便是可疑的。故批判法学在"法律的不确定性"问题上，为中国读者留下了学术疑问，而中国读者可能"避轻就重"，却更多注意批判法学的政治意义。

在我看，此例已涉及思想评介中的"建构"。

关于现实主义法学和批判法学，中国文本中，可看到大量介绍、说明。这些介绍和说明，尽管可大致对应其原典中的各种论说，可见"原文出处"，但似乎缺乏建立"中国读者可理解"的逻辑关联。换言之，这些介绍和说明，似乎未以中国读者可清晰理解的方式，消除上述学术疑问。在此，评介式西方法学理论的"中国表达"，其最重要的功能，是"描述"，而非"疏通"。

通过此例，在中国自身法学理论和西方法学理论的"中国评介表达"之间，可发现一种"两极分化"：一方面，中国自身法学理论，是可解释的，亦可理解，进而可展开争论，中国法学学者在中国自身理论的语境中，可畅通无阻地交流、辨析；另一方面，西方法学理论的"中国表达"，尽管可阅读，却难以解释，亦难理解，进而无法争论，更无从展现中国式的交流、辨析。其实，就相当一些情形看，中国读者，可知道西方学者说过什么，但无法理解西方学者何以如此言说。故学术交流的意义，在前者中，即中国自身理论的语境，没有障碍；而在后者中，则较困难。

　　进一步，再看上述例子，人们容易遭遇一个尴尬问题：为何一种类似批判法学的"法律的不确定性"理论，在国外学界，可引起进一步的激烈学术争论，在中国仅被复述、被谈论或被简单评论？ [1]

　　对此尴尬问题，当然可提出这样一种解释：类似批判法学"法律的不确定性"理论，在中国，缺乏深入讨论意义，即中国法治或说法律制度，尚在建立中，许多法律实践中与"法律的不确定性"相关的法学问题，尚无必要"列入议事日程"。此解释，从学术角度而言，可能缺乏意义。因为，即使中国法律建设尚未达到某一阶段，相关的学术探讨，依然可在理论层面上展开。理论中的学术思考，并不一定因为实践上的紧迫性，才拥有可深入探讨的时间表，且理论思考，更有法律实践的前瞻警醒价值（为何非要等问题出现再思考？）。

　　另外一种解释亦可提出：西方法学学术思考的逻辑，和中国法学学术思考的逻辑，存在差异，即中国认为属于问题，在西方，可不是，反之亦然，故"批判法学沿袭现实主义法学的'不确定性'理论"这一问题，在中国，可能不是问题。这种解释，亦难令人信服。因为，这种解释实际上根本否定了中外法学交流的可能。同时，这种解释，似乎暗含西方法学理论总存在中国读者无法理解的"非逻辑"成分的意思。面对西方法学，我们恐怕难以断言，其学

---

[1] 可注意中国学者对批判法学"法律的不确定性"观点的评介。自20世纪80年代后期起，国内一些学者逐渐在《比较法研究》《外国法译评》（现为《环球法律评论》）《中国法学》等刊物上，发表讨论批判法学的论文。这些评介，相对讲，在"法律的不确定性"这个问题上可能较简化，因为，未更深入联系现实主义法学的理论，及其他一些后来产生的支持"法律的不确定性"观点的理论，阐述相关问题。

者在争论一些逻辑上无意义的问题。实际上，批判法学，甚至现实主义法学关于"法律的不确定性"讨论，具有重要理论和实践价值，在学术思路上，显然需加以说明。[1]

概括看，可注意两点。

第一，西方法学理论的"中国评介建构"，其中包含的"各种叙事"，虽然难以作出大致的格式化，但如同前面已提到，一点则已比较清楚，即这些评介建构的基本叙事意向，在于希望"直接""简洁""概括"讲述西方法学理论的主要观点、主要推论。对主要观点、主要推论进行讲述的期待，及对"直接""简洁""概括"等标准得以实现的期待，使西方法学理论的"中国评介建构"，常拘泥于外国原典的缩减叙事结构，或拘泥于外国法学"第二手资料"的缩减转述结构，[2]进而使这种建构，成为一种"缩略翻译"。其实，若真正"缩略翻译"，则应给予理解。而问题关键，在于这种"缩略翻译"，实际上表现了中国作者叙事的"自我缩减理解"，特别是"学术推进的目标缺席"。换言之，这种"中国评介建构"，一方面，成为"自我缩减式的概述"；另一方面，尤其缺乏学术理解的目标前进，即缺乏解决叙事对象中学术难点的深入设想，缺乏理解叙事对象中学术关键脉络的重要企图，进而，缺乏把握对中国读者而言可能至为重要的学术理解的铺垫。故批判法学对"法律的不确定性"学说的沿袭，及这种沿袭和现实主义法

1　随后结构主义语言学的发展，批判法学在支持"法律的不确定性"观点上获得重要理论武器，且其理论在社会法律实践中亦能引人深思。参见刘星：《西方法学中的"解构"运动》，载《中外法学》2001年第5期，第530—553页。

2　有时可发现，中国的"建构"文本参考了西方相关的"评介"文本，见其注释。

学的"承认错误"，在"中国评介建构"中，其相互之间，势必出现学术断裂。这个意义上，所谓"直接""简洁""概括"，实际上可能变成"间接""粗略""大致"，实际上可能未把握对中国读者来说可予理解的思想线路，实际上可能造成某种"误解"，甚至"误会"。

当然，这种"直接""简洁""概括"，并非完全没有作用。可发现，一些类似的"评介建构"已获得中国式的读者理解，如对 20 世纪以前的西方法学理论，其中的确不乏成功例子。[1] 但对 20 世纪以来的西方法学理论，我们则看到大量"理解缺席"。中国读者，常提出"为何现代、当代西方学者或流派提出这种理论"的问题。[2] 就此而言，作为例子，如果试图解决现实主义法学和批判法学的理论延续的问题，则必须在"法律的不确定性"问题上，作出细节化的深入分析、解释。而对各种现代、当代西方法学理论，均应调整中国"评介建构"的叙事策略，至少首先需解决明显、可作为问题加以提出的疑问，首先需实现中国法学语境中的"已理解"。

第二，与前面一点相联，20 世纪 80 年代后的西方法学理论的"中国评介建构"，包含"介绍知识、提供知识"的叙事意向。此意思是，对中国"评介"者，西方法学理论应作为一种"知识普及内容"以进入中国。具有留学机会或掌握他种语言资源的中国评介者，常自然而然地将自己定位为"知识的传输者"。其实，"评

---

1 本文第三节，将说明为何可获得中国式的读者理解。
2 从事现代当代西方法学理论教学的人，均会遇到或由学者或由学生提出的此类疑问。

介"一词的使用，本身已暗含这种叙事意向。

在我看，知识的介绍、提供、传输，有时是需要的，甚至必要，如告诉他人某些历史法律现象的来龙去脉，某些历史上及今天中国或外国法律制度如何运作，包括某些西方法学理论如何阐述，此为我们展开思考的必要前提。但知识介绍者和知识接受者的权力关系，一定意义上，决定了后者消极、被动，及后者只能知道"这是什么"，与简单层面、无法用于对话的"这为什么"，另有前者的"自恃已清楚"。以前面提到的现实主义法学和批判法学的"中国评介建构"看，即可发现这种知识权力形态。相当一些"中国表达"，以知识的传输作为目的，且讲述这些法学的学者，常假定听者的对面存在。于是，阅读者常不自觉地处于知识接受者的位置，将这些法学理论，当作一种"知识"加以对待，进而不自觉地受制于知识介绍者的"领导权"；相反，不关心其中关键、诸如上文提到的"学术断裂"问题。与此对应，知识介绍者常认定自己的介绍已明确、条理，没有疑问，从而不自觉地实施"领导权"。

但我们可设想另外一种知识权力关系——对话的知识交流。这种交流中，不论"说者"，还是"听者"，均准备转换自己的叙事角色，换言之，均准备在某个时刻成为陈述主体的"说者"，在某个时刻，成为受众主体的"听者"。在这样一种知识权力关系中，西方法学理论作为叙事内容，则须成为"可交流""可辩驳""可反复解析"，而西方法学理论的逻辑，亦须在对抗的知识权力关系中展示自己的话语能力。无论"说者"，还是"听者"，均须以充分理解西方法学理论的学理路径为基础，推进关于"西方法学理论"的辩驳。这个意义上，针对前面提到的批判法学，双方均需从学理层面上，深入细化地解释且争辩，其为何能在现实主义法学已承认自己错误时，依然主张"法律的不确定性"。这个意义上，作为被动的知识接受者，亦需变为主动的学理追问者。前面提到作为一种对话分析式的"评介"，这种"评介"中，撰述者通常以"平等对话"的意识展开"评介"，仿佛评介的"西方对象"，是同类语言的本土法学自身语境的学术伙伴。这种评介，在中国法学中，已出现过，[1]有时亦不乏成功。可发觉，通过这种对话式的评介，批判法学与现实主义法学在"法律的不确定性"问题上的延续关系，可得到必要的学术分析、澄清。

故在西方法学理论的"中国评介表达"中，应设想"知识介绍者和知识接受者的关系"如何可更多向"对话的知识交流的关系"逐步转变，应设想被动的知识接受者，如何可更多逐步转换为主动的学理追问者。为实现有意义、有价值、有学理的西方法学理论的"中国表达"，这些逐步转变，应当展开。更重要的，可意识到，这些转变，实际上可能意味着叙事角色的另一重大转变：将中西不同地域学术主体之间的关系，转换为中国本土学术主体之间的关系。此重大转变，亦意味着，中国学者在理解西方法学理论时，仿佛在理解中国自身生产的法

---

[1] 如前面一章提到的民国时期学者朱显祯撰写的《德国历史法学派之学说及其批判》（可参阅何勤华、李秀清编：《民国法学论文精萃》（基础法律篇），第579—592页）一文。这篇论文中，作者的评价讨论，即表现极强烈的对话意识。另可注意，20世纪50年代以来的中国学者亦有如此对话意识，只是20世纪50年代至20世纪80年代初期（除"文革"时期），这种对话意识通过著述，更突出表现为"政治正确"的批判、揭露。当然，著述"题目"中所包含的"批判""分析"之类的用语，已表明著述的部分叙事目的。

学理论。这样一些转变及重大转变，对西方法学理论的透彻理解的实现，对西方法学理论经过透彻理解成为中国本土话语论辩的资源，可能均具有意义。

后文第四节，再深入讨论。

三、西方法学理论的"想象"

20世纪80年代后，西方法学理论的"中国建构"，更忽视一个重要问题：西方法学理论如何在"想象"中被展示？使用"更忽视"表述，意在指出"西方法学理论的想象"由来已久。谨慎说，对西方，想象难免，故任何关于西方法律、法学的认识均伴随"想象"。在此，"想象"被定义为认识主体自身建构的一个"思想中的现实"。

较长时期，中国法学中，伴随具有引导意义的西方法学理论的"思想评介"，一个事实清晰可见，即西方法学理论，特别是现代西方的，基本被理解为一些主要状态，如"实证法学、自然法学、社会法学为代表，三足鼎立""哈特与德弗林（Patrick Devlin）、哈特与富勒（Lon L. Fuller）、哈特与德沃金的三大争论，引人注目""狄骥、庞德、凯尔森等人的理论，为主要理论"，当然另有"现实主义法学、综合法学（Integrative Jurisprudence）的挑战"，以及后来"批判法学、后现代主义法学（Post-modern Jurisprudence）的崛起"，"哈贝马斯（Jüergen Habermas）、考夫曼（Arthur Kaufmann）、卢曼（Niklas Luhmann）的重要学说"。在这种理解中，西方法学理论被想象为由某些基本要素——外加某些辅助要素——构成的"话语存在、流动"。

应承认，这种"想象"部分有意义，而作为对象的这些西方法学理论"基本要素"，即使在西方法学语境中，亦常被讨论、争论。但逐渐进入更多西方法学文本，准确说，更多外国语言所表述的，如德文、法文、意大利文、西班牙文，则会发现，所谓"主要状态"或"基本要素"，可能仅为更多西方法学理论中的微小部分。中国学者，当然可认为，理解西方法学理论时，应注意"主要""主流""影响巨大"，即使其为微小。但何为"主要""主流""影响巨大"？面对众多西方法学理论，此问题难以澄清；"主要""主流""影响巨大"等修辞，难以定义。

而即使可澄清、可定义，仍能看到一些明显的实际例子说明问题复杂。如目前中国法学中，美国学者庞德的理论，依然被某些人视为"主要""主流""影响巨大"，但20世纪90年代中期后的英语文献中，庞德理论，至少比波斯纳、阿克曼（Bruce Ackerman）、桑斯坦（Cass Sunstein）等人的当下理论，甚至霍姆斯的以往理论，远非"主要""主流""影响巨大"。除思想史介绍外，人们几乎不易发现法学文本再提到甚至讨论庞德理论，因为，人们已无多少兴趣重提其"稳健"。[1] 此外，作为例子，在现有中文翻译过来的外国不同语言的法学丛书文本中，亦可发现在一种语言中的"主要""主流""影响巨大"，在其他语言中，未必如此。如20世纪90年代后期法律出版社出版的《当代德国

---

1 中国法学学者，几乎都知道庞德的理论非常"兼容并蓄"，其试图将各种法学流派的学说尽力统一在自己的学说中。故称"稳健"。

法学名著》丛书，及21世纪初期中国政法大学出版社出版的《美国法律文库》丛书，其中可清晰发现，作为"主要""主流""影响巨大"标志的文本，在不同语言中，如何被主观定义。

若如此，"想象"中包含怎样的深入问题？当然，本文着重讨论"评介"中的想象。

首先，这种"想象"，借助了另外主体的"想象"。此意思说，评介过程中，如同前文提到借助外国第二手资料转述结构一样，中国撰写者，常会借助他国学者著述，或其他方式，如外国学者来华介绍，[1]以建构所谓"主要""主流""影响巨大"。显然，难以否认，中国学者无法阅读所有西方法学文献后对其概括，故借助另外主体的"想象"，不可避免。在此，所以提到"另外主体的想象"，因为，作为他国学者的"另外主体"，同样没有可能阅读所有西方法学文献，而后提出"主要""主流""影响巨大"；其同样需借助"想象"，完成自己的"想象"。故中国评介者关于西方法学理论的"想象"，是种经由"他者不断想象"而完成的"想象"。这里，并无"以讹传讹"，所谓"以讹传讹"并不真实、重要；[2]而真实重要的，在于"想象"何以经由他者的想象予以建构、完成。

对"想象"，需十分关注"媒介"，如教科书、"评介"论

1　又如，在中国大百科全书出版社出版的《外国法律文库》丛书中，可发现被聘为"文库顾问"的外国学者。
2　因为，实际上很难断定哪些想象是准确真实的，哪些不是。

著、百科全书、辞书。[1] 评介西方法学理论时，中国撰写者，会主
要参考这些"媒介"所表达的学术景观，因为，其常被赋予"权
威"或"重要参考价值"的寓意。故借助他者想象的中国"评
介"，实际上，总在传输这些"权威"媒介中的"西方法学理
论"；而确切看，如果他者"评介"制作亦经过参考过程，则中国
的"评介"不过为"所谓权威评介"传输链条的一个后续环节，其
隐蔽作用，在于加强原已构成的"权威想象"。

由此，易被忽视的另外问题是：这种不断、连续想象的过程，
其本身包含的"主观断定"如何发挥作用？

可认为，面对各种法学理论时，究竟"何为重要""何为值
得特别分析""何为经典"，实际上并非无争议。法学理论，作
为一类思想产品，其和法律实践及政治立场，当然包括学术旨趣，
存在密切联系。正是这个意义上，在西方某些学者看来十分重要
的法学理论，对西方另外一些学者，可能不重要，或次要。在判
断"重要""值得特别分析""经典"时，"主观断定"必然发
挥导引作用。

以西方法学理论本身看，可注意，经由边沁、奥斯丁、
霍兰德（Thomas Holland）、凯尔森、哈特、麦考密克（Neil

---

1 在中国学者"评介"的正文和注释中，可发现许多这样的例子。最典型"教科书"恐
怕即为如下几本：Edgar Bodenheimer, *Jurisprudence: the Philosophy and Method of the Law*.
Cambridge: Harvard University Press, 1974; Edwin Patterson, *Jurisprudence: Man and Ideas of
the Law*. Brooklyn: The Foundation Press, Inc., 1953; J.W. Harris, *Legal Philosophies*. London:
Butterworths & Co., 1980; Reginald W.M. Dias, *Jurisprudence. 4th ed*., London: Butterworths
& Co., 1976。最典型的辞书可能是：David Walker, *The Oxford Companion to Law*. Oxford:
Clarendon Press, 1980; *Encyclopedia Britannica*。

MacCormick）、拉兹（Joseph Raz）等人发展起来，今天依然"在场"的实证法学传统中，诸如前面提到的批判法学，另有曾经出现的法国马利坦（Jacques Maritain）之类的新神学自然法学，及后来出现的女权主义法学（Feminist Jurisprudence）、后现代法学、新实用主义法学（Neo-Pragmatism Jurisprudence），甚至包括法律经济学（Law and Economics），其法学意义，微乎其微。[1] 而在德沃金的法学理论中，亦难看到新神学自然法学，另批判法学等左翼法学理论，具有怎样的重要意义。[2] 更值得注意的，则是在今天迅速发展、具有学科交叉特点的西方法学理论中，如法律阐释学（Legal Hermeneutics）、法律人类学（Legal Anthropology）、法律符号学（Legal Semiotics）、法律语言学（Law and Language）、法律与文学（Law and Literature），被西方学者常视为"正宗传统"的奥斯丁式的实证法学，富勒的自然法学，包括总引起西方学者不同程度注意的现实主义法学，其意义则同样有限。

实际上，西方学者，从"自己学术主义"角度说，常认为自己的研究目标重要，其他学术研究目标次要；同时，其眼界中，某些法学研究目标，可能从来没有意义。这意味着，从任何一个学术理论的角度看，作为他者的法律学说，均有可能要么次要，要么没有意义。故一个问题随之而来：中国学者所接受的经由西方他者教科书、"评介"论著、百科全书、辞书等表达出来的"西方法学理

---

1 以哈特、麦考密克、拉兹20世纪70年代后撰述的实证法学著述为例，这些著述中，我们几乎无法发现有关马利旦一类的新神学自然法学的任何语词。

2 就批判法学而言，德沃金在自己重要著作中只是非常轻描淡写地提到此学派，参见 Dworkin, *Law's Empire*, pp. 271-274。即使在其他著述中，德沃金亦是这种态度。

论"，是否属于某一角度，或某一"主观断定"中展现出来的"西方法学理论"？在我看，答案不言而喻。即使西方某些学者竭力追求"全面""整体"，其依然难摆脱自己的"主观断定"。至少，我们可提出这样一个看法：任何文本的撰写，是空间有限的，正因为空间有限，故作为写作对象的"西方法学理论"，亦难免被置入"主要和次要""中心和边缘"直至"应写和不应写"的二元框架；更何况，法学理论的提出，其本身即为立场化、"主观旨趣化"的。

其实，就"中国法学理论"而言，其中相应撰述，我们未必不能看到同样情形。由此，需正视中国撰述者在参考西方"评介"过程中所陷入的西方某些学术操作的"主观断定"，需在"权威断定"中，辨识"权威"如何被"断定"，需在其中剥离隐藏的学术制约关系。而探讨"主观断定"，目的并非在于实现"客观认识""客观断定"，所谓"客观"，是不可能的；目的在于提醒"想象本身的立场、旨趣"，提示不断冲破"想象边界"的必要、意义。

其次，与前面一点相关，亦与所分析的"知识介绍者和知识接受者的权力关系"相关，中国"评介"中的"想象"，支配了作为中国阅读者的"想象"。正如人们深知，亦如前面已提到，相当一段时期，甚至今天，大多数研究法律的中国读者不能直接运用外语进入西方法学语境，故中国学者的"评介"，自然易发挥重要的导引作用。就此看，中国阅读者的"想象"，实际成为"西方法学理论"的"想象链条"的终端。但是否成为终端，非问题关键；问题关键，在于"想象"中存在的"权威化学术权力现象"。此意思是，在西方法学理论的传播中，"评介"者具有重要的知识权力，"阅读者"的"想象"，由此成为"评介者"的"伴随想象"；进而言之，可看到关于西方法学理论的"中国权威"。

这种权威，从另一层面，深刻导引且限制了中国法学的思考视野，当然首先是认识西方法学理论的视野。如 20 世纪 80 年代中期至 20 世纪 90 年代中期，随中国若干学者对西方法律经济学的"评介"，包括若干原文篇章的翻译，在中国法学界，法律经济学是重要的前沿理论，随之而来的，则是对其中各种思路的逐步讨论，甚至逐步将其变成中国法学理论的一个组成部分，直至"显学"。[1]这一阶段，西方的批判法学、女权主义法学、种族批判主义法学（Critical Racial Jurisprudence）及法律与文学等已占据西方法学重要阵地的理论，对多数中国读者，是陌生的。[2]中国的"西方法学权威"，在揭示某些西方前沿理论的同时，亦阻碍某些西方前沿理论的"中国进入"，进一步，使中国法学不能更早在更广阔的学术背景中展开法学思索。此外，尽管中国法学始终强调"中国自己的法律问题，中国应拥有自己的法学问题"，但"应重视'被评介的'西方法学先进前沿理论"的观念，依然具有重要的意识形态作用。故在追求了解西方最新理论的过程中，中国的"西方法学权

1　此时期有关法律经济学的介绍及运用法律经济学的理论分析中国法律、法学问题的文献，较可观，已非举例可说明，虽然今天依然如此。

2　关于这些理论与法律经济学理论如何具有同时性，参见Gary Minda, *Postmodern Legal Movements: Law and Jurisprudence at Century's End*. New York: New York University Press, 1995, pp. 83, 106, 128, 149, 167。

威"，在排列西方前沿法学理论的"重要""次要"的顺序上，同样展示了并不乐观的定性作用。

在此，如果认为法律实践问题是复杂、多元的，法学理论和法律实践问题始终相互关联，且一定程度上甚至根本上，法学理论总是法律实践要求的重要表达，则在增加对西方法学理论多重了解的同时，淡化"中国的西方法学权威"在"重要""次要"上的定性作用，无疑对中国法学同样有益。

概言之，20世纪80年代后，"评介"西方法学理论的作者越来越多，而享有权威符号的作者主体，凤毛麟角。但此"权威"存在，某种意义上，妨碍了西方法学理解的多重展开。"权威"意义，正因为评介者的"想象"可支配阅读者的"想象"，故至关重要。能发觉，20世纪80年代后的西方法学理论的"中国表达"，常展现为中国的"西方法学权威"的想象表达；从绝大多数中国法学文本看，西方法学理论的讨论，常浸透"中国的西方法学权威"的话语印记。在此，亦能发觉，这种权威如何依赖"中国阅读者"的支持，及"中国阅读者"如何巩固这种权威的地位；两者"合作关系"，又如何加强对西方法学理论的"唯一想象"。

本书不否定"权威"的开拓价值，任何西方法学理论的"中国进入"，均需某些评介者的先行介绍。但权威一旦形成，便会阻碍后来新者的呈现，而后来新者可以、可能带来新的法学资源。就此而论，中国法学需保持对"中国的——包括西方的——'西方法学理论权威'"的适度警惕。

四、西方法学理论的中国知识背景

如果西方的西方法学理论的"想象"支配着中国评介者的"想象"，中国评介者的"想象"，亦在支配中国阅读者的"想象"，则从中国法学的立场、语境看，中国评介者和中国阅读者的知识背景，即为需考察的问题。

今天，中国法学知识已呈现一定程度的多元化；不仅观点上，而且思路上，中国法学一定意义上已非"一种范式"可总结勾画。但20世纪80年代初期及后来相当一段时期，中国法学知识，就基本法律概念和法律观念而言，包含一个较为主流化的话语倾向，即除政治意识形态的色彩及影响外，其主要内容，是19世纪末在西方大体形成，20世纪中期在中国开始推广且延续持久的"教科书式"的知识。"教科书式"的知识，对中国评介者及接受者，均为理解西方法学理论的背景条件。如果"评介""阅读"与这种背景条件相适应，则西方法学理论的"中国进入"，没有障碍；相反，是"认知陌生"。可发现，20世纪20年代后，特别是20世纪50年代后且延续至今的西方学界本身生产的相当一些法学理论，在中国法学语境中，基本遭遇了"认知陌生"。此现象，即为"教科书式"知识制约的结果。

此在传递一个深入信息：如果一种西方法学理论在中国仅被理解为"是什么"，未被理解成"为什么"，更重要的，未被理解为一种"中国语境中的论说资源"，则这种理论，实际上未实现"中国进入"；但这里，与中国评介者和中国阅读者的水平问题无关，仅涉及背景知识的差异。

举例说明。

英国法律学者哈特的理论，对中国学人而言，不生疏。可发现，许多中国法律学者提到哈特的"两种规则的结合""内在观点"（internal point of view）、"外在观点"（external point of view），及"实然法与应然法分开""最低限度的自然法"等理论。从西方语境看，哈特理论为人关注，是在 1960 年代以后。1961 年，《法律的概念》出版，随后西方学者开始广泛分析、讨论。20 世纪 70 年代末和 20 世纪 80 年代初，哈特名字及其某些思想，开始在中国出现。伴随一些"评介"及哈特个别原文的翻译，另 1996 年的《法律的概念》全书中译本[1]出版，其理论开始成为"关注对象"。但一个事实非常明显：尽管不少中国学者文章在讨论哈特的理论，其最核心的"两种规则的结合""内在观点"的理论，仍未成为中国法学理论的论说资源；我们几乎难发现，中国学者，包括评介者，运用此最核心的哈特观念以分析法律的一般问题。换言之，哈特最核心的理论未实现实质的"中国进入"。即使针对今天中国法学"多范式"的状况而言，情形亦如此。与此不同，在西方国家，至少英语国家，哈特上述最核心思想，成为广泛思考的论说资源。更需注意的，则是 20 世纪 70 年代后，哈特的这一核心思想几乎成为新理论，如德沃金的法律原则说，[2]若要确立则必须树为批判出发点的"关键"。

此并非说，只有哈特理论在中国成为学术的论说资源，成为中

1　哈特：《法律的概念》，张文显、郑成良、杜景义、宋金娜译，中国大百科全书出版社1996年版。

2　参见Dworkin, *Taking Rights Seriously*, pp. 14–45。

国新的法学理论的批判出发点，中国法学才是"世界学术中"的；
而是说，至少应注意，为何哈特理论可在后来西方法学中成为一种
学理讨论的出发源头；至少应注意，在西方学术语境相当成熟的条
件下，一种理论可成为论说资源，其本身已说明这种理论的"西方
本土进入"的实现标志，及实质的"中国进入"的实现所需要的标
志。故问题在于中国法学的知识背景。

　　通常看，西方法学语境中，哈特核心学说的意义，在于提供一
个可更好解释法律一般现象的理论框架，至少优于奥斯丁、萨维
尼、卢埃林等。作为一般性描述知识，法律理论，应解释更多法律
现象，而西方学界基本认为，哈特学说有此意义，[1] 因其学说关键，
在于较佳说明就法律制度存在——更准确说法律规则的存在——而
言，义务规则如何依赖授权规则，及义务规则，特别是授权规则
中，"内在观点"和"效力意识"如何发挥作用。[2] 具体看，西方
学界理解，根据哈特理论，如"不得违约"的义务规则既可以是道
德规则，也可以是习俗惯例，同时可以是法律规则；但其可以成
为法律规则，首先因为存在另外一种规则，此另外规则规定如"不
得违约"的义务规则得以获得法律意义的内容。另外规则，即授
权规则。无授权规则，人们实际上难以判断如"不得违约"的义务
规则，究竟是法律规则，还是道德规则、习俗惯例。深入讲，当
"不得违约"的义务规则被国家立法机构加以规定时，即可发现一

1　参见Neil MacCormick, *H.L.A. Hart*. California: Stanford University Press, 1981, pp. 21-28；
Gavison, "Comment", pp. 27-28。
2　参见Hart, *The Concept of Law*, pp. 77-96。这一部分为该书第五章。其实，哈特在本书其
他各章，均分散讨论过此关键问题。

种授权规则：国家立法机构有权对其作出规定。此授权规则，可能是社会某种机构，如国家机构，已另外制定的，亦有可能是社会中自然而然存在的。以"自然而然存在"看，授权规则是"实际上"获得人们认可的一种规则。尤为关键的，不论制定出来，还是"自然而然存在"，授权规则均包含"内在观点"，即"人们主观认为这是有效的"。没有"内在观点"，授权规则无法存在，进一步，义务规则无法成为法律规则。我们的确难以想象，如果人们并不认为"国家立法机构有权制定"，换言之，如果人们没有内在观点，则还能存在"'不得违约'的义务规则依据国家规定可有效"的问题，还能认为"不得违约"的义务规则，是法律规则，而非道德规则或习俗惯例。[1]

但前述中国主流化的法学知识背景，阻碍了中国评介者对这些学说的有效解释，同时，阻碍了中国阅读者对这些学说的"原著"及"评介"的有效理解。作为评介者，中国学者，可成功使用对应语言，叙述哈特理论，但中文与外文的对应，并不意味对象理论可呈现清晰的"理解线路"。作为阅读者，中国学者，可明确知道"哈特评介"的文字含义，但文字含义的"知道"，却不能保证读者可在对象文本中，获得自我信服的"思考把握"。

中国学者，亦在探讨"义务""权利""权力"，及社会中存在的各种规则（过去常用"规范"一词，现在既用"规范"，也用"规则"等词），包括对法律规则人们所具有的态度；亦在讨论如

---

[1] 当然，就"不得违约"这样的义务规则本身而言，其也存在"内在观点"问题，即其中包含"你应当、我应当、他应当如何……否则即是错误的"修辞含义。但这是分析一般规则和内在观点的依存关系的问题。参见Hart, *The Concept of Law*, pp. 77–96。

"不得违约"的义务规则，如"国家立法机构有权制定"的授权规则。但中国法学知识中，"不得违约"所以具有法律意义，仅缘于其为国家立法机构制定。只要国家立法机构制定，则所定规则即为法律规则。而如果国家立法机构制定"不得违约"，社会中却不存在"这种制定是有效的"观点，包括立法机构内部成员不存在"这种制定是有效的"观点（尽管现实中此不大可能），即哈特所说的"内在观点"，则被制定出来的"不得违约"，能否成为法律规则？此制定行为，本身能否成为展示"授权规则"的行为？答案，在中国法学知识中，不言而喻。但细致分析，"不得违约"依然可能是道德规则、习俗惯例，或其他种类非法律的规则；制定行为，依然可能仅是单纯"没有效力"的制定行为。换言之，"国家立法机构制定"和"国家立法机构有权制定"，是不同的表述。前者仅表达一种行为存在的意思，后者则表达一种"这是有效的"意思；两者表达不同观念，或说哈特提到的"外在观点或内在观点"（前者属于"外在观点"，后者属于"内在观点"）。正是此"这是有效的"意思，或其中包含的"内在观点"，使"不得违约"经由"国家立法机构制定"，成为"应予遵守"的法律规则的关键，亦为"国家立法机构制定"成为"授权规则"行为的关键。

可发现，中国法学知识，缺乏一种"衬托哈特"的知识谱系，或具体说，中国法学知识，未包含"制定"和"有权制定"存在根本区别的知识，而其根源，在于中国法学知识作为背景，较单一，基本仅为"教科书式"，西方法学知识则已较复杂，其学术路向已多样。故哈特"两种规则结合"和"内在观点"及两者相互联系，在中国，缺乏对其应予理解的思考动力。[1]

我不认为，我对哈特理论的解释是唯一正确的，但我的确认为，此解释可说明哈特"两种规则结合"和"内在观点"之关系的可予理解的含义，我亦认为，此解释可说明中西法学知识的背景差异，此外，可提示哈特理论如何能实现一个"西方法学理论的真正'中国进入'"（因为，哈特理论可促使我们深入思考中国法学知识可能存在的问题，进而成为中国法学探讨的一个论说资源），当然，此提示非唯一，我们完全可提供另外的。

为何需认识、理解法学知识的背景差异？

以哈特理论个案展开的分析，似乎表明，西方法学知识的细致解释是重要的，似乎表明，将西方法学理论和中国法学知识在微观理解上加以疏通，是重要的。自然，这些的确重要，需不断努力，但更有意义的，是认识此分析的另一目的：中国法学思考本身的积极展开，是实现西方法学知识的"中国进入"的真正条件。此意思是，理解法学知识的背景差异，是为追究一个深层问题：为实现西方法学理论实质性的"中国进入"，进而推动中国法学研究，究竟应首先细致解释、不断引入西方法学理论，还是应首先在中国法学内部，积极拓宽新思路、发展新思考？

在我看，中国法学思考本身的积极展开，是首要的。

思考本身的积极展开，包含多层次含义。首先，因为法律是务实的，需解决现实问题，故这种积极展开，应在中国复杂的法律实

---

1 其实，这个意义上，可理解为何20世纪以前或早期相当一些西方法学理论在中国法学中易获得"理解动力"。因为，中国已具备的法学知识背景与这些理论的知识背景的差异，并不严重。

践背景下实现。中国的法律实践，应是中国法学所关注的问题，其丰富多彩，隐含着盘根错节，既需实际的解决办法，也需法学学术的讨论、辨析，而实际的解决办法和学术的讨论、辨析，又为相互支持，如导论中仔细分析的，在和法律实践的彼此勾连中，法学学术，即更易寻找生长点。此外，对复杂法律实践的学术关注，可形成"复杂"的法学学术场景，而西方法学理论的多样化，一定意义上，恰是以复杂实践及复杂学术场景作为条件。如此，一种可能性值得注意：中国法学越能形成复杂的学术场景，其本身越能产生"与西方复杂学术场景中学术思考彼此类似"的学理意识，毕竟，不同区域的各自思维越是复杂，思维方向、结果越有可能走向"不谋而合"。

其次，因为法学也有社会科学理论化的品性，具有学术理论的思路表达，故这种积极展开，另一方面需在自我辩驳的条件下实现。自我辩驳，当然不是空洞讨论，而是说理追求。说理追求中，法学更可能在自我完善时，提高对法律现实的解释能力。

故思考本身的积极展开，具有一种重要意义：促使中国法学针对法律实践，反思自己的知识背景，促使中国法学依托学术场景的复杂，考察自己知识背景中可能存在的问题，进一步，催促中国法学知识背景条件的变化涌动。如上所述，知识背景，既是中国法学展开研究的控制因素，又是面对西方法学理论的"中国进入"的控制因素，因此，知识背景条件本身的变化涌动，势必可成为"西方法学理论被予理解"的一个"解放"环境。

其实，20世纪80年代以后至今，就中国法学某些理论语境看，可发现，思考本身的积极展开，确已起到催促中国法学知识背景变化涌动的作用，进而起到促成"西方法学理论较易理解"的条件或环境得以实现的作用。

　　如中国法学理论对"法律原则"的分析讨论，即为较为明显的例子。20 世纪 80 年代中期以来，在一些重要论著及教科书中，中国学者对"法律原则"进行了探讨。此探讨，以"法律目的""立法目的""法律精神""立法精神""法律原则""法律精神"等语汇展开。其时，随中国《民法通则》和其他法律的制定、颁布，及《民法通则》包括其他法律在中国法律实践中遇到的具体问题，中国法学，开始讨论作为具体法律规则的基础的"原则"，所应具有的作用。此讨论，当时已逐步靠近"法律原则是否能够成为法律的一个组成部分"这一问题。[1] 讨论中，另能发现，各种观点已围绕法律规则与法律原则的区别、关系等方面，加以展开。[2] 如此讨论，逐步改变了中国法学"法律仅由逻辑结构完整的法律规范构成"的知识传统，[3] 进一步，为后来深入理解德沃金的法律原则理论提供了重要基础。当然，20 世纪 90 年代中期，德沃金的法律原则理论，亦反向成为相关的中国法学知识演化的一个重要来源。[4]

─────────

1　如林仁栋：《论法的原则》，载《上海社会科学院学术季刊》1987年第1期；车传波：《论立法精神与法律原则在司法实践中的应用》，载《当代法学》1994年第4期；董灵：《公序良俗原则与法制现代化》，载《法律科学》1994年第5期。笔者的讨论，参见本书导论。

2　如马新福：《论法原则》，载《政法丛刊》1992年第2期；宁乃如：《市场经济呼唤平等权：试论公民在法律面前一律平等》，载《法学研究》1993年第4期。

3　人们更多认为法律包含法律概念、法律规则、法律原则等，并将其视为法律要素。后来法学教材基本上均如此撰写。

4　一个例子可参见张文显主编：《马克思主义法理学》，吉林大学出版社1993年版，第172页。

　　另一值得注意的例子，是重视地方性知识的西方法律人类学观点在中国法学中的演变。西方的与法律相关的地方性知识理论，其中一些，20世纪90年代中期，已被介绍到中国。[1]但其"中国进入"的实现，则在中国学界开始深入讨论国家法和民间法的关系之后。20世纪90年代后期，中国一些社会学者、人类学者、历史学者，当然包括法律学者，开始结合中国本土的田野资源，研究相关的法律问题，同时，亦参照西方的一些相关理论。[2]这些研究，因其与中国各种具体法律实践密切关联，故引起人们的兴趣、争论；更重要的，在一定程度上引发了中国法学知识背景的变化，即人们考察法律，不再固守单一"国家法律"的模式，相反，多元化的法律观，逐步成为人们考察法律的一个手段。正是基于这种条件，后来更多关于法律现状、法律历史的西方的带有地方性知识话语色彩的理论，变得"进入"顺利。当然，西方相关法律理论，后来同样成为中国法学知识自身深刻变动的一个诱因。

　　其实，对"中国法学思考本身的积极展开"的分析，反过来，又可解释上文分析的哈特理论"中国进入依然困难"的部分缘由。

---

1 介绍例子可注意克利福德·吉尔兹的《地方性知识：事实与法律的比较透视》，邓正来译，载梁治平编：《法律的文化解释》，三联书店1994年版。
2 作为与法学十分接近的例子，可注意王铭铭、王斯福编：《乡土社会的秩序、公正与权威》，中国政法大学出版社1997年版；苏力：《法治及其本土资源》，中国政法大学出版社1996年版；梁治平：《清代习惯法：社会与国家》；苏力：《为什么"送法下乡"》，载《社会学研究》1998年第5期；强世功：《乡村社会的司法实践：知识、权力与技术》，载《战略与管理》1997年第4期，等等。

五、发现法律实践

本章对中国法学知识背景差异的分析，以及对"中国法学思考本身的积极展开"的强调，可以且应当，运用于本章前面分析的、在评介西方法学理论过程中的"学术推进的目标缺席""知识接受的被动位置"等问题及第三节分析的，在评介西方法学理论过程中的"主观断定""权威导引"等问题。

第二节提到"学术推进的目标缺席""知识接受的被动位置"，其实际上和中国法学知识背景的控制及中国法学知识本身没有变化涌动，存在相互关联。因为已存在较固定的中国法学知识背景，该背景甚至"依然故我"，故中国"评介者"的"学术推进的目标缺席"、中国"接受者"的"知识接受的被动位置"，亦为自然而然。"评介者"，当发现作为对象的中国法学未出现问题域、争论点、变化思、求新欲时，易缺少深化解说的学术动机，易将"接受者"视为自己知识（自己所掌握的西方法学知识）的支配对象。相反，如果中国法学知识背景已出现活跃的理论思考，则"评介者"，便会积极推进自己的学术理解，尽力将西方法学理论的学理在中国语境中"本土化"。而"接受者"，亦会在此背景中改变"被动"，成为学理的追问者，与"评介者"相互激励。

与此类似，当中国法学成员在基本理论上没有新疑问、困惑、论辩时，我们便易发现评介者在西方法学理论上的"主观断定""权威导引"的知识权力现象。反之，如果中国法学成员针对基本理论出现了"动摇""反思""质询"，则"主观断定"和"权威导引"本身，便会呈现知识权力的危机。

故积极推进中国法学知识背景的变化涌动，实际上是避免关于西方法学理论的"学术推进的目标缺席""知识接受的被动位置"得以呈现，及避免"主观断定""权威导引"得以呈现的基本条件。

概言之，作为结论，在西方法学理论的"中国表达"中，西方法学理论的"直接进入"，有时可带来中国法学理论的变化，但变化较微小，甚至可能微不足道；更重要的且更值得注意的，则是中国法学理论本身如何可激活、争论，及中国法律实践本身所引发的实际问题，其所产生的对西方法学理论的某种需求如何可增加。当中国法律实践引发真正的问题，且由此中国式的法学探讨得以展开，西方法学理论才有可能成为一种法学资源，"真正进入"中国，为中国阅读者所理解。此意义上，作为问题，西方法学理论的"中国表达"，实质上是"中国法学知识自身如何首先应不断鼎故革新"。在期待中国法学可伴随西方法学理论的"中国表达"而不断发展时，我们首先应盼望，中国法学自己首先行动、激活、跳跃起来，形成中国自己的法律、法学问题，而非首先盼望，西方法学理论大量的"评介引入"。从这点看，"评介式"的西方法学理论的"中国表达"，似乎应适度让位给"对话式"的西方法学理论的"中国表达"，而"对话式"的西方法学理论的"中国表达"，似乎又应成为中国法学知识背景出现变化涌动的一个刺激行动。

第四章　重新理解法律移植

——从"历史"到"当下"

　　　　法律可以从域外移植到本土……没有人会否认这样的
事实。[1]

　　　　对社会变迁的认识，十分困难……对任何成功预见的
解释，都会出现与之相反的解释。[2]

　　　　没有真正的共同观念……法律制度难以形成。[3]

　　前面两章，通过"历史"和"当代"的法学知识表达两个层
面，继续从侧面深化本书主题——理论中的法律知识与实践中的法
律知识的关系。第二章结尾，提到"法律行动者"视角，此为重要
的理论推进，其意味着，我们可经由一个新的途径，在"参与式"
行动层面上，把握理论中的法律知识与实践中的法律知识的关系。
第三章结尾，论及"本土法律实践的涌动"，及由此而来的"本土
法学知识的跃动"，亦为重要的另外理论补充，其意味着，此涌动
及跃动，在理解更广阔空间，包括民族国家对立斗争在内的理论知
识与实践知识的互动关系时，实为背景参照。第二章和第三章，均

1　Kantorowicz, "Savigny and the Historical School of Law", pp. 236, 334.

2　Barry Barnes, *About Science*. Oxford: Basil Blackwell Ltd., 1985, p. 113.

3　Lawrence M. Friedman, *The Legal System: A Social Science Perspective*. New York: Russell
Sage Foundation, 1975, p. 215.

涉及"中西法学关系"，且在"中西法学关系"的论域中，拓展本书主题。

　　这一章，仍与"中西法学关系"相关，结合"法律移植话语"，进一步展开分析。此"法律移植话语"，既是理论中的，也是实践中的，且准确说，其"理论/实践"的界线常难划分。通过"法律移植话语"个案的剖解，这一章将论证，理论中的法律知识和实践中的法律知识，总会面临"政治正当性"的抉择，换言之，作为话语的法律知识，当其需要表达，则总需在"政治正当性"追问中展现立场，申明态度，进而表达自己的"合法性"。对于本书主题，这意味着，我们需将"政治对话"的方案，在许多场景中，作为"理论中法律知识和实践中法律知识的关系"分析的延续部分，予以确立；进一步，对此关系的分析，需在"规范意义"（normative）层面上，即"应如何"层面上，加以展开。

一、问题和限定

　　法律移植的理论探讨，[1]由来已久。无论中国，还是外国，许多学者研究法律移植的可能性、条件、过程，及颇为语词化的

1　一般看，此理论探讨，包含较纯粹理论化的和相对功利实践化的。比较法或法律史的学说，可归属前者；法律变革运动中实践者表现的思考言说，可归属后者。本章未明显区别两者，因为，即使较纯粹理论化的探讨，依然可被置于广义的法律实践背景中加以考察，其若隐若现展示了实践动机。见后文。

定义等问题。[1] 在我看，这些问题均可探讨，且从法学知识的生产看，以往探讨亦富有成果，但过去研究，自觉或不自觉，常采用历史分析的角度，且不可避免从历史角度进入话语叙述，换言之，其常借助历史事件及历史过程的平台，阐述法律移植的"图画结构"，并似乎显示，只能如此。[2] 以往研究者常认为，仅在历史中才能开掘法律移植话语的理论资源，而其讨论目的，很大程度上，在于从历史经验中，论证法律移植的成功或失败的根据，以在历史档案中，寻求当下法律移植行动的正当性。[3] 此为一种"历史主义"。

这一章将论证，历史主义的法律移植话语，实际上不能解决法律移植的根本问题，尤其当研究目的指向未来时。法律移植，在历

---

1 尤其近代以来，法律移植，一直是各民族国家知识阶层的重要论题。此和法学中比较法知识话语的生产及法律史研究的再度活跃，存在重要关联。但更重要的，就实质而言，其和世界上近代民族国家的"现代性"进程存在更密切的联系。当民族国家需要变革或不得不正视变革的紧迫需求时，法律移植，便作为重要问题而呈现。而作为比较法或法律史话语一部分的法律移植论说，实际上亦隐含近代以来民族国家"现代性"前进的标记。这些话语或多或少，总提示法律制度如何通过"比较""鉴史"，进而走向世界统一化的法律制度目标，或某种先进法律制度目标。

2 世界上较重要、通过比较法或法律史作为表达方式的法律移植著述，已被大量介绍到中国，且已众所周知，其中可见这点。而中国法律移植著述的生产，亦十分可观，仅20世纪90年代以来发表的正式论文和著作，涉及法律移植的，相当一些即从历史化角度进行讨论。在中国近代及现代，或说20世纪50年代以前的近现代，更能看到，法律移植讨论如何进入历史及试图以史为鉴。作为突出的当代例子，可注意中国学者冯卓慧的《法律移植问题探讨》，载《法律科学》2001年第2期，第16—26页。这一文本，十分典型，完全从历史进入叙述。

3 关于法律移植研究总是"追求历史经验"的缘由，参见美国学者Daniel R. Coquillette, "Legal Ideology and Incorporation I–III". *Boston University Law Review*, 61 (1981), pp. 1, 315。

史时序中，特别是未来，正如某些众所周知的历史理论所暗示的，[1]
是一个或然性的"故事"。若坚持彻底的关于历史档案的经验主义
或实证主义，似乎只能承认，不存在有关法律移植的"现代性"必
然进程；[2] 只能承认，在法律移植的历史中及未来，"可能"是无
法消除的基本代码。以往采用历史平台展开的法律移植考察，一般
情况下，其意义，更多在于提供"信其则有、不信则无"的预测知
识及某种信心累积；其意义，甚至有时在于作为法学生产的理论消
费品，而为理论消费者所欣赏、品味，亦为未来更多法学再生产、
流通，提供可借助的"搭车"便利。[3]

　　论证历史主义法律移植话语具有困难时，本书将提供一个可
被修饰为"重要"的研究思路：对法律移植问题，较有意义的，
则是不应从历史问题的角度出发，相反，应从法律问题的角度。
此研究思路，将重提可能被忽略的重要命题：法律移植，是广义
"立法"活动[4]的一种表现方式；在基本层面上，可将法律移植视

1　如法国历史学者雷蒙·阿隆（Raymond Aron）指出，即使承认一条经济规律已被所有已
知的文明所证实，亦不能说明，其对未来制度均有效。对延伸至未来的所谓社会规律，
人们总需经过部分的认识而获得。参见雷蒙·阿隆：《历史的规律》，何兆武译，载张
文杰等编译：《现代西方历史哲学译文集》，第63—65页。类似言说例子，参见意大利
学者贝奈戴托·克罗奇：《历史学的理论和实际》，第46—61页；更典型的例子，参见
Karl Popper, *The Open Society and its Enemies*. London: Routledge, 1957, vol. 2, pp. 272–280。
在此提到"暗示"，因为，其并未直接讨论法律移植。
2　有关世界范围法律"现代性"进程问题的分析，可参见下一章。
3　在此，意思是，讨论者及知识分子，可不断借生产法律移植的"话语产品"，使法学
职业具有更多贸易场所，使法学职业的产品流通，获得更多、最终以物质资源赏赐作为
回报的实际占有。即使如此看待历史化的法律移植话语，依然可发现，其已渐进入"失
语"状态，新产品似乎已不是"新"的。关于"失语"，可注意，不论国内还是国外，
相当一些讨论具有重复性质，尤其是关于历史事例。笔者将其视为"搭车"现象。
4　关于广义的"立法"活动的含义，见后文。

为与立法活动同质的法律变革。这个命题，能使我们从另类角度，理解法律移植的本来面目，进而深入理解历史主义法律移植话语所存在的问题。

当然，此"历史怀疑"的论证及新研究思路的提供，将仅限于以法律移植作为标志之一的法律语境，不推而广之，且不可能如此。[1]我相信且乐意承认，非法律领域的历史化研究可能是成功的，或可以成功，只是不能为我所熟知。同时，应着重指出，这种"怀疑"论证及新研究思路的提供，就法律移植看，恰是一种另类的"认真对待历史"的立场表达。

论证历史主义法律移植研究的局限及法律移植的或然性，其目的，不在于在法律变革问题上，走向消极的"无为而治"的结论，或得出"等待日后自发革命、渐进、演化"的结论，[2]即所谓"本土化"。反之，其目的，是在"怀疑"论证及新研究思路提供的基础上，阐述社会共识的构建对法律移植的意义，阐述此构建与制度创新之间应有的合谋关系及其成功建构，对法律移植的引导价值。本章尝试推出一个结论：积极建构"社会共识"这一过程本身，或正在发动及行动起来的社会共识的砌筑，才是我们讨论法律移植的真正语境，而法律移植，在此过程中，才会展现成功理由，不论初始阶段，作为社会的一部分，或许是重要部分，法律、法学精英持

---

1 此亦为笔者非常谨慎参考前面提到的"一些众所周知的历史理论"的缘故，并请参见下文。
2 这种结论倾向的典型例子之一，即19世纪德国学者萨维尼的理论。关于其经典著述，参见Friedrich Karl von Savigny, *System des heutigen röischen Rechts*. Berlin: Veit und comp., 1840–1849；Friedrich Karl von Savigny, *Vom Beruf Unserer Zeit für Gesetzgebung und Rechtswissenschaft*. in: Einf. von Hans Hattenhaue, *Thibaut und Savigny : ihre programmatischen. Schrifte*, München : Vahlen, 1973。

有的是"应法律移植"的态度，还是相反。此意味着，"积极行动"十分重要。

　　这一章，另继续强调"应从法律问题角度看待历史"的思路；更重要的，提供一个在我看颇为关键的理论基础——"法律与政治"的应然关系。[1]我相信，并会细致论证，"法律与政治"的应然关系，不仅是理解历史主义法律移植研究的困境的又一关键，且是理解"正在发动的社会共识建构"的逻辑前提。就后者言，如果更准确描述，则可指出，"正在发动的社会共识建构"，是这种应然关系的逻辑延续。当然，此论证将依然仅限于以法律移植作为标志之一的法律问题，不会且不能，涉及其他非法律领域。

　　首先需说明，后文亦会继续论述，针对法律移植问题，上述"社会共识建构"不同于"法律移植条件"的一般性讨论。后者讨论，在学术界及社会领域，十分常见，常伴有"如果条件具备或否，则应如何"的条件式陈述，属于历史主义的一种话语模式。[2]其中常提到，如"已具有社会共识"，则法律移植的条件之一即具备，且可能成功。相反，本章力图将"社会共识建构"的分析，置于"法律与政治"的应然关系中，以期论证，当下行动中的"积极建构社会共识"，如何可成为"谈论法律移植的真正语境"。换言

---

1 法律与政治的关系，为学者熟知。这里所说的应然关系，指某种主体期待的一种关联。
2 因其不可避免涉及且依赖历史事例铺垫，从历史"经验"进行概括。作为较典型的例子，可注意刘研的《以日为鉴：浅谈法律移植的制约因素》，载《黑龙江省政法管理干部学院学报》2002年第3期，第137—138页。

之，在"法律政治学"的背景中，[1]本章将凸现正在发动的社会共识建构的谱系、前进目标，以及这种建构和讨论法律移植的真正勾连。本章强调，当下或许没有社会共识，但行动起来以建构，并积极参与，才更重要。

另需说明，不能认为，通常议论的相对法律移植而言的物质化、制度化本土基础，不重要，可舍弃，但本书将论证，当法律移植问题开始进入我们视域，甚至仅在开始时，上述社会共识"现在进行时"的建构，或话语运作，相对这些基础，则更重要，甚至是决定性的。此外，本章还将说明，社会共识的建构历程，就法律移植问题而言，如何不同于所谓的"法律意识建设及提高"等一般论述，后者意在"启蒙"社会公众，意思是社会公众需在引导下，提高法律观念、法治意识，以利于法律移植。许多情况下，后者隐藏了在法律移植问题上不适度的法学知识精英的先锋情结，丢失了法律政治学所能提供的"政治平等对话"的反省意识，而本章所依赖的叙事进路，在若干方面，寻回这种意识。

二、法律移植的或然性

历史中的法律移植事例，不胜枚举，其中既有成功的，亦有失败的，不论移植以他者殖民主义的方式展开，或以本土自觉接受的

1　本章中，"法律政治学"一词具有两个含义。其一，指"法律与政治的关系"的思考及理论。其二，指法律与政治的相互依赖关系。

方式展开。[1]相对已"凝固"的历史，通过历史档案的搜寻、链接，无人否认，可建立法律移植成功或失败的背景框架，以及移植后成功或失败的法律与背景框架之间的所谓"必然"联系。

但如某些历史哲学理论所暗示的，[2]在这里，我们应注意一个问题。

尽管"必然"，或存在因果联系，某事件的确引发或阻碍法律移植的产生，但未来时序中，同一"因"在社会场景中再次出现时，未必导致类似"果"。[3]未来法律移植事件，作为具体时空现象，并不必然紧跟已经或可能出现的某一事件；法律移植的最终结果，就未来而言，总不确定。人们所以相信特定条件可在很大程度上保障或拒绝法律移植的再次呈现，其原因在于，这种历史考察，常会落入休谟（David Hume）提到的因果认识的心理定势，[4]而此定势，缘于成功或失败的法律移植，有时的确呈现了许多事例。[5]亦可简略认为，从历史进入以展开法律移植的研究，易

1 有关这两种移植方式的较具体生动的例子，可参见勒内·罗迪埃：《比较法导论》，徐百康译，上海译文出版社1989年版，第11—19页，亦可参见F.P.沃顿：《历史法学派与法律移植》，许章润译，载《比较法研究》2003年第1期，第121—122页。
2 这里指本章前面注释提到的如雷蒙·阿隆、贝奈戴托·克罗奇和卡尔·波普尔（Karl Popper）等人的著述。
3 对历史学中因果观念的批评性学理分析，可参见英国历史学者George M. Trevelyan, *Clio, A Muse and other Essays*. London: Longmans, Green and Co., 1930, p. 142以下。屈勒味林（George M. Trevelyan）通过具体事例，富有启发且细致分析了这种观念的逻辑症结。
4 参见休谟：《人类理解研究》，关文运译，商务印书馆1982年版，第26页以下。当然，休谟并不否认，此心理定势具有一定社会实践意义，参见休谟：《人类理解研究》，第43页。
5 不论成功序列，还是失败序列，逻辑上，应该数目繁多。但需注意，相当一些序列，在历史文本（这里包含文字、传说、遗物等）中，并未被记载。历史的"记载"，总是部分的。

陷入经验教条。[1] 而关于"并不必然",或"不确定性",即使不论未来,仅回望历史,亦能有所发现。如 16 至 17 世纪,罗马法因"偶然性"因素,即未在英国成功移植。从此例看,根据德国学者茨威格特(Konrad Zweigert)和克茨(Hein Kötz)的讨论,英国 16 至 17 世纪,都铎王朝、斯图亚特王朝时期,议会和国王冲突激烈,前者希望限制君主制,后者则主张绝对的君主制。其时罗马法移植,具有非常有利的条件。其一,移植设想已获得保王群体的热烈支持,因为,罗马法的一条原则宣称,"凡国王所喜欢,即具有法律效力",此原则,可强有力配合保王群体的政治主张。其二,普通法(Common Law)已日渐衰落,除旧皇家法院外,另出现新皇家法院和准司法机构,特别是"星室法庭"(Court of Star Chamber),而"星室法庭"专司政治犯罪,这些后来建立的法院直接贯彻国王意志,并正在采用罗马 – 教会法模式的诉讼程序。其三,新法院任职的法官、律师,曾在英国大学接受大陆法知识的教育,且 1511 年以来,形成一个特殊行会——"博士院"(Doctor's Commons),与大陆法的"民法知识传统"彼此对应。其四,知识界的氛围,亦有利于罗马法移植,即法律职业之外的僧侣和其他人士,非常热衷文艺复兴、人文主义运动,对普通法的"原始"和"形式主义"多有怨言,赞成采用他们认为较明确、易掌握的大陆法。故其时,相当一些人相信,罗马法移植应该且可以成功。但移

1　当然,许多学者并未完全相信绝对的"因果联系",但其本身所从事的话语探讨,因为历史化,故总是显示了"经验情结"。

植失败。[1]

在我看，作为法律移植的历史观念（仅限于法律移植问题），"并非必然"或"不确定"的观点，应该较易接受、理解。

因为，首先，从更广泛、相互影响的社会因素函数的角度看，许多潜在可能因素，作为法律移植的影响函数，人们常无法预先得知，其有时尚未出现，或十分隐蔽，在后来时间序列中，完全可能挫败人们在历史经验中获得的"预见谱系"，使预见或预测，处于成功/失败的双重可能。关于无法预先得知的潜在可能因素，我们完全可在自己今天身处其中的情景里，有所发觉，甚至多有体会。我们均有这样的经验感受，即当下许多"可能"是未知的，对某些事件，当偶然因素出现或发挥作用时，我们会"不解吃惊"，或"恍然大悟"，发现其居然影响了事件的变化、方向，发现原来即使是今天，我们亦尚无能力知其全部。[2]

其次，再从今天看，"试点"这一关键词，同样指示影响函数的复杂。频繁使用"试点"一词，并在实践中频繁采用"试点"，如在中国试行诉辩制、证据开示及晚近的"刑罚量化制"，并非因为我们对现世中的相关因素知之甚少（相反，实际上非常了解），而是因为，我们终究不知还有多少另外影响因素，尚未进入我们的知识视野。未来的影响函数的复杂，不能使我们离开"试点"这一

1　参见K.茨威格特、H.克茨：《比较法总论》，潘汉典、米健、高鸿钧、贺卫方译，潘汉典校订，贵州人民出版社1992年版，第354—355页。
2　补充一点。理解过去事件，重要的，则是采用"像今天当事人理解今天事件一样的方式"。如此研究角色转换，可使我们更好"体验"、深思过去微观历史中事件发生谱系的复杂。

制度试验机制。

　　再次，微小事件，即使再微小，微不足道，亦有可能在法律移植历史游戏中发挥至关重要的作用，凭"以小致大"的方式，参与法律移植的历史过程，或隐喻称，实施黑格尔（Georg Wilhelm Friedrich Hegel）式的理性的狡计。换言之，即使现在认为的所谓重要历史事件，在当时历史环境中，完全可能被认为并不重要，甚至微乎其微，但其却影响了法律移植的历史时间、方向。就此层面看，可再次注意罗马法未在英国移植成功的例子。其所以失败，在英国著名法律史学者梅特兰看，则在于一个被当时许多人忽视的"很小因素"，即法律法语（Law French），此语言真实阻碍了罗马法的移植。[1]

　　现提出进一步的问题：上述讨论，是否为历史话语的虚无主义？

　　在我看，法律移植的具体语境中，这种认识和一般历史话语的虚无主义，并无关联，相反，其为认真对待历史。因为，通过法律语境的独特性质反观历史，便可得出这种"认真"认识。应看到，逻辑上，讨论法律移植问题时，本土法律已是当下存在的制度事物，没有本土法律，我们不可能谈论法律移植，而在"本土法律已是当下存在"的前提下，亦应看到，法律需解决的问题是社会相异、多样所带来的纠纷或冲突，故各种各样的利益交叉，及由此繁衍的利益纷争，势必存在，法律不断生产的必要性亦会

1　有关梅特兰的原文解释，参见James B. White, *The Legal Imagination*. Boston: Little, Brown and Company, 1973, pp.6–7。

产生，社会相关因素函数，从而是复杂的。¹其实，有理由断定，本土法律的不断生产，甚至仅"存在"，已表明社会相关因素的函数复杂，否则，我们看到的更多只能是以习惯、习俗来表达的社会规则。亦可认为，本土法律的不断生产，和社会相关因素的函数复杂，相互依存，互为印证。故深入理解法律移植的多元可能，即为认真对待历史；所谓历史怀疑，针对法律移植，且在法律语境中，可能正是依据历史唯物论，将法律与历史有机结合起来的叙事宣扬。

当然，提出"并非必然"或"不确定"的观点，并对之加以论证，并非意味着历史主义法律移植研究全无意义。其可提供较多的可测信息，进而可发挥"思想节约"的经济原则，使人们在分析当下法律移植问题时，可较迅速推进思考，并增添知识化的信心累积。但仅此而已。因为，无论可测信息、节约原则、迅速思考，还是信心累积，终归无法提供因果必然关系的充分依据，而信息累积带来的信心累积，如果我们谨慎、清醒，则能发觉，其通常是种信仰化的"憧憬"展现，未严肃关注"法律与历史"的原有复杂。进一步，其无法触摸从而解决法律移植的根本问题。

三、历史主义法律移植研究的主观性

仅从研究对象出发，揭示其中"或然性"，以分析历史主义法

1　许多众所周知的法学著述，探讨过法律与利益纷争的关系。在此，笔者更强调这样一个概念：利益纷争总引发进一步的事物复杂，尤其是事物相关因素的函数复杂，故法律变化的意义亦凸显，法律得以最终不断生产。

律移植研究所存在的问题，是不够的。我们还需从研究主体切入，考察其主观思想过程，分析另方面的问题。

我们应注意，展开历史化法律移植研究时，人们的建构，并非在纯粹经验、实证的意义上展开；相当程度上，其在主观价值背景中展开。此意思是说，如某些历史著作表明的，历史档案中的材料，是经由我们阅读者和写作者进入我们的言述之中，而此阅读和写作，无法摆脱特定的价值判断。[1] 如此说，并非简单重复人们熟知的尤其以阐释哲学[2]为代表的阅读理解理论在历史领域中的基本观念，而是意在提示，法律的独特语境，使法律移植与背景关系的建构，极难摆脱法律价值判断的前提干预。法律移植的历史研讨，依赖法律移植的现实背景，而其中，存在或接受或拒斥法律移植的复杂，亦包含可能引发的实践利益的得失；即使十分纯粹的学术理论探讨，如一般化的比较法或法律史言说，

---

[1] 如美国学者C. 赖特·米尔斯（C. Wright Mills）曾提出：不同时代，历史学家的研究往往区别很大，其原因一方面，在于后来研究依赖的新事实或新资料的增加，另一方面，则在于人们兴趣、建立记录的框架发生了变化，而兴趣和建立记录的框架，是从无数可得的事实中作出选择的依据，同时亦为对这些事实进行解释的依据。参见C. 赖特·米尔斯：《社会学的想象》，陈强、张永强译，三联书店2001年版，第156页。德国学者曼海姆亦认为，在某些社会历史知识领域，某一个特定的发现，必然包含认知者立场的痕迹，此应认为是正确的，且不可避免。尽管曼海姆主张，许多立场角度的增加，可增进认识的客观性。参见曼海姆：《意识形态和乌托邦》，艾彦译，华夏出版社2001年版，第355—356页。

[2] 此主要指20世纪50年代以后，西方哲学解释学的理论，如人所共知的德国哲学家海德格尔（Martin Heidegger）、伽达默尔等人的学说。

亦如此。[1]换言之，法律移植的历史研讨，通常看，总会映射特定区域特定社群对法律移植的态度，而各种态度的相互关系，或紧张，或对立，其背后是利益冲突的多重谱系。极难想象，没有法律移植需求及对法律移植的不同实践态度，人们仍会研究法律移植。

关于这个问题，可考察作为例子的近代德意志法律移植实践及其法学争论。

19世纪初期至中期，以法国陪审制、程序公开制和法典编纂为代表的系列法国法律制度，对德意志颇具移植吸引力，但德意志法学家却争论激烈。这些争论，不仅是关于具体实践的，而且包含了如法典主义（蒂博［Anton F.J.Thibaut］为代表）、历史主义（萨维尼为代表）、日耳曼主义（由日耳曼学派［Germanistik］提出）、罗马法主义（由罗马法学派［Romanistik］提出）的理论表达。争论涉及两个层面：其一，过去，主要是18世纪末19世纪初，已移入德意志的法国式制度，是否成功；其二，继续移入是否应当，而继续移入的问题，后集中演变为借鉴法国民法典的某些因素以制定另类德国统一民法典，是否应当。

仅从前一层面看，德意志法学家内部，即分为多派。19世纪初若干年，德意志西部、南部某些地区，已相继采用法国制度模

式，而有学者认为，借鉴是成功的，有学者则否定。根据当代重要
学者的研究，对 19 世纪初期已出现的德意志移植法国法律制度模
式所展开的学术争论，其背后，存在许多重要冲突。首先，民族情
结是重要问题，其时德意志对法战争失败，民族自尊情绪颇为盛
行，而接受法国制度，在某些人看，即损害了德意志的民族尊严，
但某些人不以为然，其认为，必须"知彼知己"，学习法国制度。
其次，对法战争后，德意志南部出现新兴的近代官僚阶层和法律家
阶层，这些阶层，和当地商业阶层联系密切，故愿意推行法国法
律制度中的保护个人自由、程序平等、法典文本等理想，但德意志
其他地区，则是较为保守的传统贵族占据主要统治地位，其对等级
制度、地方习惯，依然至为青睐。再次，"小统一"和"大统一"
的观念出现矛盾，即由于德意志西部、南部某些地区出现了法典编
纂，有人便希望地方性法典编纂可保持地方统一，抵御以普鲁士邦
为代表的全德统一，有人则希望全德统一，认为法律制度应是全德
性质的，而地方性法典编纂，会破坏全德统一理想。最后，引入法
国法律制度及进行法国式的法典编纂，事实上可为新兴法律职业带
来可观的行业收益，此阶层，希望通过法典编纂，以顺利掌管法律
知识，避免零散地方习惯所引发的法律适用的收入转移，而传统的
诸侯法律适用者，则希望继续把持地方性优势的法律统治。概言
之，恰是上述四个方面的背景，激发甚至主导了当时德意志学者对
法国法律制度移植成功与否的激烈争论，包括相关一般法学理论的

争论。[1]

这意味着，支持或反对一种法律移植，显然并非因为把握了法律发展历史的必然规律，进而要求自己，必须或不去踏上一类法律移植带来的"火车前进"；而是因为，法律立场的价值姿态、要求，其背后的利益斗争，以人们自觉或不自觉的方式，影响法律移植观念，更重要的，法律移植的结果，正在引发某种利益的获得或丧失。也恰在此意义上，当思索应接受法律移植时，人们总会倾向搜寻历史中有利法律移植的档案资料，反之，则会另样。[2] 而历史中曾存在的法律移植档案材料，已浩如烟海，其本身已蕴藏相互对立、排斥，且不胜枚举，同时其本身，我们亦难在认识论的意义上穷尽；更重要的，其本身，为我们提供了以某种方式（自己青睐的）而非另种方式（自己不喜的），搜寻、链接自己欲求的档案资料的机会。

此外，就"法律移植研究的主观价值背景"这一问题而言，深入看，我们应注意，有关法律移植的历史探讨，尤其带有普遍性结论的，不是也不可能遵循这样一种程式：首先，从经验的法律历史材料开始；然后，选择自认为重要的研究对象；最终，得出具有价值意义的应否法律移植的结论。因为，逻辑上，遵循这样一种程式，十分可疑。我们可追问，如何可能在穷尽所有的法律移植历史

1　参见Michael John, *Politics and the Law in Late Nineteenth-Century: The Origin of the Civil Code*. Oxford: Clarendon Press, 1989, pp. 15–26。

2　作为例子，在中国近现代关于"西方法律是否应移入中国"的争论中，即可看到，给人印象深刻的，则是赞同一方不厌其烦引述19世纪日本、土耳其等国情形，反对一方，则常提到19世纪上半叶德国等国情形。

资料之后，再做选择，以得出结论？而事实上，如果真要彻底穷尽，则选择、结论，只能"永远处于等待"，成为"彼岸"。此从另一个角度说明，为何法律移植的历史研究，常是"主观价值背景化的"，同时，亦从侧面说明，为何通过法律移植历史研究而得出的结论，"针对未来是或然的"。

继续讨论。

有人或许认为，法律移植的历史中，可存在重要、关键的观察线索，故通过重要、关键的表象深入，便可把握法律移植的某种规律，此可避免主观性。但该看法不能成立。因为，其同样需面对自己身处其中的法律斗争背景。通过背景的复杂，此观点将势必发现，自认为是重要、关键的，在他者看，极可能次要，或微不足道，而且，其自己无法具有说服力地证明自己观点，否定他者。[1]同时，又需看到，"重要""关键"等关键词，在法律斗争的语境中，属于人为建构，是在我们的背景知识、利益关注中，被赋予主观意义。[2]针对法律移植，其非"永恒不变"。

另有人或许认为，结构功能的观念，如将历史中法律移植背景条件的分析对象予以编织，使之结构化、系统化，并解释相互关系，便可揭示法律移植的内在规律，亦可论证法律移植的可能与

---

1 对于此问题，可注意贝克尔：《什么是历史事实》，第236页。
2 在这里，同样可注意贝克尔在《什么是历史事实》中的论述，见贝克尔：《什么是历史事实》，第237—238页。另见前面两章的相关分析。

否，此从其他角度，可避免"主观判断"。[1]但该观念，实际上是
"分散式"历史因素分析的变相表达，亦为历史上曾出现的"有
机"社会概念[2]的一种"缩写移植"，[3]且无法成功。因为，可清晰
发觉，在法律背景中，"何种要素可成为结构的一部分""何种要
素不能成为"等问题，可不断争论，而其与所谓"有机"对象的类
比，本身亦需加以论证。在此，甚至可直接认为，结构功能的有机

---

1 美国学者萨德曼（Robert Seidman）提出过较典型的论述。他认为，在法律移植中，存在"不可移植"的规律。因为，规则所引发的活动针对任何场景都是特别、具体的，我们根本无法期望，一项法律规则从一个文化移入另外一个文化，可具有同样作用。参见 Robert Seidman, "Administrative Law and Legitimacy in Anglophonic Africa: A Problem in the Reception of Foreign Law". *Law and Society Review*, 5 (1970), pp. 161, 200–201。另外相似观点论述，见J.N. Lyon, "Law Reform Needs Reform". *Osgoode Hall Law Journal*, 12 (1974), p. 421。英国学者沃特森（Alan Watson）对结构功能观点提出过尖锐批评。他认为，法律规则一旦产生，完全可脱离特定的制度环境而独立生存。参见Alan Watson, "Legal Transplants and Law Reform". Law Quarterly Review, 92 (1976), p. 79；Alan Watson, The Making of the Civil Law. Cambridge, MA: Harvard University Press, 1981, p. 181。值得注意的对沃特森批评的反批评，可参见Peter Stein, "Uses, Misuses and Nonuses of Comparative Law". *Northwestern University Law Review*, 72 (1977), p. 198, 及新近的一个中文译本，德国学者伯恩哈德·格罗斯菲尔德：《比较法的力量与弱点》，孙世彦、姚建宗译，清华大学出版社2002年版，第76—77页。
2 有关"有机"社会概念如何开始出现在社会科学的讨论中，参见乔纳森·H. 特纳：《社会学理论的结构》，吴曲辉等译，浙江人民出版社1987年，第44页以下。有关"有机"社会概念进入法学领域的一个近代例子的分析，可参见美国学者Mathias Reimann, "Nineteenth Century German Legal Science". *Boston College Law Review*, 31 (1990), p. 877。
3 这与法律移植定义的分析有关。一般而言，定义问题主要集中在"是否有机"。"有机"观点，是一种生物学或医学话语的法学位移（更主要是后者）。"无机"观点，是一种"自然分散"的观点。仅就定义看，人们似乎赞同"有机"观点，认为法律移植存在"制度的相互勾连"的问题，法律制度像"生命"一样，其具体部分的位置变化不能孤立看待。此亦为"法律移植过程"问题的"结构功能"话语的一个概念预设。国内大多数学者，只要涉及"法律移植"定义的叙述，基本赞同"有机"观点。

或无机的概念，如同前述 19 世纪德意志各种法学主张的法学观念，作为理论话语，本身即基于我们的法律移植态度，或我们认为"需要或拒绝这种法律"的立场，而产生。[1]

四、法律移植与"广义立法运动"的实质关系

指出法律移植历史研究背后的价值立场问题，尽管必须，但并非"如何深刻"，故需进一步分析，而进一步分析，依赖一个重要问题的挖掘：法律移植和广义"立法"，或更广泛的法律变革，究竟是何关系？

关于法律移植和广义"立法"或更广泛的法律变革的相互关系，以往学者，曾有触及，但仅为触及，因为，其"触及"式讨论，主要从"法律移植的方法和途径"角度出发，如法律移植的立法、司法、理论等方式或途径。[2] 在此，这一节的目的，并非重复这样的观点，而是尝试指出，法律移植和广义"立法"运动、法律

1　一个有意思的现象是，当讨论"法律移植条件是否具备"，或讨论法律移植过程时，不少法学文献，并未坚守法律移植的"有机"定义观点。显然，严格的"有机"定义要求：移出地和移入地，至少在结构功能上，是相当一致的。不少法学文献，主要谈论移植将会产生怎样的具体效果，而非移入的具体法律制度是否符合了"有机"的要求。这里涉及的理论困境——在假定"有机"定义后，几乎很难澄清在具体的一个法律体系中，究竟哪一部分是"结构功能"性的——是一个重要因素。换言之，生物学或医学话语的法学位移，未经严格逻辑的论证，既是一个较简化的"类比"，又是一个以"社会有机"的想象作为前提的"类比"。"社会有机"，仅为不能论证的一个观点。"社会无机"，同样仅为不能论证的一个观点。故在这里，存在可无限争论的空间，而不自觉地进入"移植将会产生怎样的具体效果"的讨论，亦十分自然。

2　例子，参见申政武：《日本对外国法的移植及其对我国的启示》，载《中国法学》1993 年第 5 期；张德美：《浅论法律移植的方式》，载《比较法研究》2000 年第 3 期。

变革的某种隐蔽关系为何，尝试揭示，法律移植的实质特性何在，其实践本身的价值态度立场何样，另深入揭发，法律移植历史研究的价值态度立场问题，其关键是什么，进而从特定角度论证，通过法律移植历史研究而得出的结论"针对未来是或然的"，其为何不可避免。我还将指出，并展开讨论，廓清两者的相互关系，是理解法律移植的一个核心向度，同时，又是开辟法律移植研究思考"未来应如何展开"的激励路标。

作为观点，我认为，法律移植实际上是广义的立法运动、法律变革乃至更"耀眼"的法律革命的"代用词语"，换言之，法律移植的实质，在基本层面上，和广义"立法"是同一的。而如此认为，因为如下两个理由。

第一，可清晰发现，法律移植的讨论，总会（尽管不完全会）涉及两个相互对立的假定前提，即"应法律移植"/"不应法律移植"，不论涉及时提出的观点，是正面肯定，如"条件具备可移植"，还是负面否定，如"条件不具备故不能移植"，或仅是完全肯定或否定，即根本应移植或不应。需指出，这样两个对立的假定前提，与其他"应然"的法学或法律实践问题，存在互换性质。此意思是，法律移植，常是变相的其他法律实践或法学问题，如"是否应制定、补充、修改、废除法律""是否应通过司法以弥补法律""是否应法律变革"这些问题，其一种表达方式。因为，我们能明显看到：其一，法律移植的最终结果，只能通过制定、修改、废除法律或某种司法解决的方式，加以实现；其二，谈论法律移植时，人们总会期待"如何实现法律变化"这一实践目标。正是在此，法律移植的言说，总是一种以其本身的话语装饰，展开有关制

定、补充、修改、废除法律的理论操作，其希望以理论方式表达，
"是否应通过司法来弥补法律""是否应法律变革"。作为例子，
就中国而言，显然易见，当讨论陪审团制移植时，我们不正在寓
意，"诉讼中是否应建立陪审团制度"？而当讨论判例法移植时，
我们不正在寓意，"是否应建立法院判决的遵循前例制度"？即使
讨论一般化的法律移植问题，我们不也是正在寓意，"进行法律变
革时，是否应考虑外国法制经验"？

　　第二，反向看，在广义"立法"中，或在总体上进行法律变革
时，一般说，均存在一个广阔的争论背景。一条法律规定，一项法
律草案，或一个司法活动，均可能引起人们的不同主张，或赞成，
或反对。这个背景提醒人们注意，法律移植的要求，极可能（当然
并不必然）是背景中的不同主张中的一个，且有时（此当然更重
要）是以一种制定、补充、修改、废除法律的意见，或一项法律草
案的建议的方式，直接表达自身。换言之，法律移植常以一种"域
外制度较先进"的论证言述，来掩护关于法律变革的争论背景中
的一个广义的"立法式"主张，或直接和一个广义的"立法式"
意见，形成公开的合谋关系。对此，可注意两个十分明显的具体例
子，其为法国学者勒内·罗迪埃（René Rodiere）所提到。前一例，
即 20 世纪初，法国移植国外"带工资休假"法律制度；后一例，
即 20 世纪上半叶，法国移植国外"社会保险"法律制度。前一例
中，当时法国，本身已出现激烈争论，即争论如何通过立法协调雇
主与雇员之间的经济利益。有人认为，允许"带工资休假"，是对
雇员利益的一种保障，并提出理由加以论证。有人主张，如此会对
雇主造成负面激励，对雇主利益亦为损害，同时提出了自己的观点

依据。另有人则认为，最好通过契约方式解决问题，同时说明，这样如何可简便易行。恰在此时，有人提出，国外实施的"带工资休假"制度为成功经验，引入借鉴，是可行的。而后一例中，当时法国，本身同样已争论如何在具体层面上，建立社会保险制度，毕竟，社会保险问题，已迫在眉睫。人们同样提出不同观点，且从不同角度，论证自己观点的正确。这时，有人提出，整套的国外运作有效的社会保险制度机制，其移植是适宜的。[1]通过此两例，我们可清楚看到，法律移植的主张，如何可成为一个广义的"立法"主张，以及如何以"域外较为先进"的言述方式，掩护诸多不同广义"立法"主张中的一个。

　　故完全可以，且很有必要，从广义的立法运动、法律变革乃至更"耀眼"的法律革命的角度，以理解法律移植的表征意义，进而深入理解法律移植的实质特性及其内在逻辑。进一步，若如此理解，则显然可发现法律移植实践中的价值态度立场问题，进而可从另一更深角度，理解与此相关的法律移植研究的价值态度立场问题，揭示其中价值斗争的复杂。

　　就价值态度立场问题看，毋庸置疑，法律变革的任何主张，即使以"来自域外的法律制度"话语作为表现形式，亦常包含我们本身的一个法律变革的价值倾向，或一个广义的"立法式"主张的价值倾向。作为例子，就中国而言，我们赏识或不屑的"法庭诉辩制""财产信托制"，我们赞叹或贬抑的"证券交易制""财物拍卖制"，尽管总明显表现在域外的法律制度之中，

---

1 参见罗迪埃：《比较法导论》，第32—33页。

或来自其中，但其之于我们，其所引发的我们态度的产生，则常和我们对制度变革、广义"立法"的价值预期，密切相关。一方面，或许因为发现，政治、经济、文化中缺乏了某种因素，或根本就不需要某种东西，或者，因为发现，具有或没有某种制度从而导致我们社会的政治、经济、文化运作出现，或幸亏没有出现某种结果，故我们产生了价值预期，我们希望，制度应以此种而非另种方式加以变革，应以这种而非另种方式加以"立法"，我们希望，在法律移植中，发现这些价值预期的解决方案。另一方面，当赏识或不屑，赞叹或贬抑时，我们总会结合自己的现实制度条件、制度效果，最重要的，结合在政治经济文化上"我们究竟需要什么"这一价值问题，以论证自己态度的产生理由，进一步，论证法律移植是否应当。我们不会，且几乎从未真正出现过，仅在纯粹移植、多种制度选择的意义上，空谈外来制度如何。历史中，曾出现过的"法律移植讨论"众多现象，尤其实践中，几乎均表现出和本土内部法律变革，或广义"立法"上的价值意义的斗争相互联系的事实谱系。有关法律确立与否的价值预期，及由此而来的价值斗争，几乎从来均蕴涵在我们的法律移植态度中。

当然，笔者首先不否认，且不可能否认，存在某些外来的纯粹制度形式上的"移植"，如黑色的法袍、白色的假发、典章的文字，律文的结构。在此，笔者的确承认，如同人的肤色存在差异一样，法律表达的形式有时亦存在明显差异，故存在一个明显的移植问题。但即使仅就这种形式而言，我们依然可发现，其中常包含了隐蔽、实质内容的法律变革进而广义"立法"的价值主张。因为，一般情况下，在移入这些外表形式时，人们显然不会简单因为其形式上的独特观赏功能，或其形式上的可有可无的一类"方便"，而采取移入行动。正因为，这些外表常包含了法律的实质意义，如黑色的法袍象征法律肃穆公平，故其即具有了移入的真实价值。也因此，其移入，包含了法律变革的实质内容，进而形成了一个广义的"立法式"价值主张。

由此，可概括得出一个重要结论：域外法律制度是否移植，一般情况下，自然不是"纯粹性质"的，即从一个"已存"地方，走向一个"没有"地方。倒转看，当结合本土制度条件或制度效果及自己的价值观念，以讨论一种移植问题时，我们的制度设想和期待，常已悄悄进而深深"嵌入"了法律移植话语之中。换言之，在广义的法律变革这样一个事物中，或在广义的"立法式"活动中，实际上，总难想象，存在一个"纯粹外来的法律制度模式"，此制度模式，可外置从而跃离法律变革或广义"立法"的活动范围，或者，不是一类法律变革或广义"立法"的具体价值主张。进一步，我们可如此看问题：当一种和域外法律制度看似勾连的法律变革或广义"立法"活动，在其主张成功或失败时，与其认为，此为"法律移植的成功或失败"，此为法律移植的条件完全成熟的结果，或条件尚未具备的结果，不如直截了当指出，实质上，其为某种已深藏于我们法律价值倾向之中的本土法律变革，或广义"立法"的主张的成功或失败。问题的关键，完全可在于相反的言述："法律移植的成功与失败"，其实质，常是某种本土法律变革主张，或广义"立法"主张及其价值的成功与失败。

亦由此，便能更深入理解本章第三部分揭示的一个重要问题：在法律移植的实践讨论及理论讨论中，为何当思索应接受法律移植时，人们总会倾向搜寻历史中有利法律移植的档案资料；反之，当认为应拒绝法律移植时，为何人们总会倾向发掘历史中不利法律移植的档案资料。此外，我们且能解释另一重要而有趣的问题：在法律移植的理论讨论或实践讨论中，为何总有些域外的制度，被"记住""提升""重视"，而另一些被"遗忘""搁置""忽略"？其实，在此，当看到法律移植的实质特性时，亦可看到历史主义法律移植研究与广义"立法"价值问题的勾连关系。

五、法律与政治

如看到法律移植的实质特性，以及法律移植和广义"立法"价值追求的密切关联，看到法律移植研究，不可避免出现上述"偏见"（不含贬义），则我们另能推出更深一层的结论：法律移植，作为要求，某些情况下，甚至更多情况下，不过为运用"号称先进制度"的一类鼓动话语，以激励各类制度设计中的一个政治主张。在此，"法律移植是应该的"，其言说论证，实际上是一种以法律变革，或广义"立法"作为装饰的"政治压力"的策略表达；实际上，是一般性的法律变革或广义"立法"的一种正面（或负面）的"政治压力"的展示方式。通常看，我们的确难想象，存在一个"纯粹域外的法律制度模式"，以及由此而来的一个"纯粹的域外法律移植"，而其中，并不存在一个"政治化"的本土法律变革与否、本土广义"立法"与否的斗争策略。法律移植，其和当下的

"政治"设想，密切纠缠，甚至正是当下"政治"设想的一个组成部分。[1]

为理解此"政治化"，可再回到前面第三部分提到的一个历史情景，即 19 世纪初期，德意志若干地区如何移植法国法律制度。其时，赞同移植一方，至少其中部分人，认为地方性的移植法国法典方式，可有效协助政治上的地方统一，而反对移植一方，认为地方性的移植，会阻碍德意志的全国统一。颇为有趣，即使反对移植的一方，其中相当一部分人，又期待将来在全德意志范围内移植法国法典模式，如此，即变成在反对"小"移植时赞同"大"移植。另一方面，新兴法律职业阶层和官僚阶层，希望通过移植法国法律制度的方式，以实现法律知识的专业占有，并实现地方权力及阶层权力的再分配，进而获取更多政治利益，包括经济利益。所有这些，无一不在透露，作为广义"立法"斗争欲望的"政治化"。

从此更深一层的结论出发，我们可更深入理解另外四个与法律移植密切相关的问题。

第一，一种法律制度的设计，即使披上"来自先进国家（或地区）"的话语新衣，亦同样可能因为争论，或复杂的社会政治斗争，或复杂的思想观念冲击，而成功或失败。当然，如此情形，作为历史现象的呈现，对研究法律移植的人而言，几乎耳熟能详。本章提到这种情形，并非意在重温历史经验。本章目的，则在于提示这种情形所能表达的一般含义，即法律移植，尤其以本土自我接受方式表现出来的，其潜在包含的"先进域外制度"

---

1 提到这点，对本章后面的社会共识建构的论证，十分重要。见后文。

寓意，不会因为其所谓的先进寓意，便可产生"现代性"[1]的域外位移，必然进入所谓落后的本土；[2] 亦不会因为其所谓的落后寓意，便可产生"前现代"的域外阻抑，必然退销所谓落后的域外。在此，并非所谓的"移植条件"是否具备，而是法律语境中的当下"政治化"的复杂斗争，既可能使具体的法律移植"顺产"，也可能使其"流产"，尽管，"顺产"或"流产"的方式，可能是不同的。就移植先进法律制度如何"流产"而言，对中国法律人来说，整部中国近代史，甚至现代史，其中可能包含了最刻骨铭心的例子。

　　第二，一种乐观的"目的论"式法律移植主张，可能需要我们慎重对待。这种目的论式主张认为，不论时间长短，先进法律制度，必然会从文明的域外走向落后的本土，或世界各个民族国家，总会朝向一个完美的法律制度迈进。[3] 我认为，在这里，重要的并非是历史过程是否曾讲述过这样的"故事"，以及针对这样的"故事"，是否可发现，不同历史观察者会提出不同意见，而我们亦会读到"故事"的不同版本；重要的，在于如果相信这种"故事"，则可能或消极等待这种"故事"呈现，放弃适度积极的行动，或盲目坚信一条道路即为"康庄大道"，不遗余力追求目标，进而忽视当下我们自己的真正需求，以及与我们共享相同时空的他者需求，

---

1 本文中，"现代性"一词主要指社会历史的总体直线性的进步。参见下一章。
2 有学者的确认为，后进法律制度的国家移植先进国家的法律制度是必然的。参见何勤华：《法的移植与法的本土化》，载《中国法学》2002年第3期，第4、8页。
3 对这种观点的大体概括，可参见Vivian Curran, *Comparative Law: An Introduction*, Durham: Carolina Academic Press, 2002, p. 8, n. 76，以及Friedman, *The Legal System: A Social Science Perspective*, pp. 280–290。

还有其中的复杂，进一步，可能忽视后文将要细致阐述的"法律与政治"的应然关系，以及作为法律生产的基础的正当性问题，最终，忽视根据当下需求可采取的真正有益的行动。

第三，因为法律移植本身和复杂的社会、政治、经济、文化斗争相互交织，有时，甚至即为社会、政治、经济、文化斗争的一个组成部分，故"所谓先进"的域外法律制度主张，其在实践中的成功，并不一定和当下看似优势的社会、政治、经济、文化力量，存在正比关系。亦可运用相反陈述，以表达这里的意思，即由于上述缘故，社会、政治、经济、文化的当下看似优势力量，并不必然导致法律移植的成功。法律移植的制度运动、话语操作，从来依存于广义的社会、政治、经济、文化斗争，且在一定意义上，于其中被动展示自己机制，尽管，一定意义上，我们同样可认为，法律移植也在积极干预社会政治及其他。在此，使用"当下""看似"等语词，意义在于表明，社会、政治、经济、文化等力量对比，是在动态过程中演化的。此时优势，在不确定的时间内，可成为彼时劣势；反之亦然。因为许多未知因素是存在的，其常影响优势劣势的位置互换。[1]在这里，如此看待问题，并非刻意强调一般意义的"事物偶然性"，且予夸大，也绝无推而广之的意思。如此看待问题，仅意在强调，在特定的法律移植语境中，作为场景的社会、政治、经济、文化是十分复杂的，而这种复杂，亦和具体个人的具体态度密切关联。我们需看到，法律移植和每个人的具体利益，最终是相互联系的，此联系或存在直接／间接

---

[1] 前文对有关社会影响函数复杂的讨论分析，同样可用于这里。

之分，而个人，基于个人的具体利益，总会穿梭于社会、政治、经济、文化的现实舞台，施展"政治"策略，增添法律移植的变幻函数，使法律移植的运作，从一角度转向另一角度，从一方向转向另一方向，而且不断往复。

第四，赞同法律移植的观念，常预设一个假定前提，即国家的政治、经济优势和法律制度的所谓"先进"，存在密切联系，或法律制度的"先进"，极可能是国家政治、经济优势得以出现的因素之一，甚至是主要因素。故法律移植的走向，在赞同观念看，总是从强势域外走向弱势本土。以此为基础，法律移植的赞同话语，常试图运用"变法图强"的想象，施展自身的"政治"策略。[1]但此存在疑问。因为，历史亦曾出现政治、经济上的优势国家（或地区）移植弱势国家（或地区）法律，现存国家（或地区）移植已逝国家（或地区）法律的现象。[2]我们可发现，即使所谓弱势国家、已逝国家，同样可能存在某种"强势"因素，如文化，并且，政治、经济上的优势国家移植弱势国家法律，现存国家移植已逝国家法律的理由，亦常在于"强势文化"的"需要"，而这种"需要"已反映，"强势文化"，可带来更威权的政治、经济优势，或可以更有效巩固现存的政治实体，至少，作为政治、经济上的优势国家，或现存国家，发觉或相信，引入弱势国家或已逝国家的"强势"文化，可发挥如此作用。

---

1 这种情况，在近代日本和中国，甚至是其他国家，包括近代欧洲许多国家，均可发现较普遍。
2 关于这方面例子，可参见罗迪埃：《比较法导论》，第19页。

六、关于法律移植的"当下社会共识"

　　如果法律移植的最终结果，就未来而言，总是不确定的，且历史主义法律移植研究的主要功能，仅在于提供较多的可测信息，发挥"思想节约"的经济原则，增添知识化的信心累积，不能解决法律移植的根本问题，与此同时，法律移植，为广义"立法"主张的一个组成部分，进而又为"政治"主张的一种表达方式，并且，在法律移植的过程中，我们每个人均可能遭遇具体利益的获得或丧失，均有自己的具体需求、主张，则"在当下展开社会共识建立的工作"，即为一个重要的基本选择，我们便需在"法律与政治"应然关系的基础上，将"现在进行时"的社会共识建立，提到议事日程。

　　本章中，"法律与政治"的应然关系被定义为：法律建设，历来均为政治解决方案的基本方式，至少应如此，故法律生产应在政治的自由交往、平等对话中，获得自己的正当性；同时，以此方式获得的正当性，亦能反向促使法律拥有社会成员尊重的"通行证"，进一步，促成法律的社会流通。依此定义，可认为，当法律移植是广义"立法"的一种表达方式，或一种"政治"诉求时，其实际上亦为社会法律生产的一个组成部分，且牵涉社会具体利益的各种冲突，故针对法律移植而产生的不同观念，在应然意义上，则需展开政治意义的交往对话，而交往对话，是法律移植过程中各类主体所能，尤其是所应采取的行动担当。我们甚至可认为，进而积极宣扬，各类主体在法律移植进程中，是有责任的，即有责任，去推进关于法律移植的共同观念的实现。其实，只有如此，法律移植才能促进自身在社会中的有效流通，其结果，才能具有正当性；更重要的，当法律移植的结果不成功时，使所有人来承担这样的后果，才能具有正当理由。[1] 就此意义看，当下的关于法律移植的社会共识建立，变得十分重要，其中，即存在解决法律移植根本问题的可能途径。所谓"当下建立"，意思是指，成功的法律移植所依赖的社会共识，可以且有可能，在当下的语境中，予以建立，而面对法律移植问题时，最重要的，需从事"现在进行时"的社会观念沟通事业，而非在历史主义法律移植研究中，探求某种移植的成功经验、失败教训，将经验、教训作为当下法律移植行动的根据理由，或对比以往的经验、教训，以探求法律移植的条件与可能。从此出发，可进一步指出，若已意识当下建立本身可能时，则尽管存在各种观念斗争，但这种"意识"，依然能提醒人们注意应在具体语境中，努力推动主观化的社会共识的当下建立，进而形成具有指导意义的具体行动方案。人们可运用观念上的"交往流通"，及行动上的积极博弈，以期获得思想上的相互合作。在此，问题的关键，即只要面对法律移植现实，则需展开当下的正在进行的社会共识建立，因为，此为"法律与政治"应然关系的要求，亦为法律正当性问题的要求，而只有注重当下的社会共识建立及在"当下"展开这一行动，获得的法律移植的行动方案才有可能（尽管并不必然）赢得社会的广泛支持，且顺利展开，尤为重要的，当这种方案在未来失败时，社会公众才会自愿接受不幸的结果。

---

[1] 以往法律移植研究，常忽略此责任问题。显然，若社会精英引导法律移植，失败时令社会公众承担后果，缺乏正当性，或正当理由。

当然，在这里，另需分辨两个看似相同、实为不同的概念：其一，作为法律移植条件的社会共识；其二，在当下建构中生发的社会共识。许多探讨法律移植的学术文本，特别是历史主义的，常将"社会共识是否已形成"，作为法律移植的一个基本条件来思考。这些文本以为，无此条件，法律移植似乎无从谈起，至少十分困难。[1]而与此不同，本章讨论的社会共识及其和法律移植的关系，并不关注是否已存在作为基本条件的"社会共识"，而是关心，如何在"法律与政治"的应然思想推动中，行动起来，建构社会共识，即当法律移植问题出现时，在法律移植诉求和"社会共识"之间，建立一个当下、即时的互动关系。

在此，一个事实认定已被蕴含：当出现"是否法律移植"问题时，就社会整体而言，社会共识本身，实际上并不存在。一般看，现实常是，若任何一个域外法律制度试图进入原有本土法律语境，则进入本身，总易引发本土社区、社群的不同意见，因为，在本土社区、社群中，已存在相对持续稳定的一类法律秩序状态，且难以想象，此法律秩序状态与"域外法律"的观念，不会发生对峙、冲撞；此时，本土社区、社群中，总易出现观念上的"差异"，有人可能支持法律移植，有人可能反对。而正如前面曾提到的，法律移植，实质上是法律变革或广义"立法"的一种表达方式，在法律变革或广义"立法"的背景中，人们通常已出现或

1　作为例子，可参见黄文艺：《论法律文化传播》，载《现代法学》2002年第1期，第156页；谢鹏程：《论法律的工具合理性与价值合理性：以法律移植为例》，载《法律科学》1996年第6期，第16—18页；何勤华：《法的移植与法的本土化》，第10—11页。当然，何勤华的讨论较折中，区分了几种情况。

隐藏不同，甚至对立的"立法式"的具体价值期待。从此看，亦难想象，"新的法变"，及以此作为表达形式的法律移植，可不经引发争论的过程，一举证明自己的理所当然。故当"是否法律移植"的问题出现时，有如"新的法变"正在出现一样，社会共识本身，即为缺席，而社会共识本身是否可成为"法律移植的一个条件"，亦成疑问。进一步，谈论作为条件的社会共识，基本上没有意义，亦较虚幻，即使作为已分裂的社会观念，其中主要是赞同法律移植，或主要是反对的。

七、法律移植的具体机制

为理解"当下社会共识建立"的意义，理解其中"法律与政治"的不可回避的应然关系，进一步，为赋予理论以"可实践行动"的品格，亦使理论具有真实意义，从微观切入，即检视法律移植的具体机制，颇为重要。

关于法律移植的具体机制，一个人所共知但未必人所关注的事实状态，首先应予讨论，即法律移植过程中，法律、政治、经济的精英及文化精英，实际上总处于"前沿"位置。无论在欧洲中世纪出现的罗马法移植，还是在近代亚洲、非洲、拉丁美洲出现的欧洲法移植，以及在近代以来的所谓先进国家之间出现的法律移植，我们大体均能发现，初始阶段，各类精英的思想跃动，常发挥了旗帜作用。作为例子，可注意日本学者川岛武宜的一段关于法律精英的论述。川岛武宜指出，近代日本开始移植外国法律时，法学家发挥了关键作用，"在今天看来，不能不承认那些向外国、主要是德国和法国学习并如此精密、周到地起草了内容上与旧传统完全断绝的法典的人，是具备了优秀的头脑和知识的伟大的法学家"。[1] 英国学者沃特森亦曾提到，大多数一般民众，对法律及法律移植总是漠不关心，对法律及法律移植的研究，事实上总是法学家的事情。[2] 其实，作为常识，在各国各民族各个时期发生的法律移植事件中，人们均可发现这种事实状态。

在这里，可发现，各类精英的话语运作，在其尚未和社会各个阶层集团的利益发生实质勾连时，易隐藏导引未来社会观念发展方向的控制作用，而控制作用，亦可影响其他阶层集团对各自利益的重新体验及重新认识，进一步，影响这些阶层集团对法律移植可能采取的态度立场。[3] 因为，完全可理解，各类精英，掌握了跨语言的文化优先资源、跨权力的政治优先资源及跨资本的经济优先资源，而在今天时代，其同时掌握了与话语运作方向直接相关的、跨技术的媒体优先资源。[4]

在此，一个明显问题则是：在介绍、描述域外法律制度时，各

---

1 参见川岛武宜：《现代化与法》，王志安、渠涛、申政武、李旺译，中国政法大学出版社1994年版，第132页。

2 参见Alan Watson, *Society and Legal Change*. Edinburgh: Scottish Academic Press, 1977, pp. 8, 115。

3 关于这种机制的分析，参见乔·萨托利：《民主新论》，冯克利、阎克文译，东方出版社1998年版，第104页以下。

4 现在，越来越可发现，媒体的话语作用十分关键，可迅速有效影响社会的意识形态。各类媒体技术的发展，实际上已在相当程度上，改变了社会交往的方式。尽管今天媒体的发展，可具有自身的不可控制性，但技术精英依然在其中扮演重要角色。关于这方面的研究，可参见Stuart Hall, "Culture, the Media and 'Ideological Effect'", in *Mass Communication and Society*. ed. James Curran, Michael Gurevitch, and Janet Woollacott, etc., London: Arnaold, 1977。

类精英，常会在自己的"前见"影响下，实施有关"域外法律制度"的主观过滤；换言之，正像通常理解的，也像前面第二部分和第四部分提到的（即历史主义法律移植研究的"偏见"问题），当域外法律制度并非仅为单纯的所谓条文制度时，当此制度和许多周边的相关因素构成关于制度的复杂图景时，[1]各类精英，若"发现"外来制度，且在后来对其举荐或贬抑，则常会"删减"或"添增"对象制度的周边要素。[2]以此角度看，首先经由各类精英发动的域外法律制度的认识，一般而言，不是且不可能是事物原本的"精确捕捉"，相反，其为伴随一定价值想象的一种"对象生产"。[3]具体说，各类精英，总会在自己的职业活动，如例访外国、游学异域、倾听转述（域外人士的传述转述等）、阅读文本（外文或译文等）中，经由自己理解，形成自己有关域外法律制度的知识图景、价值想象。至少，从认识域外法律制度的动机、原因等方面看，我们易推知，各类精英的认识意识，总易受控于广义的物质文化、精神文化的征服与反征服、争斗与反争斗的价值倾向，[4]并受控于

1　关于一个制度和周边相关因素的关系，可参见勒内·罗迪埃的有益分析。参见其《比较法导论》，第35页。

2　关于此问题的分析，参见Alan Watson, Aspects of Reception of Law. *American Journal of Comparative Law*,. 44 (1996), pp. 345–346; Vivian Curran, Cultural Immersion, Difference and Categories in US. Comparative law. *American Journal of Comparative Law*,46 (1998), pp. 55–57。

3　德国学者伯恩哈德·格罗斯菲尔德详细分析了不同区域的两种法律制度遭遇时，知识分子如何通过"翻译"的方式，以建构关于域外法律的想象。参见Bernhard Großfeld, *Kernfragen der Rechtsvergleichung*, Tübingen: J.C.B. Mohr (Paul Siebeck), 1996, S. 106–115, 118–122。

4　当然，这里不排除"偶然兴趣"的现象。有的精英，作为有闲阶层的成员，可能出于好奇，故对域外法律制度进行观察。但这种"出于偶然"的观察，可忽略不计。

广义"立法"的价值期待。[1] 这种价值倾向、价值期待，恰预示甚至表现了，以文化再生产作为方式的外国法律制度产品及其价值想象，有时是多向度的，甚至因人而异，且其间极易引发相关认识的"领导权"斗争。

　　在我看，由此也应提出，正因为各类精英的认识意识与广义"立法"的价值期待不可分割，故其只有且应当，在"法律与政治"的应然关系中，通过"政治化"的交往对话，以证明自己"领导权"的正当性，进一步，努力推动社会共识的初始建立，以形成具有全社会指导意义的法律移植方案。

　　关于法律移植的具体机制，其中另一事实状态也应讨论，即对法律移植的具体关注，主要是一个各类精英——前述法律、政治、经济、文化精英——的思想活动，至少，在法律移植话语开始运作时是如此，而大多数人，准确说，大多数一般民众，对法律移植的关注，常是松散的。此事实状态包含这样的引申含义：大多数人，尤其是作为一般民众，实际上不是通过直接对法律移植的态度立场，表达自己的不同意见或对立意见，[2] 而是通过对自身利益的关注，以间接对法律移植作出反应。从另外一种广义、深入的角

1　当法律移植即将被提出或刚被提出时，本土常已出现物质或精神方面的本土与域外之间的对立、冲突。域外总会试图征服"本土"。部分的"本土"，总会抵御"域外"，同时，部分的本土，又会迎接"域外"。关于此问题，可注意近代德国例子，参见John, *Politics and the Law in Late Nineteenth-Century: The Origin of the Civil Code*, pp. 15—26. 也可注意近代日本例子，参见森岛通夫：《日本为什么"成功"——西方的技术和日本的民族精神》，胡国成译，四川人民出版社1986年版，第31—52页。中国近代历史情况，众所周知，故不赘述。
2　既可能通过直接的意见表达出来，也有可能通过对法律变化所引发的利益结果这种间接方式表达出来。见后文。

度看，类似本文第三部分所分析，大多数一般民众对法律变革的态度，是广义的"立法式关注"，即从"法律制定与己利益的关系"的角度出发。当缺乏跨语言的文化优先资源、跨权力的政治优先资源、跨资本的优先经济资源，以及缺乏跨技术的媒体优先资源时，同时，在更关注自己当下利益的情况下，他们只能以此态度，看待法律变革。

正因为第二个事实状态的存在，故可期待，或可寻找这样一种方向：通过话语的潜在"领导"作用及不断法律实践，引发大多数一般民众，对法律移植正面话语表达不懈支持。当各类精英通过启蒙式的法律移植引导后，大多数一般民众，尽管可能不会在抽象的法律价值意义上，支持法律移植的结果，但却可能通过自身的理性博弈的行动实践，以"经济人"角色，巧妙利用法律，进而推进法律移植的正面社会共识在本土语境中的整体释放、全面实现。大多数一般民众，其更关注自己当下利益的这种态度，决定了他们和各类精英之间的关于法律移植的"教育权力"的相互位置，决定了社会共识所依赖的先导话语运作，其得以发挥作用的可能性，直至现实性。

当然，在精英与民众之间，尽管存在教育与被教育，或引导与被引导，或启蒙与被启蒙的权力位置关系，但同时亦存在十分重要的同类"法律与政治"含义的关系。[1]在法律移植的初始阶段，甚至整个过程，各类精英，固然会发挥教育、引导或启蒙的

---

[1] 这里"同类"，意味着各类精英和大多数一般民众之间的关系，与各类精英内部的关系，在"政治"意义上是类似的，依然面对"法律与政治"的应然基本原理。

作用，但其本身亦完全可能遭遇反教育、反引导或反启蒙。因为，其与大多数一般民众之间，同样存在利益分配，及利益期待、愿望、要求的不同，甚至斗争。在广义的"立法"意义上，以法律移植作为修辞手段的法律变革，同样将会引发各类利益的重新配置，从而引发不同甚至对立的利益冲突，进一步，引发被教育者、被引导者、被启蒙者的"利益"觉醒，由此，我们总会看到，或明或暗的教育与反教育、引导与反引导、启蒙与反启蒙的话语对抗。[1] 故掌握思想观念"领导权"的各类精英，其所引导的"教育式""引导式""启蒙式"的法律移植话语运作，同时也必定是同类"政治化"的，是在和大多数一般民众的"政治"交往过程中展开的，也必须要在这一过程中，证明自己的正当性。而恰在这里，我们亦能理解，在法律移植问题上，有些学者提出的"法律意识建设及提高以实现法律移植"一类的论述，[2] 至少某些情况下，实际上是法学、法律知识精英，自恃先锋的意识情结。因为，此仅包含了"教育""引导""启蒙"的观念，轻视了"反教育""反引导""反启蒙"，及"相互对话"的观念，且假设了法学、法律知识群体的不可置疑。

1　"或明或暗"是指有时直接表达出来，有时是以含蓄、间接方式表达出来。如直接发表意见，属于前者。不直接发表意见，而是在行动中"我行我素"，巧妙规避，则属于后者。关于如何以含蓄、间接方式表达反教育、反引导、反启蒙的分析，可参见苏力：《法治及其本土资源》，中国政法大学出版社1996年版，第41—73页。

2　如美国学者弗里德曼（Lawrence M. Friedman）认为，以法律职业群体为代表的法律意识，在法律文化建设中至关重要，正是这种职业化的法律意识，可提高大多数一般民众的法律意识，进而引导法律文化的变革。见Friedman, *The Legal System: A Social Science Perspective*, pp. 223ff。国内有的法学文本，也有类似的隐蔽叙述，参见赵志毅、孙世刚：《论法律移植——法律意识角度的认识》，载《当代法学》2002年第1期，第18、19页。

深入看，"政治化"的过程，意味着各类精英必须回答若干问题，如各类精英相互之间的利益，如何配置、对立？不同阶层之间的利益，如何配置、对立？各类精英作为整体，其和一般民众之间的利益，如何配置、对立？及大多数一般民众自我之间的利益，如何配置、对立……对问题的回答，意味着各种利益的交往和对话，此外，亦提示，各种利益的冲突解决，在社会中，特别是现代民主政治社会，应当且必须以交往对话作为基础形式，展开惠及各方的"主体间的实践交流"。[1]在这个意义上，通过法律移植的具体问题凸现，尤其是通过对法律移植的"立法"式、法律变革式的具体认识的凸现，我们自然而然，甚至不可避免，需再次步入法律与政治的相互关系中，以尝试解决由此产生的各类相关问题；换言之，我们将不得不，在法律与政治的相互关联中，特别是整体社会的民主政治框架中，思考、破解在广义的法律变革内容中隐含的法律移植代码。

八、结语

行文至此，需特别指出，本章所说的当下社会共识建立，不是单纯思想化、想象化的话语活动，亦非纯粹的"主观理想"活动，和现实的物质世界、制度世界彼此隔绝。这种社会共识建立，应该且必将是，以真实的现实利益交换作为基础，和现实的物质化、制

---

1 带引号的原话，参见伊格尔顿：《历史中的政治、哲学、爱欲》，马海良译，中国社会科学出版社1999年版，第90页。

度化的事物，相互裹挟。就此而言，社会共识的建构行动，应在现实的物质化、制度化的利益复杂关系中，加以实现。亦在此意义上，对法律移植的认识，应该且不得不，建立在对现实利益对比关系的认识上，并建立在社会共识和现实利益彼此互动关系的分辨上。换言之，在我看，提出追求社会共识的建构，并不意味着，我们试图或可以"搁置"当下现存的社会其他状况，在有限意义上，我们可谈论作为条件的社会其他状况，故在有限意义上，我们可展开历史主义的法律移植研究。我们可认为，现有的各方面社会条件，当然需要给予关注，尤其是物质化、制度化的条件。这些条件，是法律移植的一类前提基础。

　　但首先应发觉，当开始谈论"是否法律移植"时，法律移植所需的一些基本物质化、制度化条件，总是"部分在场"，恰如赞同移植的作为部分社会观念的话语理论总是"部分在场"一样，否则，逻辑上，我们本身即缺乏必要的条件，进行"是否移植"的讨论，或我们根本不会讨论"是否移植"。作为例子，可提到，其实也是中国曾经历的，一个国家，只有当其存在部分甚或是萌芽的市场经济的运作模式，讨论是否移植域外的基于市场经济而产生的经济合同法律，才会具有条件，或域外的此类法律移植，才有可能被讨论；反之，如果根本不存在部分市场经济的运作，甚至萌芽，仅存在统制经济的单纯模式，则进行讨论的条件，即十分可疑，且关于域外经济合同法律的移植讨论，几乎不会出现，毕竟，没有任何现实意义。故本文在此提到这些物质化、制度化条件，显然不同于通常的"一般条件是否具备"的法律移植讨论。

　　从这一角度看，本章所论证的观点，进而包含这样一个重要内容：当下社会共识的建立，要比物质化、制度化条件的理解，更重要、关键。当然，亦需强调，前者与后者之间的关系，是相对而言的，前者仅相对来说更重要、关键，且仅就"法律移植"这一相对具体语境而言。因为，我们是在前提基础"部分已存在"的条件下，讨论"是否法律移植"，而在部分前提基础已存在的条件下，当下社会共识的建构，是根本性、关键性的，且是必须提交议事日程的总体任务，不论这种前提基础，主要是适应法律移植的，还是相反。[1] 就此看，本文没有，且不可能，单独、空洞地谈论社会共识的建构。

　　类似的，亦在这个意义上，面对是否法律移植时，我们的真正任务，不是关注物质化、制度化的条件，至少，不仅是"盯住"这些条件。这些条件，当然也会发挥作用，且有时发挥重要的基础作用。我们的真正任务，与此极为不同，恰需着重建设社会共识。由此展开，法律移植的讨论，亦将"条件是否具备"变成了"行动起来"的话语运作、共同的话语前进。我们应注意，在这里，依然需贯彻"具体问题具体分析"的辩证唯物主义思路：关注法律移植的特殊性及特定语境，并将精神因素的重要，提升在物质因素之上。无论如何，法律移植是广义"立法"的一种表现，其具体方案，既有可能成功，亦有可能失败，其在未来具有或然性，且在最终意义上，法律移植应在"法律与政治"的应然关系

1　在此使用"主要"一词，因为在笔者看，即使缺乏主要、适应性的物质化、制度化的基础，依然可发挥社会共识的作用，以积极推动法律移植。

中，展示自己的正当性。[1]

　　对本章逻辑而言，另一可能不容忽略的问题，则是本章对社会共识建构"现在进行时"的论证，在若干地方（正文和注释中），亦借助了"历史平台"，即历史的事例叙述，[2] 此是否意味着，本章对历史主义法律移植研究的瓦解，亦潜在包含本章主题思想的瓦解？如果的确如此，则本章论证面对自我解构。我承认，若干历史事例运用，为本章叙述不可分割的一部分，其叙述功能，不可缺少；此外，从更广泛意义说，对一般社会问题的其他各类文本叙述而言，历史事例运用，几乎从来无法避免，我们总需借助这种叙述，从侧面或从某种角度，以展开主题思考。

　　但本章事例运用，其论证方向，显然不同于法律移植的历史主义研究，其叙述目的，在于当下的话语提倡，而非后者的普遍命题化的理论言说。正因为论证方向、叙述目的不同，作为手段的历史事例运用，在两者之间，则产生逻辑推进的功能区别。其一，针对本章社会共识的即时建构，历史事例运用，仅为厘定手段，属于十分显然、被设定为"指出"的修辞方式，仅包含"历史曾如此"的

---

1 亦在此，我们可再次看到，历史化的法律移植研究，其所提供的经验，即使是物质化、制度化方面的经验，依然不仅是或然的，而且其意义依然十分有限，仅提供了一种辅助性的"参考档案"，这种"参考"价值，且均需多打折扣。我们对现有物质化、制度化某些条件具备的认识，在没有一类历史参考档案时，同样可获得较为真实的理解。因为，这些现实条件，必然会和人们现实需要存在密切联系。此现实需要，即使脱离"参考档案"的协助，依然直接透明、凸现，可为我们所直接觉察、分析、理解，其在那里"斗争"，如果我们可以且愿意深入现实的社会生活，体察、挖掘、辨识、汇总、提炼其中的内容要素，可以且愿意自觉记住"法律与政治"的应然原理及法律正当性的要求。
2 参见本章前文。

判断含义；相反，针对法律移植的历史主义研究，历史事例运用，是论证基础，属于或明或暗、被认定为"证据"的逻辑支点，包含"历史已证明"的推理含义。[1]其二，在本章"社会共识积极建构"的主张中，历史事例运用，和"法律与政治"的应然预设，相互关联，并以此预设为基础，发挥叙述作用，同时依附于"从法律看历史"的立场，[2]至少此为出发点；与此区别，在法律移植的历史主义研究中，历史事例运用，常避开"法律与政治"的应然预设，且以"历史经验主义"为基础，同时主要依附于"从历史看法律"的观点，至少此为基本目的。故本章社会共识积极建构的立论，在推进过程中，将历史事例运用作为"政法式"的叙述环节，抛弃了"历史式"，进一步，本章整体论证，在瓦解后者时，不存在自我瓦解。

最后，作为结束语的一部分，应坦言，本章如同第一章，或许颇有"怀疑"、特别是"历史怀疑"的情绪。但本章亦肯定是"现实积极"的，且是社会参与式的"积极激进"。因为，针对法律移植这一具体对象，从法律看历史，从"法律政治学"的应然角度分

---

1 可发现，许多法律移植的历史化研究文本，常在论述一般观点和论证后，附带历史事例。此即意味着"例证""历史已证明"。一些法律移植的历史化研究文本，则是直接提出这种陈述，如黄金兰：《论法律移植》，载《山东大学学报》（哲学社会科学版）2001年第6期，第29页，其中说，"……最典型的例证是日本，在日本法制史上发生过三次大规模的法律移植"；陈金威：《论法律移植》，载《求实》2002年第4期，第46页，其中说，"法律移植总是必然的，要是不主动地进行法律移植与改革，那只能意味着落后……许多殖民地国家的历史证明了这一点"；杨文丽：《法律移植与中国法制现代化》，载《北京理工大学学报》（社会科学版）2001年第4期，第50、51页，其中说，"法律移植……已经为人类历史的实践经验所证实……历史证明法律能够移植"。
2 见本章第三部分，即从"法律不断生产及存在的角度去看历史"的立场。

析问题，进一步，竭力宣扬且论证"当下行动"的社会共识建构的意义，是本章的叙事主干。我的确相信，就法律移植而言，法学考察及随之而来的法学深思，乃至更进一步的法学呼唤，是法学研究主体的当下的实质责任，其为"法律与政治"的应然预设，包括"从法律看历史"这一基本原理，所推演而出的逻辑结论。

第五章　现代性观念与现代法治

——一个诊断分析

如果一个哲学家一旦抓住了某个他喜爱的原理，而这个原理也许能说明许多自然现象，他就会把这个原理扩大到说明整个世界……[1]

……将法律置于主权者之上，便同时也将一个法官和惩办他的权力当局置于他之上，这样便造成了一个新的主权者。[2]

一、问题和必要的说明

第四章，对"法律移植话语"，展开了详尽分析。在我看，从理论和实践两个层面切入，可更为深刻理解这一话语"历史主义"的问题实质，特别是，如果我们采用"从法律看历史"的视角，而非"从历史看法律"，则"法律移植话语"和广义的立法实践的相互关联，以及法律移植背后的"立法斗争"实质，可清晰呈现出来。这一实质，意味着，关于法律移植的争论，不是一个"移植条件是否具备"的实证检测问题，亦非一个"本土法律

---

1 休谟：《人性的高贵与卑劣》，杨适等译，三联书店1988年版，第1页。
2 霍布斯：《利维坦》，黎思复、黎廷弼译，商务印书馆1985年版，第253页。

状况和域外法律状况相互比较是否对应"的经验判断问题，与此极为不同，是一个"应如何立法"，及"如何利用法律移植话语"的"规范"问题。故相对本书主题，即理论中的法律知识和实践中的法律知识的关系，在以法律移植为显著标志之一的法律问题上，我们则可引入法学理论和法学主体，其"政治正当性"的立场分析，进一步，从法学、法律主体角色的视野，推进对本书主题的深入理解。

第四章，针对法律移植，曾强调一个"法律现代性"的问题，即从近现代的法律、法学变迁看，作为一种追随"直线前进""向既定目标不断迈进"意识的现代性观念，常伴随着"本土"对"域外"的法律渴望。而"法律现代性"的问题，已预示本章的一个基本主题，即现代法治话语和现代性观念，如何相互"合谋"，以及无论作为"理论"的，还是作为"实践"的，两者对中国法学、法律产生了怎样的影响，进一步，我们应如何对待两者的意义。实际上，深入展开对法律移植问题的思考，势必从一个方向，走进"现代性观念"与"现代法治"的范畴。

故本章，将对"现代性观念"与"现代法治"[1]的有关问题，作出分析，进而从新的领域，拓展本书的主题思考。

本章副题，使用"诊断"一词，其意在表明，针对分析对象，本章具有"批判性"的分析意识。而由此，必须说明的，则是针对本书主题，这一章试图揭示这样一个观念：理论中的法律知识

---

[1] 本章中，"现代法治"基本上指现代政治法律语境中的"法治"，而非宽泛意义、包含古今中外政治法律语境中所有"法治"一词使用所指的含义。后文将对"现代法治"，作出细致说明。

和实践中的法律知识，在相互裹挟时，特别是，当两者伴随"现代性观念"和"现代法治"并共同向前推进发展时，可能存在一个"本身利益，即法律阶层的利益，压迫另外一类利益"的问题。换言之，现代法律职业的起步、巩固、扩张，是经由近现代历史的"现代性"意识形态及现代法治意识形态，发展而来，而其中经培育的包含自我利益的阶层集团，可能亦在起步、巩固、扩张。这意味着，本章在新的层面上，试图继续运用历史唯物主义、阶级分析的学术策略，将本书主题，从"法律的批判反思"的角度，予以深化。

"现代性观念"是一个较抽象的用语，且相对法学语境而言，为晚近的"语词成员"，故首先需对其作出必要的限定、说明。本章使用"现代性观念"，并非希望标新立异，而是因为相信，在澄清该词的大致含义后，我们可较为顺利探讨一些相关问题，且对法律而言，其的确包含应予剖析的理论与实践的意义。另外可认为，"现代性观念"，为较好且便利的语词工具，其包含一些特定的语意，这些语意，可能是其他语词不易阐发和指示的，故舍弃该词语，可能会导致某些问题的不易梳理、廓清。

"现代法治"作为语词，则为人们颇为熟悉，但如同"现代性观念"，其亦包含许多不易澄清的含义，从各种角度，我们均可对

"现代法治"作出自己的理解和说明。[1]以学术论,尽管某些学者认为,对"现代法治"存在较普遍的一般理解,[2]但大多数学者,实际上均已提出自己的"现代法治"观念,或概念的定位标向。[3]在我看,"现代法治"是一个历史的概念,作为话语标记,其和历史语境相互交织,具有变迁的谱系,故有如过去的历史主体基于自己的历史条件,不能且无法要求后来的历史主体对"法治"只能作出一种理解一样,现时的社会主体基于及囿于自己的现实条件,不能且也不应期待过去的历史主体,只能表达一类的"法治"意识。而出于同样目的,即顺利探讨问题,本章在说明"现代性观念"后,亦对"现代法治"作出必要的说明。

在此,需事先表明,澄清和说明两个语词时,本章将尽量尊重当下人文社会科学界对两词已有的、较为普遍的"大致含义指

1 英国现代学者詹宁斯(William Ivor Jennings)指出,当人们对法治(亦即现代法治)进行分析时,可发现其内容总是含糊不清。参见W.I. 詹宁斯:《法与宪法》,龚祥瑞、侯健译,贺卫方校,三联书店1997年版,第34页。德国现代学者基希海默尔(Otto Kirchheimer)认为,现代法治,几乎是"默契和随心所欲的混合物"。参见Otto Kirchheimer, "The Rechtsstaat as Magic Wall", in *Politics, Law and Social Change: Selected Essays of Otto Kirchheimer*. ed. Frederik Burin and Kurt Shell, New York: Columbia University Press, 1969, p. 429。关于国外许多学者从不同角度提出"现代法治"的不同理解,可参见Lan Shapiro (ed.), *The Rule of Law*. New York: New York University Press, 1994。在当代中国法学界,人们对法治(大多数情况下指"现代法治")同样已作出许多不同的解释。这些中国学者的观点,在20世纪90年代以来的中国法学刊物和法学著作中,随处可见。
2 如英国现代学者沃尔克(David Walker)指出,"法治"一词,虽然没有统一的定义,但通常看,其指被称作法律的规范原则约束所有权力机构和权利主体。参见Walker, *The Oxford Companion to Law*, p. 1093。加拿大现代学者希普诺维奇(Christine Sypnowich)指出,就最低形式而言,人们大体认为,"法治"是指法的统治。参见Christine Sypnowich, "Utopia and the Rule of Law", in *Recrafting the Rule of Law: the limits of Legal Order*. ed. David Dyzenhaus, Oxford: Hart Publishing, 1999, p. 179。
3 翻阅大量的有关"法治"或"现代法治"的讨论文献,此显而易见。

涉"。因为，我们是在当下语境，探讨问题。

"现代性观念"和"现代法治"，均表达了某种社会意识形态。作为话语的宣扬及传播，"现代性观念"和"现代法治"，在当下中国法律和法学中，甚至在其他政治、经济、文化或社会领域中，发挥了十分重要的意识形态导引作用。本章将指出，"现代性观念"，作为观念，是存在问题的，其遮蔽了社会历史变化的相当重要的复杂性、多样性，易使人们对社会的建设方案出现片面、直线、"纯粹"的理解，且易使人们对社会建设方案的"他者"要素，视而不见。在分析"现代性观念"的问题时，本章将会指出，尽管"现代法治"，其作为观念，在当下中国具有积极意义，且对"现代法治"观念推动的法治现代化的总体建设方案颇多微词，亦为徒劳无益，但"现代性观念"操纵下的"现代法治"，仍需我们对之作出某些"诊断式"的分析。"诊断式"的分析，意在指出问题。在我看，探讨中国的法治，是为解决中国的法治问题，当可以揭示"现代性观念"的问题时，我们亦能发现，"现代性观念"掩护下的"现代法治"，同样存在问题，而"诊断式"分析后，进一步，我们亦能觉察，另类解决中国法治问题的方向和前景，也是需要的，而另类法治建设的设想、方案，同样需要。

应事先着重说明，对"现代性观念"和"现代法治"进行诊断式的分析，并非反对现代化（后文，将说明"现代化"和"现代性"及"现代性观念"的关系）及现代法治，拒斥其在中国当下语境中的适当推进；某种意义上，这种分析，目的在于更好促进现代化、现代法治在中国的有益健康的展开，使现代法治，成为中国社会主义法治的建设性补充。本章中，"诊断式"的分析，仅意味着在理解支持法律职业主流观念的同时，揭发问题的另一方面，提示问题的另一思路。

二、现代性和现代性观念

理解"现代性观念"，其前提是理解"现代性"，故首先需对后者作出大致解释。[1]

在当代中国的人文社会科学语境中，"现代性"一词，大体来自英语的"modernity"。[2]作为语词的使用，其与我们现在所熟悉的"现代化"，存在重要区别。"现代性"不是一个时间化的定点概念，一般看，其指社会历史的总体直线性的进步，而与此不同，"现代化"，指示一种特定时代印记的"先进状态"，具有相对固定的时间限定、形态标志，为时间化的定点概念。"现代性"一词的意思，是在说明，社会历史固然复杂，但从整体看，存在一种循序渐进的发展前进模式，此模式，在历史的某一时刻

---

1 对"现代性"一词的精确含义，学者有不同意见。笔者认为，对"现代性"的理解，不能且不应拘泥于完整定义的追求。当探讨此语词的使用时，一般看，我们是处在一个大体可相互理解的学术语境中。在此学术语境中，我们可体会、知道"现代性"的大致意思。这便有如阐述许多问题时，我们常是默默承认约定俗成的语词概念。使用每个词，并非一定要作出一个准确的定义。关键在于，对话中，我们能感觉对话者可相互理解对方的意思和观念。我们使用语词的目的，在于解决我们的问题。本章基于这样一个前提，以讨论"现代性"的含义。
2 英语"modern"，既有"现代的"意思，亦有"近代的"意思。"现代性"一词的使用，大体上是现代学术语境中的现象。当然，该词意义，亦和近代西方语境存在联系。关于这一点，后文论述。

出现了，且伴随各种社会之间的交互作用，[1]其逐渐呈现了"代表性""旗帜性"，进一步，率领各种社会在不同的时间段，走向相同的目的地。

英国学者吉登斯（Anthony Giddens），在自己富有影响的著述中，提出一个见解，即"现代性"实为一种社会生活（social life）或组织（organization）的发展模式，其大约从 17 世纪欧洲起源，且此发展模式，在后来的若干世纪中，或多或少对全球世界产生了影响。[2]吉登斯对"现代性"的解释，主要针对西方资本主义现代性而言，但如果将吉登斯对西方资本主义现代性所作的解释，作为一个有关"现代性"解释的典型例子，则我们可发现，其解释思路，已为当下中国的人文社会科学学者，普遍接受。[3]

依此思路，我们可认为，"现代性"一词，并不直接标明编年历史的时间表序，如欧洲 17 世纪至 20 世纪的时序。换言之，与"现代化"一词相区别，"现代性"未表明某一历史现象出现于历史之中的某一世纪或某一年代。这意味着，如果认为"现代化"始于近代，如 17 世纪或 18 世纪，成于现代，如 19 世纪末 20 世纪初，则我们便可认为，"现代性"可能已完整出现在近代某一具体

1　如从近代开始的殖民主义扩张，及被殖民统治。

2　参见安东尼·吉登斯：《现代性的后果》，田禾译、黄平校，译林出版社2000年版，第1页。

3　中国相当一些学者，讨论"现代性"问题时，已接受吉登斯的观点。尽管有些学者认为，"现代性"本身亦为多种多样，如资本主义有自己的现代性，社会主义亦然（此问题，后文将论及），但学者普遍认为，"现代性"的语词使用，已预设一个基本含义，而基本含义，可在吉登斯的论述中概括出来。有关文章，可参见20世纪90年代的一些重要中文学术杂志，如《二十一世纪》（香港）、《天涯》《读书》。

时刻，如 17 世纪，或相对不同思想群体及个人而言，其可能已出现在其他时代的某具体时刻，如 20 世纪。[1]简单而言，"现代性"并不存在"始于何时、成于何时"这样的编年历史问题。概括说，"现代性"意在表明，一种社会变化的特性，可能出现在任何时刻，其指示人类社会历史不断前进的一种性质，而"现代化"，是在说明社会历史发展的定点过程及特定社会历史的表现形态。

当然，亦应注意，"现代性"和"现代化"的进程，在某些具体的历史图景中，彼此交叉，而"现代化"过程的展示本身，亦已表现了一种"现代性"，故我们所谈论的"现代化"，进而包含了一种"现代性"，这种"现代性"，其本身从另外辅助角度出发，证明着"现代化"的合法性和不可抗拒性。

具体说，我们现在所谈论的"现代化"，常指发端于具体地缘，尤其是近代西方，其工业转向、科技发达、资本累积、对外扩张、法律自治、科层掌管、民主实现等变化状态，[2]而这一变化状态，提示且展现了"推进""征服""解放"的表象代码，故"现代性"，自然成为"现代化"的一种时代隐喻，且成为"现代化"的时代路标，进一步，在证明"现代化"具有合法性时，证明自己的合法性，且证明自己具有并应具有的强势正当性。在这个意义上，人们最初理解的"现代性"，和具体地缘的"现代化"发展，密切相互联系。应指出这一点，此十分必要，因为，对人们谈论的"现代性"的具体生发有所认识和剖解，是考察"现代性观念"的

---

1 如在现代才开始现代化的一些民族国家内，现代性观念是在现代出现的。
2 当然，"现代化"亦表达了一种状态的存在，如充分的工业化、健全的法治化。

重要前提。

从另外角度看，"现代性"作为语词，乃至作为一种观念，其产生和人们对社会历史发展的认识，彼此勾连。此意思是，"现代性"是一种有关"特性、特征"的思考判断，其因人们解读社会历史变迁的过程而获得。当对具体地缘的现代化变迁进行历史考察时，人们得出了某种"这是历史前进形态"的结论。具体地缘的现代化变迁，是自我呈现的历史材料，此材料，不能自我解读、认识，当其被纳入人们的理解视域时，需主体的理解、断定。人们可以认为历史材料本身呈现了一种意义，但意义本身，终究作为人们发觉理解的意义而存在。正是基于对相关的不计其数的历史证据进行排列编织、标明位置，"现代性"的认识，终于在人们的历史理解视野中呈现。从此种角度看，与其认为，"现代性"是具体地缘现代化变迁的必然特性，不如认为，其为人们阅读这一变迁获得的思想判断和信念。并且，我们的确可认为，"现代性"的提出，其本身作为观念，即为一种具体的历史呈现。

现讨论"现代性观念"。

其实，人们主观认识到的"现代性"，经过人们进一步的理解和阐发，并且抽象，拥有普遍性的理论成分及话语范式，便会逐步形成一种宏大意识形态的思想观念，此思想观念，即为"现代性观念"。

"现代性观念"的重要特点，在于运用高度理性化的意念，并被高度理性化的欲望驱使，以解说社会历史进程中的"阶段性""前进性"和"必然性"。[1]在"现代性观念"看，作为整体的社会历史，其以弱小而孤立的狩猎、采集文化作为"开端"，后进入种植、畜牧社区的持续发展，在这种发展中，农业国家的渐次展开，包含了强大的农业帝国的逐步形成，最后，社会历史，以现代社会在世界某一区域——如西方地缘——的出现，作为"自己前进"的"顶点"。[2]当然，由于各个地区、各个民族国家的发展，存在快速和缓慢的样式或形态，"现代性观念"相信，余下问题，则是"最高形态"的社会如何向其他地区或民族国家进行伸延、"统率"，无论这种伸延、"统率"，是以殖民战争的扩张形式作为表现，还是以其他较为"温和文明"的扩展形式作为表现。在"现代性观念"的视野中，社会历史的发展，总体上，是不断向前推进的。

　　我们可发现，"现代性观念"具有一种进化论的基本立场，即坚信，社会历史的确具有某种组织形式与变革谱系的一致性原则，此一致性原则，其表现或是理性原则，或是市场原则，或是法治原

1　关于这一点，可参见齐格蒙·鲍曼：《立法者与阐释者——论现代性、后现代性与知识分子》，洪涛译，上海人民出版社2001年版，第4页。我们亦可从英国学者伊格尔顿有关"后现代性"观念的论述中，反向体会"现代性观念"的大体内容。在《后现代主义的假象》中，伊格尔顿指出，后现代性观念是一种思想风格，其置疑客观真理、理性、同一性和客观性等经典概念，置疑普遍进步或人类解放，不信任任何单一的理论框架、大叙事或终极性解释；与这些启蒙时代的规范相左，后现代性观念认为，世界充满偶然性，没有一个坚实的基础，是多样化、不稳定的，在后现代性观念看，这个世界没有一个预定的蓝图，相反，是由许多彼此不相连的文化系统、解释系统组成。参见Terry Eagleton, *Illusions of Postmodernism*. Oxford: Bladwell Publishers, 1996, p. VII。

2　20世纪50年代以前的西方历史学的文本阐述，已常表达这样的观念。另可参见吉登斯对社会进化论的描述，社会进化论和现代性观念存在密切联系。参见吉登斯：《现代性的后果》，第5页。

则，不一而足。"现代性观念"相信，一致性原则，按照进化的程序步步演变而来，虽然不可能一朝一夕得以实现，但终究不可抗拒。进一步，在"现代性观念"的视野中，社会历史的演变背后，便被认为隐藏着一条"故事主线"，且人类活动的变迁，便被框定在井然有序、前后相连的从未间断的画面中。[1]

从此出发，"现代性观念"，恪守"历史当然具有必然连续性"的立场，亦即认为，对昨天的理解认识，一定可使我们清晰分辨、把握今天，且可使我们走向具有确定性的明天。如此，我们的未来展望，进一步，具有了可靠的"理性推断"的基础。

因为"现代性"的认识与具体地缘的现代化进程，存在具体的历史关联，故可指出，"现代性观念"实际上是具体地缘现代化变迁中"现代性"的"思考膨胀"。具体说，"现代性观念"，在具体地缘的现代化历史背景中，得以累积话语资源，其在具体区域的历史变迁中，号称"发现"了普遍的社会历史发展的动力原则，且坚信自己的"发现"，是种"范例"的发现，进一步，坚信自己可以且亦有理由将这种"发现"推而广之。这个意义上，我们可认为，"现代性观念"是对特定历史材料的"扩张阐释"，甚至是"夸张"，其本身，实为特定历史条件下的思想意识，是一种忽略自己特定性的特定性产物。

毫无疑问，正如前文所述，具体地缘的现代化变迁常指西方的现代化进程。西方的现代化进程，表现出巨大的震撼力及诱惑力，而在

---

[1] 有学者指出，某种意义上，"现代性观念"将人类社会视为牛顿（Isaac Newton）式的井然有序的自然呈现。参见Stephen Toulmin, *Cosmopolis: The Hidden Agenda of Modernity*. Chicago: University of Chicago Press, 1990, p. 205。

后来的国际区域社会交往或较量中，其表现出的"实力"，令人无法忽视，人们的确承认，这样一种现代化进程带来的成果，不可比拟，亦无法替代。自然，西方的现代化进程，和西方的近代自然科学及技术的发展，存在密切联系，而西方近代科技，理性化色彩极为浓重，其的确形成了"无法抵御的实力"的基础，同时，赋予"实力"以强势的魅力及吸引。正是如此一种历史状态下，"现代性观念"的形成与发展，获得了助推意义的资源和动力。从历史时间的角度看，"现代性观念"，亦的确起源、呈现于近代西方的社会语境。

故需指出，西方近代自然科学及技术的学科权力的张扬，一方面，催发了西方现代化进程，另一方面，间接刺激了意识形态领域中的"现代性观念"，使"现代性观念"，展示了强而有力、争夺人文社会科学话语领导权的竞技状态和思想武装。换言之，正是在近代的西方社会，我们才发现了带有科技印记的"现代性观念"的逐渐膨胀，[1] 而同时，西方近代自然科学及技术的"变化"，给人们的印象乃至信念，即为不断向前发展，因为，其带来了巨大的"不断推进"及社会物质持续增量的吸引力。此便难怪，在讨论现代性问题时，有学者认为，"同前现代的任何一种体系相比较，现代社会制度的发展以及它们在全球范围的扩张，为人们创造了数不胜数的享受安全和生活的机会"。[2]

当然，我们还需看到事物变化的复杂。

第一，我们需注意，现代性引发的"现代性观念"，在后来的

---

1 关于此问题，可参见Jonathan Israel, *Radical Enlightenment: Philosophy and the Making of Modernity*, 1650–1750. Oxford: Oxford University Press, 2001, pp. 1–5。

2 吉登斯：《现代性的后果》，第6页。

历史变迁中，并非是单向、单一的。在不同意识形态中，"现代性观念"可表现出差异，甚至矛盾，如在资本主义性质的意识形态中，"现代性观念"，表现出对工业进步、科技发达、资本累积、对外扩张、法律自治、宪政民主等样式状态的青睐，并对其表示赞许，而在社会主义性质的意识形态中，"现代性观念"，表现出对红色革命、阶级斗争、统一政权、集中领导、终结市场、走向计划、废除科层——显然包括法律科层——等样式状态的推崇，并对其表示褒奖。[1]

第二，在某些"现代性观念"之间，我们可发现"推论主张"意义的相互联结、彼此延续。如在社会主义性质的意识形态中，资本主义的现代性，必将延续为社会主义的现代性，资本主义的社会形体，本身便孕育着社会主义的发展萌芽，进一步，必将为社会主义的新型"前进"所超越。换言之，资本主义作为一个历史发展的必经阶段，终将被社会主义及更高级的社会形态所代替。与此相反，在资本主义的意识形态中，社会主义的现代性，是非正常的，社会主义的"现代性"，人为修正了人类社会的进程时间表，故社会主义现代性，其本身即为社会进化的人为抗拒与变异。

第三，在社会意识形态中，"现代性观念"是多层次、多方面的。尽管存在总体的期待与展望，但在细节方面，"现代性观念"亦在宣扬、支持枝节的"现代性意识"。如在政治方面，我们便可

---

[1] 我们可发现，在1949年至1976年的中国变化中，如下一些观念十分重要：第一，建立公有制，树立让所有属于人民范畴的人，均过上幸福生活的社会主义理想，将以私有制为基础的资本主义设定为对立面；第二，倡导计划经济，与西方以市场经济为动力的现代性在经济体制上分道扬镳；第三，与计划经济相应，主张现代化运动的上层建筑采用高度集权的政治体制；第四，在意识形态领域尊崇单一的思想体系，拒斥现代西方以自由主义和多元主义为精神内核的现代性观念。

发现这样一些"现代性意识"："人类的社会历史，是从专制走向民主的"，或与之相反，"人类的社会历史，是从松散走向集中的"；在经济方面，我们亦能看到大致相同的"现代性意识"："经济的发展，是从自足经济走向市场经济的"，或与此相反，"经济的发展，是从自由经济走向计划经济的"；在法律方面，我们同样可发现类似的"现代性意识"："人类社会的法律，必然是从习惯法走向成文法的"，或者，"人类社会的法律，必然是从简单化走向复杂化的"，或者，"人类社会的法律，必然是从义务本位走向权利本位的"。[1]

此外，另需我们注意的，则是"现代性观念"，又在反向催发现实中的"现代性运动"。"现代性观念"，表现了乐观的前进信念，其许诺社会发展的阶梯渐进，故对寻求现代化的民族国家，其具有巨大的吸引力。在"现代性观念"的诱导下，人们易认为，获得行动的目的和方向，可轻而易举，并且因此充满信心。在社会实践的运作中，"现代性观念"已导致某些现代性的社会行动，而作为意识形态的理论话语，进一步，已树立了社会实践活动的运作路标。

1　关于法律方面的例子，如英国法律史学者梅因曾说："所有进步社会的运动，到此处为止，是一个'从身份到契约'的运动"。参见梅因：《古代法》，沈景一译，商务印书馆1984年版，第97页。德国学者韦伯（Max Weber）认为："法和法律过程的一般发展是从通过'法的先知们'进行魅力型的法的默示，到由法的名士豪绅们经验的立法和司法（保留派、法学家的立法和先例立法），进而到由世俗的最高统治权和神权统治的权力进行加强的法律，最后由受过法律教育的人（专业法学家）进行系统的制订法的章程和进行专业的、在文献和形式逻辑培训的基础上进行的'法律维护'。"参见马克斯·韦伯：《经济与社会》（下卷），约翰内斯·温克尔曼整理，林荣远译，商务印书馆1997年版，第201页。

三、现代法治

从某种意义看，将"现代性观念"和"现代法治"联系起来，进行话语分析，是颇为重要的，亦自然可行。因为，以观念谱系的场域来观察，特定种类的"现代性观念"，如西方资本主义现代性观念，其和"现代法治"，存在某些重要关联。此外，"现代性观念"源自"现代性"的认识，而人们认识理解中的一类"现代性"，本身便包含"现代法治"的若干内容。我们亦可认为，"现代法治"，本身便是人们认识理解中的一类"现代性"的一部分。

如前所述，"现代性"表现了一种社会历史的全方位的总体前进，在这样一种总体前进的宏伟图景中，至少就某类现代性观念而言，"现代法治"，扮演了重要的制度辅助角色。从观念的历史演化时间看，"现代法治"和其他"现代性"（在此主要指资本主义现代性）的方面，如工业进步、科技发达，几乎是同步向前推进的，亦几乎同步向其他地域扩展。[1]

一般意义上，"现代法治"，来自近代的西方法治理论，当然，如本章开始提到的，对法治的要素和观念，人们存在各种看法，正像有学者所指出的，在人们的各种理解中，法治的含义如同一匹桀

---

[1] 这里所说的"扩展"，为双重意义。一方面，是"先进强势"的国家向"落后弱势"的国家，鼓吹"现代法治"如何与工业进步、科技发达密切联系在一起，进一步，在展示自己实力的同时，亦向后者展示"现代法治"的魅力，将"现代法治"带入后者的具体地缘；另一方面，是"落后弱势"的国家，"自觉"发现"现代法治"十分重要，进一步，在欣赏"先进强势"国家的经济军事实力时，亦在强调"现代法治"的重要意义，将"现代法治"自觉引入自己的民族国家。

骜不驯的烈马，无法驾驭。[1] 在我看，试图运用语言图画理论，[2] 以精确解释"法治"及"现代法治"，是没有意义的。"法治"，特别是"现代法治"，作为一类观念，甚至作为社会政治法律的类型状态，其本身，即在不同的历史时期和语境中演化变迁。[3] 显然，我们无法站在所谓超越历史的角度，以概括这些词语的"本质"含义；我们最多可从事的，且亦为真实有意义的，则是在特定语境中，对"法治"及"现代法治"观念，作出语境化的阐释。因为，对"法治"及"现代法治"的理解，显然和主张者、解释者，其所处的当下社会历史条件，存在密切联系。最重要的，则是"法治"及"现代法治"的一类观念，是标识策略、立场的话语意识形态，其在特定历史条件中产生，并向特定历史社会标明姿态，阐发观念，以表

1　詹宁斯：《法与宪法》，第42页。

2　即认为我们的语言对应固定的意义。

3　如中国古代便有自己的"法治"理论，西方古希腊亦有自己的法治理论。这些均为人所熟知。西方近代以来的法治理论，亦在不断变化。在此值得一提的，则是英语国家的现代法治理论，以及欧洲大陆国家尤其是德国的现代"法治国"（Rechtsstaat）理论的不同话语策略。根据德国学者纽曼（Franz Neumann）的概括，现代法治国的本质，在于国家政治结构与其法律组织相分离，而法律组织，保护自由和安全。现代法治国和英语国家的法治的不同之处，在于这个分离。纽曼认为，现代法治国的要素，包括如下几个方面：第一，国家管理必须受自己制定的法的约束，此暗含法的至高无上；第二，国家和公民的关系，事先由法决定，国家对个人的自由和财产的干预，必须是可预测、可估计的，其已由法精确规定；第三，独立的法官可依据法，控制国家的干预。这些内容，可参见Franz Neumann, *The Rule of Law: Political Theory and the Legal System in Modern Society*. Berg Publishers Ltd., 1986, p. 182。近几年，德国的另一位知名学者伯肯弗尔德（Ernst Wolfgang Böckenförde），亦详尽说明现代"法治国"的含义，其内容和纽曼概括的，大同小异。参见Ernst Böckenförde, *State, Society and Liberty: Studies in Poltical Theory and Constitutional Law*. trans. J.A. Underwood, Oxford: Berg, 1991, pp. 49–50。但笔者认为，现代"法治国"理论，依然是对现代法治观念的另外一种表述。

达人们的制度诉求的意愿和意志。[1]本章中，所以使用"现代法治"
而非"法治"作为分析的关键语词，正因为我认为，在本章的语境
中，以及在"现代性观念"和"现代法治"的叙事关系中，"现代
法治"与我所做的分析阐述，存在较密切的"历史语境关联"。

在"现代法治"中，我们可发现，"规则统治"的含义，已被
融入重要的"权力关系配置"的理念。我们亦可这样认为，在"现
代法治"的话语中，"权力配置"的意义，是更基本的，而在此配
置中，权力分立、权力制约、司法独立等，是我们理解"现代法
治"的必要途径，或关键路向。

我赞同英国现代学者詹宁斯提出的此看法：法治必须具有分
权的含义，如果各种权力集中于一个机构，则我们看到的，便是
独裁或专制，即潜在的暴政。[2]我亦赞同美国现代学者维尔（M.J.C.
Vile）的一个论述：

如果我们的体制想要在本质上维持一种以"法律"统治的制
度，那么，就必须对政府的机构行使某些形式的控制。如果我们放
弃这一法律哲学，那么我们又何以防止单纯的权宜之策逐渐堕落成

1　这是一个复杂且容易引起争议的观点。在笔者看，我们总在特定历史语境中，解释特
定历史语境中的法律问题，且我们无法超越特定历史语境之外，看待问题。基于特定历
史语境中的各个方面，如观念、利益的制约，我们常深受社会存在影响，亦因此产生相
关的政治道德观念及法律意识形态策略。关于这一点，可参见第一章的分析。此外，我
们可注意，詹宁斯亦已指出，"如果法治不是法律与秩序的同义词，那么它则适宜于表
达理论家的政治观点"。参见詹宁斯：《法与宪法》，第42页。
2　参见詹宁斯：《法与宪法》，第34—35页。关于这一点的进一步说明，参见维尔：
《宪政与分权》，苏力译，三联书店1997年版，第13—14页。

专断的统治？这不是一个查理一世、一个克伦威尔，或一个希特勒的专断，而是一个由意图良好的、对一连串权宜决策将导向何处必定只有有限想象和有限裁断能力的人们所组成的巨大机器的专断。[1]

　　从另外角度看，如果的确存在"前现代法治"和"现代法治"的分野，则"现代法治"，其与前者的重要区别，便在于政治性质的"权力关系重新建构"，走进"规则运作"的内在框架。正是在此重要问题上，我倾向于认为，将"权力配置"的意义纳入"法治"的场域，是"法治"话语具有历史意义的革命性变迁，[2]亦为现代法治开始诞生的标志。

　　自然可看出，在"前现代法治"观念中，"规则统治"的观念

1　维尔：《宪政与分权》，第224页。

2　其实，此亦为众多研究"现代法治"理论的学者的意见。正如前面提到，现代法治的基本观念，来自近代西方法治理论。而近代西方法治理论，显然已大体提出"权力配置"的问题。英国近代学者洛克指出："……如果同一批人同时拥有制定和执行法律的权利，这就会给人们的弱点以绝大诱惑，使他们动辄要获取权力，借以使他们自己免于服从他们所制定的法律，并且使他们在制定法律和执行法律时，使法律适合于他们自己的私人利益……"参见洛克：《政府论》（下篇），叶启芳、瞿菊农译，商务印书馆1983年版，第89页。美国近代联邦党人亦指出，行政权和司法权合在立法权之下，即使多数人行使，亦为专制，因为，"一百七十三个专制君主一定会像一个君主一样暴虐无道"。参见汉密尔顿、杰伊、麦迪逊：《联邦党人文集》，程逢如、在汉、舒逊译，商务印书馆1982年版，第254页。美国学者维尔指出："权力分立理论以及均衡政制理论一直建立在对政府活动的职能性分析的基础上，这种职能分析将政府活动分类为立法和执行，即制定法律和将法律付诸实施。如同我们已看到的，法治这个概念一直是同对于政府活动的这种职能观紧密联系的"。参见维尔：《宪政与分权》，第215—217页。加拿大现代学者施克拉（Judith Shklar）指出，应注意亚里士多德式的作为"理性统治"的法治，和孟德斯鸠式的作为"权力制约"的法治，而近代以来，人们才更细致分析了以权力制约为平台的法治。参见 Judith Shklar, "political Theory and the Rule of Law", in The Rule of Law: Ideal or Ideology. ed. Allan Hutchinson and Patrick Monahan, Toronto: Carswell, 1987, pp. 1–2。

居于核心地位，而人们习惯认为，规则具有首要的意义。但人们亦的确逐渐发现，"规则统治"的观念，终究较脆弱。在此，问题的关键，并非规则是否存在及规则是否完善，而是规则在运作过程中需要人们的主观理解。[1]主观理解，是将规则性质的法律文字诉诸社会现实的必需通道，而此种"理解"，亦会产生困难，即使在主观理解者的良好道德意识、信念的背景下，如颇为信仰法治，有时仍会如此。因为，规则的语意含义，处于不同的社会环境及处于不同的人文观念场域，会呈现不同的意义理解。[2]最重要的，则是只要存在纠纷、争议及人们希望运用法律的方式来解决，则不同的意义理解，总会时隐时现，或总是"在场"。[3]故结果便是人们将不得不面临"不同见解式"的纷争场景。

从这点看，立法和执法、立法和司法的关系，远非人们想象的，是颇为简单与直线的，亦即执法、司法仅为立法的"传声布

---

1 以前，有学者认为，某些情况下，不需要对法律规则进行理解，可直接适用。此种观念在19世纪德国，得到一些学者，尤其是"机械法学"（耶林语）的赞同者的认同。但现在，法学学者发现将规则运用于具体情形时，理解难以回避。

2 在此，不仅存在一条法律规则的字词如何理解的问题，而且存在法律规则条文之间的相互关系如何看待的问题。前一种情形，许多著述已有论及。就后一种情况而言，我们习惯认为，在一个法律体系中，法律规则的相互关系大体来说十分协调，尤其是那些最基本的法律规则，存在逻辑相互支持的关系。但问题可能并不如此简单。2001年出现的一个例子，可很好说明此问题。2001年10月，在一桩继承案中，四川省泸州市纳溪区人民法院认为，被继承人将自己的遗产赠与第三者的行为，已违反《民法通则》第七条"民事活动应当遵守社会公德"的规定，故属无效的民事行为，不能适用《继承法》的有关规定，认为遗赠有效。后二审法院维持原判。参见本书第七章。我们可发现，根据《民法通则》第七条作出的判决和根据《继承法》有关规定作出的判决，可能相互矛盾。针对此案而言，我们至少可认为，法律规定之间的逻辑关系，并非一定如此十分协调。

3 我们不难发现，许多法律纠纷和争议，是和对法律含义的不同看法相互联系的。在纠纷和争议中，人们会基于不同的利益期待、社会观念，对法律问题提出自己的意见或看法。

道"，或如孟德斯鸠所说，前两者为立法的"代言人"。[1]正是在此，我们可发现，执法、司法也许是另外方式的"立法延伸"，或"立法分享"。[2]

不能否认，某些情况下，人们对规则的意义具有共同的理解，此亦为前文在"较脆弱"表述中将"较"字加上重点符号的缘由所在，否则，的确难想象，为何规则可存留在社会中。但规则的出现，终究是种临时性的"共时意见达成"的表现，在特定时间，人们之间，可由于一致或妥协的缘由，而出现共同的行为准则的意见，同时进一步，随着时间和空间场所的变化，不同意见，完全可能再次出现。不论不同意见的一方人数是众多，还是稀少，亦不论不同意见呈现的时间、空间的范围，十分广泛，还是十分局部，不同意见本身，均表明对规则完全可能出现"不同的理解"。此外，如果承认规则的含义，是在规则文本和规则读者之间的关系中建构的，而且，规则的含义，不是"本质"意义上的，则一种结论便无法回避："人数众多"，本身不能证明众多人数所持的理解意见，具有天然的合法性，以及"不同意见的存在的时间极有限"，其本身，不能表明不同意见是没有实质意义的。进一步，我们亦需注意，社会中已经且不断呈现的修改、补充、解释法律等，另从侧面说明，"不同理解"已存在，或随时可能出现，且不可避免。

---

1 参见孟德斯鸠：《论法的精神》（上册），张雁深译，商务印书馆1982年版，第154、163页。
2 在中国法学中，一般观点认为，法律解释是"有权解释"的问题，即法律可规定在需要解释时由谁来解释。但笔者认为，即使如此规定，一般性的司法解释，在司法活动中依然广泛存在，且对"有权解释"的解释规定，人们有时还会认为需要解释。

概言之，由此意义出发，权力的分立制约和司法独立，其价值，远超人们一般想象的政治价值。换言之，这种分立制约及由此而来的司法独立，具有十分重要的"权力重新配置"的政治功能，不是"谁立法、谁执法、谁司法"的简单分工及"有法可依、有法必依"如此简单的规则治理。至少，我们可这样断定，"现代法治"，一方面存在极有限的"规则统治"的面相，另一方面，则是可能存在十分广阔的"权力平衡"的面相，而在后者中，"规则"完全可能成为权力制衡较量的竞技平台。[1]

---

1 在此，所以提出"极有限"的界定，因为严格说，现实社会中，人们对法律规则总存在不同的理解。即使异议者是极少数的个人，此依然是"不同理解"的表现。相当多的情况下，我们的确看到制定出来的规则没有引起人们的争议，但应注意，对于社会中大多数人而言，相当一部分法律规则对他们是陌生的，其行为，一般看，不是在知道法律规则的情况下依照法律规则来实施。法律职业群体的产生，或可从社会分工角度来理解的法律职业阶层的出现，均已表明，社会中大多数人对法律规则的十分有限的知之程度。当代中国多年来普法教育这一事实本身，亦表明，当代中国社会中大多数人，并不了解浩如烟海的法律规则。大多数人发生纠纷后寻求法律咨询，亦可作为佐证。而在社会大多数人不了解大量法律规则的情况下，我们何以能断定，在没有发生纠纷和争议时，法律规则在发挥规则治理的作用？此外，我们应注意另外一种情形，即人们以一般性的"置身之外"的方式理解法律规则，与人们卷入纠纷和争议时理解法律规则，存在重要区别。前者中，人们易达成共同意见，因为，此时自身的利益，及自己的政治道德观念，未置身其中，而后者中，人们不易出现共同意见，因为，此时利益和政治道德观念，易发生冲突。这或许就是人们在一般性学习法律规则的过程中，认为法律规则十分清楚，而在具有纠纷争议性质的实践中，认为法律规则又十分不清楚的重要原因。还需注意的，则是许多情况下，我们认为规则的意思很清楚，并非因为规则及规则的语言本身有自己的固定意思，而是因为，特定的语境中，我们对其没有不同的理解分歧。这方面的例子，不胜枚举。现代语言学的分析研究，已说明这一点。我们是借助语言以张扬法治的。而语言，恰是约定俗成的符号系统。如果我们均同意一个"意思"，此意思即为清楚，如果不同意，此意思即为不清楚。这个意义上，我们便可理解，在基本层面上看没有规则的治理。"规则的治理"大体是个神话。此神话，大体来自我们所看到的"没有争议的规则运用"这些现象，且来自对之没有反省。

当然，上面对"现代法治"所做的解读，既可能是深度描述，亦可能是过度阐释。但经过分析，在某种意义上，我们的确可宣称或不得不承认，在法律规则存在的前提下提出权力分立制约及司法独立，实质上是在重要层面上提出"人的权力"，更准确说"阶层的权力"，而非"法的权力"，其分享与平衡。这便不奇怪，在看待英国学者戴雪的法治含义时，有学者这样认为：

> 戴雪所说的"英国人受法律的统治，而且只受法律的统治"，实际上意指"英国人受法官的统治，而且只受法官的统治"。[1]

而且，事实上，如人们所熟悉的，从微观历史具体方面看，"现代法治"形态和具体地缘的社会政治力量的对比，存在重要关联，其和某些社会阶层集团的利益驱使，存在重要互动。"现代法治"的若干重要原则和理念，不是也不可能是，社会的全体人民提出的政治要求。这些原则和理念的提出，在特定的具体历史条件下，正是特定社会阶层集团的政治愿望。[2] 具体历史层面的证据本身亦已揭示，"现代法治"，从其产生之日起，便带有社会不同阶层集团的权力分享要求的印记。[3]

---

1 詹宁斯：《法与宪法》，第215页。
2 主张权力分立制约的美国近代联邦党人麦迪逊（James Madison）早已指出，党争的基础是利益，司法独立及司法判决，亦不过是利益的表现。参见汉密尔顿、杰伊、麦迪逊：《联邦党人文集》，第46—47页。美国学者维尔指出，历史上，与法治密切关联的分权理论，其和劳动分工、职业专业化需求、利益配置存在重要关系。参见维尔：《宪政与分权》，第14—15页。
3 关于此问题的较细致分析，可参见维尔：《宪政与分权》，第8—9、92页。

此外，我认为需进一步注意的，则是权力分立制约，表现了"社会力量均衡"的理念，司法独立，表现了"职业科层"的理念。[1] 从此角度看，"社会力量均衡"理念及"职业科层"理念，均为"现代法治"的深层意识形态的核心要素。依照此理解思路，现代法治，总体上，完全可成为一个法律职业阶层的统治，其具有职业科层分享直至把握运用社会终极权力的性质。因为，只要存在对法律规则需要理解的问题，则司法独立，实质上意味着职业化的司法阶层，可享有最终决定法律含义的权力。而职业科层，实质上正是社会的中产阶级或中等阶层的"专业代码"。[2]

四、现代性观念与现代法治的关系

现在可转入对"现代性观念"和"现代法治"及两者的相互关系，展开"诊断式"分析。

就"现代性观念"看，首先，其存在一个根本性的困境，即我们并不知道社会历史在总体上，是否为直线向前发展的。此"观念"，替我们描绘的，是一个宏伟但又无法证明的历史命题。而深入看，如前所述，我们完全可发现，与其认为"直线向前发展"的结论，是客观的发现，不如认为其是我们意识形态的思想结果，或

1　现代法治中司法独立，颇为要求职业化和专业化。笔者提到这一点，是从"现代法治"的角度出发的。

2　所以说"中产阶级"或"中等阶层"，因为，职业化的知识保持与生产，是以一定的经济资源作为基础的。缺乏一定的经济资源的支持，"知识保持与生产"本身，便难以想象。

者，正是在我们的背景话语的影响下，我们看出且得出，所谓的"直线向前发展"的结论，并乐观相信此为真实。

显然，从实际出发，只要不断深入"阅读"社会的现实及历史的材料，我们便有能力不断发现相反的结论，且此相反结论，完全可指向社会历史的断裂性、偶然性。部分的实证研究，如人类学、微观历史学、社会学的，以及意识形态话语的分析，或我们使用的语言的分析，可以且已经，从若干重要侧面揭示了这里的关键症结。[1]我们可发现，正是在特定语境中，我们得以认识、分析特定语境中的社会现象，我们没有能力站在一个"外在客观"的立场上，观察社会对象。如果我们可搜寻理由，以论证社会历史的"直线向前发展"，我们亦可搜寻理由，以论证社会历史的"多面松散变化"。故"现代性观念"，无论怎样试图跳出自身之外，指点社会历史发展的路标，其依然依赖某些以不完全归纳方式获得的历史证据，建立一种陈说，进一步，依然是一种立场观念的表达，且以貌似发现社会历史进步的必然性的"真理"而自居。[2]

其次，"现代性观念"，另遮蔽了现代性可能导引的社会问题的严重程度，在倡明现代性可观成就时，其轻视现代性可能产生的严重弊端。

作为例子，可注意法国的涂尔干（Emile Durkheim）、德国的韦伯提出的"现代性观念"。作为社会历史研究的学者，其均意识

---

1 关于否证"现代性观念"的一个例子阐述，可参见王铭铭：《他者的意义——论现代人类学的后现代性》，载赵汀阳编：《现代性与中国》，广东教育出版社2000年版，第279—313页。
2 关于这一点的批判性分析，可参见鲍曼：《立法者与阐释者》，第90页以下。

到，社会历史发展是双重性质的，即一方面，存在积极效应，另一方面，存在负面效应，但总体上，其却认为社会历史的发展是从消极走向积极的，在"走向"的过程中，积极效应可抵消负面效应。两位学者对负面效应的"潜力膨胀"，缺乏充分的估计和认识，而20世纪的社会历史变化，则清晰揭示了所谓的"现代性"，如何在自我前进的过程中滋生、瓦解直至抵消了现代性成果。具体说，两位学者均意识到，现代性的工业前进，可能带来负面效应，即现代性工业进步，在提供社会物质享受的基本框架时，会带来压抑人类精神自由的纪律规训及简单重复性的流水作业劳动，更甚者自然环境的破坏，但他们相信，此种负面效应，可被抵消，且不足为怪。换言之，他们终究未发觉，现代性的工业"生产力"，存在带给人类精神、基本生存环境的破坏性潜在威胁的巨大张力，或未发觉，现代性的工业"生产力"，完全可能最终摧毁人类的灵魂家园、生存空间。

与此类似，我们可发现，深受现代性观念影响的社会政治学者认为，权力专制是前现代社会或过去岁月才会出现的一种政治状态，其相信，伴随社会历史的向前发展，权力因为权利的张扬，可转入社会多数主体的控制把握中。但20世纪的政治状况，则明确展示，权力专制如何可更牢固、更残酷施展自己的能量，如在各类法西斯主义的兴起、残害犹太人行动、极权主义、斯大林主义等表象中，其如何可彰显自己的极大潜在威力。

这类问题上，我们可认为，崇尚现代性观念的学者，实际上未清晰意识，现代性中本身便存在"负面增殖"的强化因素，而此强化因素，完全可促使原有的积极效应，消失殆尽。事实上，我们至少可指出，前面提到的负面效应，在含有现代性的一类社会程式的发展中，极可能已超过不含有现代性的社会程式。[1]

再次，正如有学者所指出的，现代性观念，裹挟了极强的征服现实社会的理性欲望，而这样一种理性欲望，事实上，在征服现实社会的同时，亦在"冲乱"现实社会。[2]

我们可看到，现代性观念存在一种自信，即通过对现实社会的理解、洞察，人类可积极主动或人为改造社会，甚至创造社会。此自信，源自"历史具有必然性"的乐观想象。认识历史以图推知历史及改造历史，是现代性观念锲而不舍的重要理念。现代性观念，常希望依赖具有自然科学武装的"社会科学"知识，将现实社会进行统计分类，将获得的认知资料进行系统清理，以获得指导现实社会的可靠方案。

但可发现，并且可理解，这样一种知识运用是存在"反思特性"（reflexivity）的。在此，所谓"反思特性"，是指知识和作为知识对象的社会活动及社会行为之间，存在相互作用的关系。作为例子，可注意犯罪现象统计分析的复杂后果，其为许多学者已发现。我们可看出，经由政府公布的官方统计数据，似乎已提供某种精确研究社会秩序的路向，但事实远非人们想象的，简洁单一。早期科学式的社会问题研究者相信，这些统计数据已标明硬性资料，其可以且必须依赖，而根据这些硬性资料，现代社会的相关秩序，便能得到比缺乏这类数据的方式更准确的分析及预测。但此类官方

---

1 参见吉登斯：《现代性的后果》，第6—7页。
2 参见吉登斯：《现代性的后果》，第36页。

统计数据，并非仅具有检测社会秩序的意义与用途，其亦具有另外功能，即制度性反馈和"深入"原来收集它们并由它们所检测的社会秩序领域。这意味着，当官方的犯罪现象统计分析出现时，核对数据本身，便成为国家权力和若干社会组织模式的一个建构因素，国家权力和社会组织，在核对数据、运用数据时，亦在形成巩固自身的力量。现代政府对犯罪现象的方针策略及进而实施的控制管理，与这些日复一日、年复一年的官方数据统计，不可分割，相互交织。进而言之，官方的犯罪数据统计，在运作时，亦在"冲撞"社会秩序，使社会秩序不断发生再生性质的变化，或使犯罪数量及性质再生新的"迷津"。[1] 这便表明，现代性观念操纵下的某些社会科学理论，试图精确认识社会秩序，同时亦在使其不精确。就此看，现代性观念统率下的社会理论，是种部分性的"自我捉对式"的原地旋转理论。

在此，不仅是统计资料是否真实的问题，更重要的，则是最认真严肃的统计者，对统计指示运作亦有自己的理解，而再认真严肃的被统计者，即所谓外行人，亦有自己的千差万别、针对被问概念及问题的"解释"，进一步，在统计过程中出现的数据，每被使用一次，便可能被使用者再"创造性转换"一次。此亦为许多学者已发现的一个问题。这个意义上，现代社会的变迁，当然主要是民族国家，从基本方面看，不仅是被统计数据体现出来的，而且也是由于统计数据的"冲撞"，而被建构起来，两方面的"解释"，即统计者的和被统计者的，从未停止过。

---

1 关于其他例子，可参见吉登斯：《现代性的后果》，第37—38页。

从这里，可推出这样一个结论：我们无法依照启蒙理性所确立的现代性原则，以简单相信，人们越了解社会秩序的知识（其实总是仅得到部分经验材料支持的知识），便越能更好控制社会秩序的命运。实际上，我们又可这样看待问题：在认识社会秩序的各方面时，除认识过程本身的权力和价值的作用外，另存在一个未预期的后果问题，等待说明。人们建构的关于社会秩序的知识，即使十分丰富，亦无法囊括知识所描对象的各种情况及各种可能。概言之，问题的关键，不在于是否存在一个静态的社会秩序，等待我们去认识，而在于我们的认识本身，便使认识中的社会秩序，不断发生变化。[1] 就此说，现代性观念具有一种误导的性质。

经过现代性观念的"诊断式"分析，我们可得出与此相关、针对现代法治的几个"诊断"分析。

第一，现代法治，作为"现代性观念"的一部分，实际上，是一个从特定区域里的制度建设中分析得出的政治法律观念，其作为制度模型，因特定社会区域中的各类因素相互作用而产生，而这些因素，自然包括特定社会区域中的物质因素及精神因素。此法治，如人们常指出的，具有西方化的印记和特点，因为，从地缘政治学的角度看，所谓"现代法治"，便来自西方社会，而众多探讨"现代法治"的文本叙述，几乎均围绕"西方法治"而展开，此叙述本身，亦从重要方面说明"现代法治"的具体地缘性质。就此而论，伴随"现代性观念"时，"现代法治"意识及由此产生的现代法治的推广意念，忽视了法律秩序与地缘环境的相互关联。

[1] 参见吉登斯：《现代性的后果》，第39页以下。

　　深入看，在"现代性观念"的操纵下，现代法治的呈现，被许多人视为了历史发展的必然结果。其具体表现，是将西方地缘中产生的制度建设，以及背后隐藏的社会利益和意识形态结构的内容，推而广之，予以神圣化，使之成为社会历史进步的"直线性、前进性"的目标，进一步，使之成为所有社会的制度建设的一个"标准样板"。其所包含的问题，像左翼社会主义"现代性观念"所暴露的，将社会历史中一个方面的现象，当作整体现象，相信一个特定区域的政法制度变化发展的路线，只能且应该是所有社会区域的。换言之，在"现代性观念"的拥抱下，现代法治，已成为一个制度建设的"神话"，且是具有天然合法性的制度建设神话，进一步，遮挡了人们观察、捕捉另外可能存在的制度建设资源的视野。

　　第二，如前面已分析的，"现代法治"，其关键之处，或就主要方面而言，更在于法律职业阶层的权力控制。如此一种权力控制的出现，显然有其特定的历史背景，是在特定历史的权力关系和利益关系中产生的。故在现代性观念的推动下，现代法治的推广，实际上，在相当重要方面，成为某一阶层权力把持的推广，以及一种具有特定利益驱动的意识形态的推广，而某些情况下，此权力把持和意识形态，其与具体地缘的阶层利益亦存在联系。

　　现代法治的推广，和其对立面，即左翼的"现代性"观念宣扬的制度建设相似，将社会中的某些权力框架模式，视为必然的"前进性"的，进一步，压抑了他者在不同历史条件下的权力配置需求。尤其当现代法治在制度建设中，逐步成为一种"神话"时，他者的权力配置需求，在此"神话"拒斥下，更被置于受挤压的境地。

　　我们应看到，社会历史条件是不同的，故以规则作为建构平台的权力配置的需求，亦为不同。在特定的历史条件下，法律职业阶层的全面控制，是有益的，而在另外的历史条件下，人民大众的"参与法律"，则是有益的。即使法律职业阶层可能代表了部分的外行大众，但这些外行大众，终究是部分的。故强调在另外的历史条件下人民大众的"参与法律"，等于强调另外的外行大众利益的同等意义的重要性。在现代性观念推动下，现代法治意识，实际上，恰忽视了某些另类的重要性。

此外，"现代法治"意识，尽管亦会觉察其本身可能带来的负面问题，如通过中产阶级的权力独掌，而出现对其他社会阶层需求的冷漠，但在"现代性观念"的支持下，"现代法治"意识，并未发觉此负面问题十分严重，至少其并不认为，此负面问题在已出现的社会历史中，是十分严重的。事实上，正如"现代性观念"本身一样，现代法治忽视了一种制度配置可能存在的巨大潜在的破坏性，而这种破坏性，在特定历史环境中，十分可能出现。作为例子，可注意某些学者指出的，在经济资源配置两极分化的条件下，以专业化、职业化为表征的中产阶层司法群体，完全可能经由司法权力的独立运用，加强法律制度中的硬性程序，而这种程序，显然是对财富资源拥有者有利的，进一步，在司法权力独立运作的过程中，加深经济资源配置的两极分化。[1]更具体看，即使在美国如此号称"颇为法治"的国家，亦有学者指出，一般民众对法治的运作极为不满，因为，以权力配置作为表现形式的法治，常成为经济权

1　参见Cotterrell, *The Sociology of Law: An Introduction*, p. 159。

力和政治权力的交易场所。[1]

这个意义上，如果应警惕左翼的"现代性观念"中的制度意识，则同样应警惕"现代性观念"中的"现代法治"意识。从相反方向看，现代性观念的支柱一旦被瓦解，我们便会且应发现，现代法治并不是一个历史发展的必然现象，其和社会其他因素，如政治的、经济的、文化的，均存在关联，因素发生了变化，我们便会看到不同的制度构建，且应期待，不论我们法学家的理想，究竟是怎样的。在此，问题显然不仅是法学家的"理想与现实的脱离"，而且另包括，在推行现代法治时，我们是否可能压抑了另外的立场、利益需求。[2]

第三，在"现代性观念"掩护下，"现代法治"意识和理性化的控制欲望，亦存在密切联系，而且，其和理性化的知识设计，是

---

1 关于此问题，可参见Ronald Cass, *The Rule of Law in America*. Baltimore: Johns Hopkins University Press, 2001, pp. 98ff.另外，在中国，至少在强调"推进现代法治"的时期，我们亦可发现类似问题。强调程序的意义，亦的确越来越对财富资源拥有者展示了有利的支持。虽然我们强调对财富缺乏者的"法律援助"，但这种援助，十分有限，同时，我们可发现，参与"法律援助"的法律职业者，如律师，自然要比接受财富拥有者委托的法律职业者，较缺乏"法治积极性"。当然，目前中国强调社会主义法治的概念，其目的之一，即在缓解此情形。

2 有人可能认为，实际上，正是现代法治可提供一个多种立场交流的平台和制度保障。但这种观念，存在问题。因为，现代法治提供的制度设计（主要是程序方面的而非实体方面的），已是在肯定一类阶层价值的基础建立的，其已反映一类阶层的基本需求。换言之，现代法治的制度设计，从开始，便未设立一个"绝对公平"的历史舞台，其也不可设立这样一个舞台。现代法治的一系列原则，如马克思主义经典作家所揭示的，是特定阶层利益的表现。在中国，我们可看到一系列程序上的法治制度，如抗辩制，不可避免具有一些"利益倾向"的问题。在这些制度中，有产阶层，相对一般民众而言，更能顺利进入法治运作。一般民众，尤其是较贫穷的民众，进入这样的程序运作，较为困难，会受经济制约。故有理由追究是否存在"压抑另外立场和利益需求"的问题。

相互对应的。从近代开始，"法治知识"，明显带有"科学主义"的倾向或色彩。我们可看到，"现代法治"观念，从知识领域角度看，主要和政治学及法学存在重要关联，而近代以来的"政治科学"及"法律科学"，已逐渐成为政法知识的关键词。近代意义的"科学"一词及"理性"一词，常是一个意思的两个方面。在与法治有关的知识语境中，"理性"的意识，意味着促成"法治科学"的建立，而"法治科学"的建立，如本章前文对具有"现代性观念"的其他社会科学的分析一样，存在一个如何运用知识，以积极干预社会研究对象的问题。

在"现代性观念"的指引下，"现代法治"知识，希望研究社会的法律制度，并希望从中分析法律制度运作的前提、效果，而这样一种希望，自然可能导致一个后果，即分析法律制度运作的同时，影响法律制度的运作。换言之，"现代法治"观念常试图发现现实社会中的"制度弊端"，在建立制度弊端这一对立面时，树立"反制度弊端"的合法性，但"发现制度弊端"，总会在先行的"制度弊端价值判断"下展开，或可说，"制度弊端认识"既是前见的，某些情况下，亦缺乏反思。从价值判断和经验考察的两个层面上，"制度弊端认识"，均可能是武断的。如前所述，"现代法治"观念，其和具体地缘的阶层利益存在联系，故其和另外地缘的类似阶层的利益，同样存在合谋关系，进一步，其展开自身的过程亦为摈弃、压抑其他阶层利益的过程，而摈弃压抑时，"制度弊端认识"，常指向"他者"，而不易指向自身。此外，其所使用的经验方法，亦为"局部"的，如其他任何经验方法一样，难免"片断"，即不能涵盖所有的观察对象、相关制度；同时，经验方法在体验对象时，亦在人为"影响"对象，其结果，在"重新构建"对象时，武断"概括"对象。故我们可这样认为，"现代法治"意识，如现代性观念一样，在试图凭借知识精确把握社会法律制度时，无法精确实现自己的目的，甚至可能误导人们对社会秩序多种状态的认识。

五、结论

对"现代性观念"的批评及对"现代法治"的揭发，并不意味着，需放弃价值上的法律建设追求。在影响制度建设的因素中，"积极建设"的观念，当然是重要的，但我们又必须看到其他的物质因素，这些物质因素和特定语境中的人们利益需求，存在密切联系。对现代性观念的批评和对现代法治的揭发，其意义，在于反省我们已有的对社会历史中现代法治的认识和宣扬，重新思考现代法治的语境意义及背后利益价值的代码，即谁的利益。

在此，我不认为，"现代法治"令人沮丧，相反，却相信其在当代中国的"这个"特定时刻可能依然有益。因为，一方面，当下的中国，是从带有浓重专制意识的历史渊源转变而来的，或从革命而来，而这种革命，并不意味着已彻底解决专制意识的问题；另一方面，当下的中国，依然面临如何约束权力的问题。故本章认为，我们应清晰分析，现代法治在中国社会中的推广，究竟具有怎样的多方位意义，其带来的具体后果，可能是什么，是否的确对中国整体，甚至中国内部的具体地方，具有不可置疑的有益价值。并且，如果的确具有不可置疑的有益价值，则我们应如何进一步推进、改进，使之和社会主义法治相互发明，或找到更好的制度建设资源，以作补充。无论怎样，社会地缘的不同，要求我们看到社会资源的不同，及制度建设的多样可能性。

另我不认为，物质因素对制度建设的制约是必然的，"必然"的认识，本身即为"现代性观念"的残余。就此而言，我相信作为"意识形态策略"，主观因素对社会制度建构的影响，依然重要。从此看，推进"现代法治"意识，不是一件特别困难的事情，其仅为"战略战术"的问题。正是从此这个意义出发，我另认为，在反思现代性观念和现代法治的同时，反思得出的有益结论，同样可通过意识形态策略的运作，"进入"社会，或"进入"实践。反思现代性观念及与其相伴的现代法治观念，正是意在指出看到事物相反方面的重要意义。

第六章　简约的法律

——种法学观点的实践表达

自19世纪以来，今天的第三世界国家和前共产主义国家一直在照抄西方的法律，为它们的人民提供创造财富的结构框架。它们今天还在照抄这样的法律，但显然并没有奏效。大多数人仍然无法运用法律把储蓄转化为资本。[1]

一、问题和思路

前面第五章，分析"现代性观念"和"现代法治"的问题，其中，再次暗示且批评"直线前进"的概念。主要从"地理"观念的角度，当然，有时亦包括"时间"观念的角度，第五章，剖解此概念的相关困境。第五章的主要观点，是想说明，与"现代性观念"伴随的"现代法治"带有地理意义的"西方印记"，而如果需反思"现代性"及"现代性观念"在世界其他地域的状况与后果，亦需反思"现代法治"可能带有的同样状况与后果。此外，前面一章，另从"现代法治"本身所存在的"政治"问题，分析"法律治理"的正当性及其中隐藏的深层"阶级压抑"的结构机制。

---

1 赫尔南多·德·索托（Hernando de Soto）：《资本的秘密》，王晓东译，江苏人民出版社2005年版，第11页。

　　法律语境中，"直线前进"的概念，在一个侧面鼓动、催发一个重要的当代现象，即法律的复杂化，或说法律的"持续发展"，其亦为"现代法治"的一个要求。故对法律的复杂化或持续发展，亦需反思。这意味着，当人们无形中认可"直线前进"的观念，相信"现代性"不可阻挡时，特别是当人们认为现代法治不可避免为"现代性"组成部分时，法律的不断制定、细化，法律制度在"复杂方面"的不断膨胀，则为今天人们看到的自然后果，而如此另外一类"法律现代性"，亦需反省。如果深入说，则反省的目的，在于从其他层面提醒人们注意：需看到法律"复杂"的对立面的意义，而法律"复杂"的对立面，可能即为法律的"简约"。

　　另需要指出，法律的复杂化或法律的"持续发展"，还有其他方面的激励因素。本章分析的、人们许久以来一直期待的"完美无缺的公正"的意识形态，或许是其中之一；而本章分析的、人们许久以来一直具有的"类推想象"，即认为某一社会结构中的法律机制，可自然移向另一社会结构，或许又是其中之一。如此，对和"现代性观念""现代法治"纠缠在一起的"法律的复杂化"，或"法律的持续发展"，将其和"追求至善至美的公正"的意识形态、"类推想象"的默许，联系起来，予以辨析，深入追究，可使我们更有深度理解法律现代性的问题。

　　故本章，结合一个具体的法学文本，即《简约法律的力量》，[1]分析"现代性观念""现代法治"意识，及与其相联的诸如"完

---

[1] Richard A. Epstein, *Simple Rules for a Complex world*. Cambridge: Harvard University Press, 1995.

美公正"的意识形态、"类推想象"的心理机制，包括它们相互作用带来的"法律不断复杂、发展"的问题。此法学文本，便具有反思理念，即法律应简约。具体说，其具有"反抗现代性"及"反思人们一般思维误区"的谱系，主张法律存续的关键在于"简约"概念。在我看，"简约"的法律形象，是非常有益的设想，亦为非常有益的方案，尽管具体细节上，还需更多剖解、论证。另需要说明，且本章会进一步暗示，此设想、方案，本身亦为法学立场的一个政治表达，其所迎接的对立面，恰是法学立场的另外一个政治表达。故本章分析法律"复杂"与"简约"的关系时，也在潜层揭示法学知识的实践性质。

作为辅助议题，本章将结合此法学文本，拓展另外一个分析领域——相对法律而言的经济成本的正当性。在我看，当然，亦如该法学文本的作者所表达的，正当性问题，不仅需"从政治角度加以分析"，而且需"从经济角度加以深化"，换言之，法律语境中，正当性问题不仅置身于政治，而且置身于经济。故经济的问题并不单纯是经济的，亦为"伦理"的，即涉及"如何公正"及"为何如此才公正"的问题，有些成本的承担、支出，不能逃避"公正"的追问。这意味着，本章将在另一新的分析领域，推进"法律现代性"及本书主题，它们关于"法学立场"的思考。

二、一个需关注的法律现象

今天法律世界中，一个现象人们熟视无睹，即不断增加法律规定、细化法律内容。以中国程序法制建设为例，20世纪90年代以来，中国对相关的民事诉讼法和刑事诉讼法，倾注极大的精力、努力，在刷新、修订这些诉讼法时，另不断推出最高法院的微观解释及微观规定，而所有这些，直至今天，均未停止，亦不可能停止。如果一定要作出某种预言，则可认为，未来相当一段时期，甚至更长时间，我们还会且必将看到类似这种程序法制作的中国式法律生产。当然，我们可指出，此为转型时期中国法制建设只能面对的现实，越是转型时期，越是可发觉其为自然而然，因为，转型时期出现的问题、矛盾，肯定令人目不暇接。

但不仅中国的法制建设如此，号称法制颇为发达且并未处于转型时期的美国，亦如此。美国并非一定面临程序制度"细节公式"缺席的困境，但在其他领域，如环境保护、社会救济、社区安全及数不胜数的另外领域，亦面临同样困扰，而其在这些领域中的法制建设亦"乐此不疲"。

如此看，我们完全可从更广域、普适的角度对待这里的问题，换言之，不仅转型期的中国法制，定型期的美国法制，甚至当今其他任何时期、任何时代的各国法制，均存在不断更新换代、填加"补丁"，以完善法律规定及法律内容的行动谱系，因为，不论何时，当今任何社会总面临新的挑战、问题。

如何理解法律的这种广泛的"可持续发展"？

三、至善至美的公正与法律复杂

在《简约法律的力量》中，美国法律学者爱波斯坦（Richard A. Epstein）指出：

　　具体案件中，希望实现公正，便是促使法律制度积极运作、不断发展的最强劲动力之一。具体案件，是法官和管制者必须面对的，在具体案件的语境中，人们制定且适用大量法律，而法官或管制者，其法定作用和义不容辞的责任，即适用一般法律于纠纷事实，作出正确裁判，以处理具体案件。但公正的流产，则是裁判结果中的一个错误，此错误，从底部侵蚀法律的道德权威，削弱法律在调整人类行为方面的功效。故可理解，为避免这些不公正，为何数量惊人的资源被用于法律程序的发展。这些程序，规定相关证据的提交方式，及相关证据的认定方法。[1]

　　这是理解法律制度不断发展的一个角度。

　　此外，特别值得注意的，有如爱波斯坦指出，则是人们时常另有一个信念，即认为，"在小型、自愿结合性质的社群中可发挥作用的复杂管理形式，在更大型、非个体化的社会背景中，可获得同样效果"。[2]此为理解法律不断发展的另一角度。换言之，此种"相信可获得同样效果"，是促进法律不断发展的一个心理机制。"大多数个人，大多数情况下，其生活背景是家庭、小型群体。一些极为细节化的非正式规范，在调整家庭、小型群体的活动"。[3]如此生活背景，不仅积养人们一般生活规则习性，而且激发，人们对自己熟悉的非正式规范，在另外语境下位移依然可成功的信心确认。

1　Epstein, *Simple Rules for a Complex world*, pp. 37–38.

2　Epstein, *Simple Rules for a Complex world*, p. 37.

3　Epstein, *Simple Rules for a Complex world*, p. 42.

若用类似审美心理学的通俗表述，则可说，在此，人们易发生"移情"。小型社群中，尽管存在各种矛盾，其他各种不方便，但概括看，其乐融融，而至关重要的，小型社群中，人们可发现"复杂"的各种微观角色分工、权力配置。此"复杂"，在小型社群中，几乎不会遇到任何障碍，相反，常发挥令人羡慕的显著功能。当显著功能日积月累且为人熟知时，人们则易相信，"这种功能"可放之四海而皆准。

提出上述两种角度，以解释法律的"可持续发展"，其本身并不特别令人振奋，但如果深入分析，则的确可从中获得另外的认识和理解。

首先，考察第一个角度。

可注意一个现象，即一般人的心目中，大致公正或相对公正，其和真正的公正总存在距离，甚至相互背离。试想，切分一块现代正义理论反复举例以期说明问题的"蛋糕"时，一个人是青年，18岁，一个人是少年，8岁，如果因为18岁的青年自然肌体需求较大，故分配较多份额蛋糕，反之，因为8岁的少年这种需求较小，故适量减少，则对个别人偶尔来说，基本属于可能的一种大致公正或相对公正，进而可接受，且将其视为真正的公正亦不过分。但假定对公正问题，人们相当认真，并总是展开具体公正权衡的实践行动，则通常说，人们注定不如此看问题。

如果18岁的青年是女性，娇小玲珑，8岁的少年是男性，"体格强壮"，仍以肌体需求大小作为标准，为何如此分配蛋糕？如果18岁的青年已饱食，或面对蛋糕时根本厌烦，8岁的少年未饱食，或对蛋糕情有独钟，仍以肌体需求大小作为标准，为何亦需如此分配蛋糕？如果 18 岁的青年情操高尚，坚决要求分给 8 岁的少年同等，甚至更多的蛋糕，还以肌体需求大小作为标准，为何仍坚持如此分配蛋糕？进一步，如果 18 岁的青年将原分配给 8 岁少年的另外食品抢走，反而再继续要求较多份额的蛋糕，又以肌体需求大小作为标准，为何又要坚持如此分配蛋糕……

一般看，人们可设想各种情景，质疑这种分配，因为分配条件可不断变化，基于不同条件，必然要不断提出"为何应如此分配蛋糕"的问题。故对一般人，大致公正或相对公正，极可能不是真正的公正，其隐藏甚至遮蔽"特定条件"的所谓公正；更重要的，"条件"的设想和设定，总会依人不同、据利益差异、凭立场多样，而出现。

但此思路，恰非提出关于"公正"的彻底怀疑主义，而是相反，暗示"怀疑论者"总在期待真正的公正。作为"怀疑论者"，一般人，通常未因此放弃对真正公正的想象。对他们而言，他们提出，"大致公正或相对公正，和真正的公正总存在距离，甚至相互背离"，恰表明他们怀念真正的公正。更准确说，提出怀疑时，一般人正期待，实现具体化的"针对具体条件"的真正公正，即使这是十分艰难的。否则便无法解释，为何一般人还要费时、费力，以质疑"大致公正或相对公正"，而非直接展开"现实蛋糕"的阵地战、争夺战，回归社会达尔文主义。

由此看，对具体化、具体条件下的真正公正的想象、怀念和期待，而非为了一般意义上的公正，更非为了笼统的"解决一般问题"，才是不断增加法律规定、细化法律内容的并且总是在场的根本动力之一。显然，在一般人理解中，只有不断增加法律规定、细化法律内容，不断推出法律条件的限定，才可能实现较真实、较具体、"看得见的"公正。再看本章上面提到的中国程序法建设，我们可发现，其中无一不是努力试图在具体条件下实现具体化的真正公正。故此意义上，所谓的一般公正，不过是具体化、具体条件下的真正公正的另外一种代码。而我们亦可理解，为何《简约法律的力量》进一步指出，真正的"至善至美的公正，并不满足于法律制度运作中的逐渐完善，其迫切希望，在每个具体案件中，彻底消除错误"。[1]

其次，我们可考察第二个角度，即人们易相信，小型社群中的"规则复杂"的显著功能，可放之四海而皆准。

就第二个角度看，人们首先忽视的问题，即这种"复杂"及其显著功能，它们内在缘由是怎样的。其一，小型社群中，人们几乎没有面对一种激励，即相互警惕，或打起十二分的精神，以监控对方。因为小型，人们之间的空间距离包括时间距离，均为微乎其微，人们更多情况下，是在相互熟悉、不断熟悉甚至反复熟悉，其一般而言，已相互了如指掌。而更关键的，此种近似零距离的关系，足以使人发现，保持这种关系远比破坏这种关系更重要，只要相互依赖是不能抛弃的。夫妻、亲戚、情人、师徒、室友、职员、工友之类的人际关系，正是社会学、人类学常说的"熟人"关系。此熟人关系，虽然不是必定没有矛盾，没有相互小心，但一般看，则是彼此互助。《简约法律的力量》提到：

---

1 Epstein, *Simple Rules for a Complex world*, p. 38.

小型群体中的每个成员，在作出决定时，必须全身心关注其他成员的利益。这意味着，一个家庭或一个小型群体中，你并非在和一个互不相识的人，远距离谈论生意，而是在和预先选定的一个彼此相识的人，近距离交互影响，而对这些自己熟悉的人，正如资深律师常说的，你受到了自然而然的爱恋、情谊的约束。[1]

其二，因为彼此相互了如指掌，故"在制定一个行动方案时，通常看，成员无必要冥思苦想，琢磨群体中的其他成员想得到什么、担心什么。他们在以往类似境遇中，已了解其他成员"。[2] 换言之，小型群体中，人们几乎无必要详细考虑自己的行动策略，以应对小型群体内部他者的可能疑惑。一般情况下，夫妻不必担心各自的厨艺是否会使他方感到不适，亲戚不必忧虑各自的说话声调是否会使他方感到厌烦，而工友不必担忧，各自的日常玩笑是否会使他方感到烦恼……

其三，不患寡、患不均的效应，在小型群体中，并非那么特别的明显易见。因为彼此的依赖关系总是长久的，故"如果在具体交易中，一成员比另一成员做得更出色，则对任何成员而言，没有必要担心是否立即解决出色成员的报酬问题"。[3] "今天获得成功的人，或许明天成为失败者；反之亦然。其结果，对任何人而言，几乎没有理由瞻前顾后，斤斤计较，患得患失。不断投入日常工作生

1 Epstein, *Simple Rules for a Complex world*, p. 43.

2 Epstein, *Simple Rules for a Complex world*, p. 43.

3 Epstein, *Simple Rules for a Complex world*, p. 44.

活实践中，本身已足够令人满意"。[1]

正因为上面提到的三点语境因素，故小型群体中呈现的规则，没有特定的权威，没有必要通过某种绝对不可置疑的权威，予以颁布；这些已呈现的规则，有如萨维尼想象的，是默默地自觉发挥作用，静悄悄"浮出水面"。其所需要的，不是任何外在的明确标准，为其树立尺度，而是不断的试错机会和机制，为其提供滋养。其所需要的修正方式，亦非正式的，仿佛仅是习惯在启动修正程序。概括看，"一个默默的激励机制，发挥作用，以确保这些规则在制度上行之有效"。[2]故在小型社群中，自然而然看到的，即为"复杂"这一特性。

一般而言，人们易忘记这种"复杂"的"出身"，进一步，一个期待大型复杂社会中复杂法律制度的移情想象，由此不断发生。

四、追求公正的成本支出

学术话语的重要功能之一，正是"于旧之处"不断拓宽思考的边界，进一步，不断发掘问题的边界。如果仅提出"追求公正"和"移情想象"两个方面，以解释法律的"可持续发展"，学术意识的结果，则不过尔尔。但正因为可对这两个方面不仅提出且展开深入的认识，实际上亦如此，故《简约法律的力量》，能够提示新的思考及新的问题。

---

1 Epstein, *Simple Rules for a Complex world*, p. 44.

2 Epstein, *Simple Rules for a Complex world*, p. 44.

　　首先可深入的，即提示一个思考或问题：不断追求具体化、具体条件下的真正公正，将会引发怎样的后果？

　　一个思路或逻辑走向，当然是导致上面提到的怀疑主义，即将公正问题彻底消解，或将公正以"谁之公正、谁之正义"的方式立场化、政治化。我们的确可发现，有人正是相信，不断追求具体真正公正的结果，即为瓦解公正。这种思路或逻辑走向，是允许的，亦颇有警示作用，但如果从另外角度切入，或许会有进一步启发。《简约法律的力量》提出的角度是：追求真正的至善至美公正时，其过程所发生的成本，会是怎样？显然，就社会问题的解决而言，不存在仅有收益而无费用或天上掉馅饼的美事；很多情况下，问题之简单，正在于"无钱无法成就"这一素朴的常识。如果成本不堪重负，且还有其他的"失望"，则人们便要追问这里是否存在另外的负面后果。

　　我们可注意一个在中国出现的侵权纠纷，其为中国法学界、法律界所熟知。

　　一名路人经过一幢数层居民楼，楼上掉下一个烟灰缸，此烟灰缸，砸在这名路人的身上，造成伤害。这名路人因此付出医疗费，且出现其他损失。在法院提起诉讼时，这名路人将楼上许多住户列为被告，要求他们承担连带责任，而所以连带，理由在于，自己并不知道且也无法举证究竟哪位住户曾将烟灰缸"扔出"。[1]此纠纷，应如何解决？

1　案例参阅柳福华：《高楼里扔出法律难题》，载《人民法院报》2002年8月22日，第4版。

我们可想到若干棘手的法律问题：

第一，如果根据民事诉讼法第 64 条第 1 款的规定，"当事人对自己提出的主张，有责任提供证据"，则一名路人怎可能举证？如此要求原告举证，等于是预先设定原告已败诉。这似乎已不公正；

第二，如果在原告无法举证的情况下，要求诸位被告自己举证，如自己未仍下烟灰缸，则这是否亦有不合情理的成分？不能否认，在这些被告中，必定存在"无辜者"，而让"无辜者"举证，怎么必定是合理的？

第三，如果在被告无法举证的情况下，让被告承担连带责任，则等于要求某些"无辜者"承担责任，如此一种责任要求，是否亦不合理？

第四，要求被告中"无辜者"承担责任，则其中隐含一个逻辑，即原告亦应承担一定的责任，理由之一，在于其经过楼下，而不经过楼下，便不会出现被砸伤的情况，理由之二，在于"无辜者"亦可承担责任；但依此逻辑处理，是可接受的？

第五，不论怎样处理，均可能使"始作俑者"所负的责任分担，远低于其应负的责任分担；一个制度，为何可造成这种结果？

第六，如果确定被告负有责任连带，则选定连带被告究竟依据何标准？二楼以上的所有楼层住户，还是三楼以上的所有住户，还是依据砸伤的程度判断楼层，还是依据扔出物品的可能角度、方向，判断楼层及某层住户的多少？[1]

---

1 现中国侵权法已规定，被告承担连带责任。虽如此规定，问题依然存在，人们还会争论，故讨论仍必要。

　　人们当然可提出上述各种疑问，但这些疑问，均隐含一个预期目标，即应准确、具体以实现至善至美的公正。如果依此目标继续思考，我们还会想到有趣的第七个问题：若第六个问题所涉及的连带责任是必须的，则是否应根据各个被告住处和原告受伤地点的距离、角度等参考函数，以确定被告的具体责任比例？这样是否更加公正？

　　在此，进一步后果是，所有这些疑问，尤其是第七个疑问，均可能引导人们仔细考虑案件的各种调查结果，不断求助于所提交的证据、专家意见、距离测量、相互质证等，[1] 而且，还有以后的细节立法努力。我们完全可想象，此为一个颇为复杂的法律操作，而其中，亦包含颇为不易想象的成本支出。当然，如果最终结果可查清责任，且以后能解决类似的复杂问题，沉重的成本代价，或许可接受，但就类似这里提到的案例纠纷而言，由于无法获得完全的信息，此为一个非常根本的障碍，成本的支出进而便像投入了无底之渊。在这里，成本的支出，似乎没有回报。而所有这些复杂的法律规则的设想、法律操作，其"所带来的成本非常之大，而其所带来的功效则非常可怜"。[2]

　　由此推进，我们亦不可避免面对一个深层困惑：这样成本支出的正当性为何，我们如何证明此为合理？一方面，是信息不完全所造成的根本障碍，另一方面，是无法舍弃的真正公正的追求，还有

1　关于类似的讨论，参见Epstein, *Simple Rules for a Complex world*, p. 98。

2　Epstein, *Simple Rules for a Complex world*, p. 99. 中国法院常会作出一个折中性裁判。就上面提到的案件而言，法院最终判决被告承担连带责任。但法院并未明确表现这种判决的制度成本思考。其实，当遇到此类较蹊跷案件时，法院总会作出这种性质的裁判。

一个方面，是这种追求所带来的成本增量耗费，故我们所面对的，是三重悖论困境，其中既有经济的正当性问题，亦有道德的正当性问题，还有政治的正当性问题。正当性问题，不能大而化小，小而化了。此问题，已深深嵌入社会集体意识之中，为人们所关注，为人们所追究，故所有这些当然均需我们追问。

现在再讨论另外一点：将小型社群中的复杂规则移入大型社群，其所引发的问题是怎样的？

其一，大型社群中，人们之间难免相互警惕、小心谨慎，人们总会出现监控他人的兴趣和"乐趣"，因为，人们总易预设彼此利益的差异、矛盾。"在一个松散、互不相识的人的相互协作中，作为日常生活一部分的利益冲突，则可能颇为重要。互不相识的人之间的相互协作，不以友爱作为基础，而以'注意'作为起点"。[1]

其二，大型社群中，人们总是彼此不熟悉，其行动总会瞻前顾后。在采取一个行动之前，人们总要考虑他者的感受、想法、反应，甚至他者可能采取的相反行动。如果自己从事饮食行业，显然便要仔细思量顾客的可能嗜好，其是否满意、捧场、拆台、投诉，或极端者"揭筷而起"。

其三，因为彼此的关系并非长久，故不患寡、患不均的效应，极为明显。此效应"相对而言是相当严峻的"。[2] 不仅如此，大型社群中，人们还有可能既"患不均"又"患寡"，在要求所谓平等时，尽力要求"多一份"，毕竟，彼此关系是颇为暂时的，从而机

---

1 Epstein, *Simple Rules for a Complex world*, p. 43.

2 Epstein, *Simple Rules for a Complex world*, p. 44.

会十分有限。如果我是一个异地的购买者，则为何我不去要求同等的价格支付，甚至要求少付一些钱？

在此可发现，将小型社群中的复杂规则引入大型社群，其所带来的成本，同样令人生畏。背景因素的变化会引起系列的条件魔幻。当制定复杂的法律规则，且将其推入大型社群时，我们通常难以知道，广泛的社会人群将会采取怎样的行动策略，为实现所谓的"法律实效"，我们将会拨付多大的财政支出。同样重要的，则是正如在"追求真正的公正"中看到的，我们另会遇到信息不完全的障碍，由此导致，我们依然无法证明一项财政支出是正当、合理的。在这里，我们再次面临类似的三重悖论困境。

五、成本支出的正当性

在我看，现代法律的不断发展，似乎根本没有回应这里的正当性问题。

而支持法律不断发展的人，似乎认为，这种正当性的追问极可能是不成立的。为何不能增加法律生产、流通、运作的财政拨款？为何不能推动甚至加速法律职业的扩张？或更冠冕堂皇的，为何不能锲而不舍，将小型社群中的"规则理想"变为大型社群中的"规则理想"，尤其锲而不舍地追求具体化的真正公正，即使这些，看上去是个"乌托邦"，即使我们总遭遇信息不完全的障碍？这些反问，可直接提出。

但提出这些反问，进而付诸行动，继续锲而不舍，以努力追求法律发展时，我们可能是在不知不觉地从事另外一种工作：培育一个庞大的政府机构，及培育一个——如果措辞较严重——"暗中敛财"的法律职业。此外，更重要的，因为并不知道将要付出多少成本，故培育费用则会持续有增无减，我们需为此准备不断增额的惊人账单。显而易见，法律制定的复杂及自然伴随而来的法律实行的复杂，其必然需增加立法、司法、执法，包括诸如律师的"辩法"的大量投入。如果法律制定及法律实行的复杂，是不断的，则大量投入，亦会不断。如此，社会财富的转移在这里是静悄悄的，但亦为有去无回，同时还是滚滚不断的。故对前面提到的正当性的追问，即转变为这样一种追问：当几乎无法实现具体化的真正公正，以及不能实现小型社群和大型社群之间的复杂规则位移时，为何社会中的一部分人要向另外一些人，不断"朝拜进贡"？站在一个纳税人的立场，我们如何能接受这里的正当性？

在此，丝毫没有反对法律存在的意思。法律应存在，且如在过去和现在予以考察，我们的确可看到，法律也在发挥应有作用。法律从其产生那天起，即给人们带来了方便、秩序、尊严，当然亦包括，有时人们非常满意的公正或正义。但正如经济生产者，在提供了他者所需产品时应获得回报，而没有提供他者所需产品时不应获得回报一样，法律的生产者，亦必须面对是否应获得回报的问题。如果厂家提供了根本无法使用的产品，则我们为何要付款？与此类似，当法律的一种功能不能解决纳税人的社会生活实践问题时，纳税人为何需保持甚至保养这种功能，且还要不断养活驾驭这种功能的职业人员，甚至付出神圣的法律信仰？

故必须对复杂法律，特别是法律的"可持续发展"，进行反思。在我看，此为《简约法律的力量》一书所提供的最有意义的学术价值及实践价值。我们应注意该书提到的这个内容："如果立法行业可成为所有行业中最繁荣的行业，则我们应尝试去做的，便无任何成功的可能性。"[1] 我们还需注意该书《序言》的这段内容：

> 随着时间推移，全方位处理社会问题的雄心，使我们迷恋一个十分复杂的法律规则体系，而此体系，只有法律工作者才能理解和驾驭，且费用不菲……随着时间推移，我们发现，私人化的社会角色和公共化的社会角色，为解决具体的困难问题，无一例外，必须求助于法律工作者的帮助，求助于对法律拿捏自如的政府管制人员的帮助。其实，正因为如此，新的困难问题又因为其他原因而被牵引出来。显然，对于我们，复杂的法律带来了一些便利，但确定其中某种具体便利究竟为何、到底如何，却十分困难。相反，确定这种便利怎样被"冲抵"，则是轻而易举。[2]

六、何为简约

毋庸置疑，对法律的可持续发展提出如此反思，已表明这本著作的"批判"立场。但正如许多针对法律提出批评的著述一样，《简约法律的力量》，恰以"批判"作为基本起点，借以宣扬一个建设理论。在此意义上，对"复杂法律"提高警惕，并不意味着抛弃法律，而是意在建立一个对立参照，以阐发"简约法律"的思

---

1 Epstein, *Simple Rules for a Complex world*, p. 140.

2 Epstein, *Simple Rules for a Complex world*, preface.

想。我们可认为，根据日常语言的某些习惯，将"复杂法律"和简约法律对应起来，是大致应得到允许的。故揭示"复杂法律"的困境，等于是在说明"法律为何简约"。

何为法律的简约？

可注意书中所举例子。假定法律规定，"原告总胜诉"，或"被告总胜诉"，则两个规则均为非常简单的规则，甚至在语言陈述上，均至为精炼，它们可在任何场合加以适用。[1]但如此"简单"的规则，其所带来的结果并不简约，更准确说，则是更"成本化"。

因为，就第一个规则看，显然，其激励作用势必导致法律诉讼爆炸，任何人均会希望从中捞取收益。故成本，除了化为收益流向颇为得意的法律职业，尤其是其中代理律师阶层，则是指向围绕诉讼而产生的各种政府成本及私人成本，毕竟，政府需考虑如何才能应对排山倒海的诉讼浪潮，私人需考虑如何才能避免成为被告，而如此结果带来的成本，不仅会使政府感到不堪重负，并且"会使决心将官司进行到底的缠讼者，希望通过诉讼伸张正义的缠讼者，均能感到不堪重负"。[2]

就第二个规则，即"被告总胜诉"看，其激励作用则是挑起愤恨，进一步，导致每个人最终希望使用武力解决纠纷。不难理解，成为被告，不但无须承担任何可能存在的责任、义务，而且亦能赢得法庭宣判胜利的话语荣耀，如此，最初可能便已受伤害的原告，即会发觉起诉是毫无意义的。若诉讼不能解决问题，则最佳办法，

---

1 Epstein, *Simple Rules for a Complex world*, p. 33.

2 Epstein, *Simple Rules for a Complex world*, p. 33.

或许正是鼓足勇气，面对直至参加霍布斯式的"人对人像狼一样"的混乱战争。此便最大限度增加了各种社会成本及私人成本。

故简约非简单，[1] 同时，简约必定和成本、激励等问题存在关联，是在成本与激励的相互作用中表达自己意义的，而所有这些，亦涉及未来时态。[2]

再看一例。此例子亦为书中描述。[3]

A 拥有一块木材，由于疏忽，将自己木材留在 B 的房间里，或一名第三人将木块误交给 B，而 B 在雕刻雕像时，善意地认为木块属于自己，且将其制作成一个雕像。现在，A/B 双方发生纠纷，均主张雕像应归属自己。问题：谁应拥有这个雕像？理由是什么？此为 A/B 双方无意中参与其中的一项"共同投资"，双方均存在误解，亦为善意，且在一件单一物品上的共同投入均不可收回。

设想第一种解决方法，即将雕像返还给对木块拥有产权——及添附权——的 A，但此方法，等于迫使 B 将自己劳动转移给 A，这似乎违反了将每个人自己的劳动控制权赋予自己的自治原则；第二种解决办法，可设想为允许 B 保留这个雕像，以保护 B 的劳动权利，但如果这样保护 B 的劳动权利，则现在 A，失去其木材，同时亦没有得到任何回报；第三种解决办法，可设想为，允许一方取得另一方的财产或劳动，但给予补偿。

如何理解第三种解决办法？双方各自所拥有的财物——包括劳动——的混合，用经济学的术语描述，在 A 和 B 之间建立了一

---

1 Epstein, *Simple Rules for a Complex world*, p. 98.

2 Epstein, *Simple Rules for a Complex world*, pp. 32–33, 96, 307.

3 Epstein, *Simple Rules for a Complex world*, pp. 116–118.

个"双边各自垄断"的局面，双方均无法回到原初状态，即原初 A 拥有自己的（未被改变的）木块，B 拥有自己的（现在付出的）劳动。或许，法律可将 A/B 双方当事人，视为一个依照各自明确投入比例的共同投资的合伙人，但此解决方案，迫使两个陌生人进入共有者的受托义务中，违反了他们的意志，而没有使其进入另一种义务，即无须同意便可设定的义务。故第三种解决办法，出于权利转让的缘故而实施的适当补偿，可成为较优的方案，其尊重任何一方的善意投入，同时，允许他们各自作出自己的选择，即要么作出补偿，要么获得补偿，或要么接受物品劳动，要么放弃。

若如此，究竟谁可得到这件物品？谁必须接受适当赔偿？在此，严格说，没有固定答案，但一个原则可考虑，如参照市场价值和主体评估的价值之间的差异。A 的木块，是一个可替换的物品，如果没有碰巧的"混合"问题出现，A 几乎不可能在这块木材上，拥有任何特别的附属收益。此或许已解释，A 为何购买这块木材，而非另一块类似级别和类似质量的木材。这个雕像，为独一无二的艺术作品，其价值相当不确定，将雕像给予 B，同时要求 B 将另一块替代木材交给 A，显然要比将雕像给予 A，且由 B 对这个雕像作价，作出非常不易确定的估价，更为可取。在此，一个事情几乎不太可能发生，即如果 B 用其自己的材料制作雕像，则 A 便会成为一名购买雕像的个人。法律中常出现的一个解决办法，即倾向于将这件物品，授予对其估价最高的一方。从基本层面上看，为降低"政府的成本"，即查明这块木材价值所付出的成本，法律已设定一个强制性的"购买"，留给 A 一个可替代其木块的新木块，同时使 B "富裕起来"，仿佛 B 利用自己的木块，雕刻了这一雕像。此解决办法，是简约的，同时，最重要的，如此一种解决方案，亦给予双方以未来的宽松选择想象，即 A 将不太在意出现类似纠纷，B 亦将不太在意，因为，不论怎样，其结果均为较佳，成本问题已最小化，行为激励亦为正面。故此解决办法，为我们提供了一个"成本"与"激励"之间相互协调的良好范例。

现在，我们尝试分析前面提到的中国例子，即路人被砸伤的案例。

首先，如果判决被砸伤者即原告胜诉，则会出现数名被告成为"无辜者"的局面；反之，如果判决被告胜诉，原告亦成为"无辜者"，且可能出现要比"数名无辜者"更要无辜的情形，因为，原告自己一人承担了全部损失。当然，另有第三种方法，即判决原告和所有被告共同承担损失，按人数比例分配责任。三种方法，均有一个共同特点，即某种程度上使"损失始作俑者"成为制度的受益者。但因为查明"真凶"是不可能的，故此作为一个附带结果，无法避免；且本案的奇妙复杂，即在于不知谁为"始作俑者"。这个意义上，这个共同特点，可忽略不计。

初看，第三种方法似乎较佳，因为，大家均承担了相对而言较少的损失，即除一个"真凶"外，其他所有被告，加之原告，由于"均摊"而使每个"无辜者"，均减少了自己的支出。但这里存在一个糟糕的激励：原告因为希望减少自己的支出，且为了发泄自己的无辜不满，以后遇到类似情况，将会尽力将尽可能多的被告，拉入诉讼，故此等于增加了政府成本，即法院调查被告是否有关的成本，同时，增添了社会成本，即原告和潜在更多被告的对立的成本。此外，原告亦有自己的成本支出，即查明且举证哪些被告是有关的。就日后的激励看，原告为避免再成为"无辜者"，即使承担较少损失，亦将不愿再次行走这条道路，而其他路人，也会避免行走，故此道路将变成一种公共浪费。当然，对被告而言，并非全无正面激励。被告将仔细思考自己未来的措施，尽量使自己成为与侵权事件的发生"没有关联"。在成本和激励之间，我们可看到一种尚能接受但并非较理想的平衡。

再看第一种方法，即判决原告胜诉。如果判决原告胜诉，则一个成本，即为政府成本（法院调查被告是否有关的成本），同时，原告亦有自己的成本，即查明且举证哪些被告是有关的。但这种解决方式的激励结果，总体上，可接受，因为这种判决使各个被告在未来必须要谨慎小心，尽量不去投掷物品。此外，尽管一个被告的侵权行为，可能导致其与其他被告共同承担侵权责任，因而自己只需承担较少的败诉责任，但自己依然需付出代价，故所有被告，便均面对避免"侵权"发生的激励。同时，为避免自己成为一个承担责任的"无辜者"，楼上住户，总会想方设法改善条件，如改善阳台设施，以使他人认为自己不可能扔下物品，或监督其他住户，以在出现类似纠纷时，证明自己"无关"……就原告一方而言，日后在经过楼下时，依然无须过于担心。就这条道路本身而言，亦不存在公共浪费的问题。在成本和激励之间，我们看到较优的平衡。

再看第二种方法，即被告胜诉。如果被告胜诉，政府成本，即法院查明被告是否有关的成本及原告的起诉成本，即查明且举证哪些被告是有关的成本，均无法避免。但这种判决的激励效果，总体上，是负面的。首先，原告及日后类似"原告"的人，将不敢行走楼下的道路，进一步，道路会被废弃。其次，楼上住户不会在意自己的行为及其他住户的行为，进一步，该楼区会成为危险地带，侵权事故完全可能不断发生，导致各种成本不断出现。在成本和激励之间，我们几乎看到糟糕的失衡。

依照《简约法律的力量》的思路，成本和激励之间的良好平衡，是法律"简约"的关键，[1]若实现了成本和激励之间的有益平衡，便实现了法律的"简约"。因此，第一，"简约"不是"简单"的重复，更重要的，其是一种经济学的概念；第二，这种经济学的思路，并非简单的会计成本、机会成本思考的翻版，其另融入了政治经济学的思考，即成本正当性的证明；第三，正因为成本与激励之间的关系是关键性的，故即使表面上看"复杂"的规则，只要具有成本激励之间的正当性关系，其依然是"简约"的。[2]

七、余论

我不认为，这种经济学的甚至政治经济学的思路，必定天衣无缝。

仍以前述两个例子，作为说明。

在前面"雕像"例子中，如果 A 的身家能以天文数字计，判决 B 不仅获得雕像，而且不用补偿，又将怎样？在我看，此依然是种通过法律的适当财富配置，会有良好的激励作用，且可能是更良好的激励。因为，如果木块对 A 而言，不过九牛一毛，对 B 而言，

1　Epstein, *Simple Rules for a Complex world*, pp. 30ff.

2　Epstein, *Simple Rules for a Complex world*, pp. 21–36.

属于雪中送炭，则使 A 不获得另外一块木头的补偿，便有如通过税收重新分配财富，即对富人征收更多的税款从而二次分配，实现了一个社会均衡，并且，通常看，A 不会过于在意。

在后面"砸伤"例子中，如果原告亦为腰缠万贯，被告则是斗室家贫，或反之，原告一贫如洗，而被告几乎均为达官贵人，则判决经济拮据一方胜诉，同样会有良好的激励和良好的社会财富再次均衡。

概言之，这种均衡，对社会可能是必要的，但未必是成本与激励之间的有效搭配。其同样是政治经济学的，但却是另一种政治经济学的目的期待（当然，此有赖于我们如何理解社会财富分配）。更重要的，根据经济学甚至政治经济学的思路，我们也未必就应不去顾及案件条件的各种微观变化，进一步，拒绝另类甚至相反的纠纷解决。在此，可发现法律知识的"规范"问题，即应然问题。或这样来看，即使运用经济学的"计算方法"，我们依然可发现，基于多变情形而产生的"法律知识的立场选择"，无法避免。

指出这点，并不意味着，我在指出《简约法律的力量》的不足，也不可能存在"指出不足"的问题，而且，《简约法律的力量》本身或许认为，这点根本不是一个不足。在此，包含争论空间。其实，一本著作，可在提出自己见解的同时，使他者提出另外的问题思路，在法律语境中，已为至高境界。正如该书反复提到的，法律总需面对复杂世界，而复杂世界的问题关键，在于复杂因素无法完全甚至大体予以预测；其关键，在于信息不完全。法律解决问题时，常在"摸着石头过河"，又在遭遇"规范立场"的选择。"一劳永逸"等关键词，在法律追求的语汇中不可能注册。这个意义上，重要的，则是一本法律学术著述是否可提供开放的思考空间，以及提供经验上的反证可能性，进一步，推进我们对法律与复杂世界关系的重新理解。其实，《简约法律的力量》一书，本身亦常提到"简约"所遇到的问题及重新认识"简约"的可能性。尽管相信"简约"的设想在许多地方可具有力量化的效果，但该书亦在说明，"简约"有其自己的边界。[1]

当然，验证法律理论的意义及自我辩驳、推进，必须要在实际的微观法律环境中展开。故我们便发现，《简约法律的力量》，如何深入法律王国的各个领域，如财产法、侵权法、婚姻法、合同法、保险法、劳动法、税法、公司法、证券法、反垄断法、土地管理法、交通法、环保法……如何深入细节化的经济、政治问题领域，如何在这些领域中，展开自己"简约法律"的思想实验，以论证其所具有的重要力量。如此一种叙事策略，尽管希望在人们习以为常的复杂法律现实和法律"可持续发展"中，逐一展开运动战、游击战，进而各个击破，在细节上，彻底"戳穿"复杂法律的历史进程不可阻挡的现代性神话，但此亦为必须操作、坚守的一项学术活动，亦为"法律是务实的""法律必定需解决实际具体问题"，这些原则所要求的智识期待。显然，仅适用宏大理论，如"简约无所不能"，以应对"复杂法律"的宏大理论，或如"复杂可天衣无缝"，没有任何意义。"复杂法律"的观念，本身即在微观的法律部门、微观的法律现象中，磨炼建构的。故为征服对方，便必须在对方得以成立的基础上，展开较量、拿出实力。而且，法律务实的

---

1 参见Epstein, *Simple Rules for a Complex world*, pp. 31–32, 53, 140。

品格，决定法律理论不能是抽象的理论游戏。也由此，不仅需提出"为何复杂法律的发展可畅通无阻"，而且需在提出这种问题后，运用巧妙的学术战略，通过从一个具体法律问题进入另外一个的方式，逐步揭示其中痼疾，展示另外想象，提出新型方案。

当然，此又在另一个层面上，提示法学理论的立场选择，其本身所具有的持续性。

第七章　法学学术与法律生活

——经由"一种实证法学努力"而分析

知识分子究竟为数众多，或只是一群极少数的精英？ [1]

一、问题和限定

第五章，从理论中法律知识和实践中法律知识的关系这一视角，当然，此视角亦为本书的主题目标，分析了"现代性观念"和"现代法治"的内在问题，其中一个基本观点，即强调在"现代性观念"和"现代法治"的背后，或深处，应警惕一种法律职业利益的"占有"，甚至"压迫"。此观点另强调，对观念的宣扬，如"现代法治"，特别是"现代性观念"牵引下的"现代法治"，保持一定的"政治学"警觉，从历史唯物主义和阶级立场予以分析，是十分必要的。应这样说，对理论中法律知识和实践中法律知识的相互关系，展开深入辨析，在一个逻辑方向上，恰是要求反思"知识"的"利益性质"。

第六章，基于类似的学术目的，从一个法学文本提到的"法律复杂与简约"的问题切入，提出在各个具体法律制度语境中，基于客观环境条件的变化，法律知识的"政治"选择，依然不可避免，

---

1 萨义德：《知识分子论》，第11页。

并且，我们需不断反省某类法律知识的选择。此从侧面，意味着对理论中法律知识与实践中法律知识的关系，更进一步的思考。

这一章，将结合另一个具体的法学文本，即《送法下乡》[1]，从微观细节上，分析理论的法学学术和现实的法律生活的关系，以再次补充本书主题的分析层面。

中国当代法学中，作为学术著述，《送法下乡》极富挑战性，同时亦富有争议性。[2]其研究中国基层司法制度的运作及其中"故事"，为人们提供了法学研究、思考的新激励。所以选择《送法下乡》作为分析对象，因为，在当代中国的"科学""实证"的法学研究运动中，《送法下乡》已成为标志性的文本之一。正如人们常感觉的，其所挑战的法学对象，是普遍的，而所遭遇的回应，同样普遍。更重要的，以更精细、生动、富有智慧的方式，此文本，延续、拓展了"科学主义"的实证法学思考的学术策略，且具有非常显著的独特品性。

本章的基本观点是这样的：现实法律生活中的复杂，更缘于动态的"微观斗争"，而其动态，对"科学""实证"的法学研究策

1　苏力：《送法下乡——中国基层司法制度研究》，中国政法大学出版社2000年版。

2　关于争议，我们至少可注意，2002年《中国社会科学》专门发文一组。参见萧瀚：《解读〈送法下乡〉》，载《中国社会科学》2002年第3期，第92—104页；张芝梅：《〈送法下乡〉：一个读本》，载《中国社会科学》2002年第3期，第105—113页；刘星：《走进现实的法律生活——评〈送法下乡〉》，载《中国社会科学》2002年第3期，第114—123页。另外主要的讨论，参见赵晓力：《基层司法的反司法？——评苏力〈送法下乡〉》，载《社会学研究》2005年第2期，第218—225页；凌斌：《普法、法盲与法治》，载《法制与社会发展》2004年第2期，第126—140页；吴玉章：《读〈送法下乡〉》，载《读书》2003年第2期，第113—119页；冯象：《送法下乡与教鱼游泳》，载《读书》2002年第2期，第3—10页。

略、法律知识进路，除本书第一章所分析的困难外，又为一个根本性的障碍。众所周知，"科学""实证"的法学、法律研究，希望在经验世界中探查、把握事物的具体结构、周边关联，进一步，为未来时的制度建设提供新的方案，此方案且是科学、高概率的。但如果当"科学""实证"的法学、法律研究正在进行时，或已完成，现实的微观法律生活，由于"微观斗争"的不断生发，亦在持续发生变异，或不同于过去，则这种研究难免面对一种"刻舟求剑"的尴尬。此基本观点意味着，在现实的法律生活中，正如我们常提到的"微观制约"——每个人生活在各种微观条件的限定制约中——总是一个现实一样，"微观斗争"，即每个人总会在微观动态中转换欲望、调整策略、改变态度，从而置身争夺，亦为重要的现实。故我们面对的是两个现实"微观世界"，而两个现实"微观世界"，我们似乎无法断定何者更根本，或主要。这个意义上，我们必须至少是部分地，将思考视线移往其他方向。

前面几章，特别是第一章、第四章，提到法学研究"历史化倾向"及其"历史主义"的问题；这几章曾分析，面对过去，"进行总结式的历史研究"，人们实际上总是难以解决未来时刻的"未知问题"。但基于主题要求的缘故，这几章，尤其是第一章、第四章，未将与法律实践密切勾连的"微观斗争"，融入进来，予以考察（当然略有触及）。其实，本书亦有意在这一章，结合一个具体法学文本，将"留待"的"微观斗争"，仔细辨析。因为，结合更具体的一个文本分析对象，特别其基本思想——"微观制约"——可与"微观斗争"形成学术上的有趣对照、互动，是更便利的，亦更有效，同时也更具有"研究吸引力"。就此而言，本章是前面几章，特别是第一章、第四章，其一个具有"实质意图"的"具体"推进。

当然，本章首先在主要方面，分析《送法下乡》的积极意义，因为，尽管在我看，"科学""实证"的法学研究是有问题的，但我亦相信，且在本章中亦将论证，其在当下中国的法律语境中，同样具有必须认真对待的积极价值，特别是以《送法下乡》为标志的"科学""实证"的法学研究。此外，从学术知识谱系的角度，本章提示且分析，《送法下乡》在当下中国法学语境中，开辟了何种重要的研究路径，展现了何种重要的学术意义，其所具有的法学知识增长点，究竟在何处，以及在理论的法学学术和现实的法律生活之间，其确立了怎样的某些有益关联。[1]

二、在中国基层司法制度中

《送法下乡》关注的对象，是中国基层司法制度。应指出，如此定位，使《送法下乡》可自然获得一种新型法学研究策略的可能性，但此仅为一种可能性。中国基层司法制度，对中国的法学界而言，是一个"知识"的盲点，业内人士对此通常不应予以否认。这里的意思，并非说，中国法学学术研究缺乏对基层司法制度的讨

---

[1] 在《送法下乡》的"导论"中，作者已将这些内容，细致交代。参见苏力：《送法下乡——中国基层司法制度研究》，第1—24页。但作为"他者"的阅读者，自然可提出新的理解、意见。

论、分析，[1]而是说，中国法学学术研究，通常不认为，在中国基层司法制度中可发掘法学意义的系列知识；通常不认为，从这种制度中，可概括、总结一类类似法学智识活动的知识产品。我们能发觉，当下中国法学研究的基本状态，是"理想"式的，充满"大词"，其运作方式，基本看，以抽象理论配置作为出发点，而且，常配有极强的"终极是非判断"的话语欲望。[2]或许正因为此缘故，基层司法制度中的知识呈现，在业内学术的视野中，成为简单操持手工技艺的"作坊"展示，有时，甚至成为应剔除的陈规陋习，如果其与所谓正宗的法学知识相去甚远。

　　针对中国法学学术状况，《送法下乡》试图引发一类知识的解放，即解放被边缘化的另类知识，及其被压抑的法学意义，并且，在解放过程中，试图将新型法学研究策略的可能性，变为现实，而其途径正是中国基层司法制度。

　　"解放"行动需要逻辑起点，起点为何？

　　在《送法下乡》看，中国的法治建设，总体上只能自下而上，因为，从根本上，法治建设是一项人民广泛参与的整体事业。同时，《送法下乡》亦宣称，强调自下而上的特点，并非绝对否认理性化的法治建设的必要性、紧迫性，相反，这种强调，意在凸现理

1　在《人民司法》等类实践性的法学刊物中，甚至是学术化的正式法学核心刊物，我们当然可发现相关的众多讨论。在一些重要的学术著作中，我们亦能发现相关讨论，如贺卫方的《司法的理念与制度》，中国政法大学出版社1998年版；夏勇主编：《走向权利的时代》，中国政法大学出版社1995年版；强世功编：《调解、法制与现代性：中国调解制度研究》，中国法制出版社2001年版。

2　如认为一些法学理论，包括本文涉及的法治知识理论，是无可置疑的，为人类社会必须或必将接受。

性化的法治建设的艰巨性、长期性，依此深入，强调的最终目的，则在于稳健地推进"中国化"的法治建设。[1] 在《送法下乡》的叙事目的中，由这里，法治建设的契机，不仅在于发现"法律实施"这一关键环节（我们均知法律实施是法治实现的关键），而且在于，追踪法律实施的周边谱系，将其中"隐密制度"——非正式制度——予以认识，将其中"隐密制约"，予以揭发。此外，如果进入法律实施的周边谱系，我们自然可发觉基层司法制度的中枢意义，因为，我们完全可发现，在空间和数量两个维度上，基层司法运作，实际上构成中国法治建设过程的"基石"部分。故从学术角度，重构基层司法层面的"事物的内在逻辑"，变得尤为重要。忽视中国基层司法制度的运作逻辑，及此制度中的知识类型，将遮蔽我们的"真实"视野，也易导致正统法学知识的"夜郎自大"，最终，亦有可能导致业已展开的法治建设的悄然流产。

正因为基于这样一种观念，也正是在这样一种意义上，我们自然可认为，基层司法制度的研究，需取得资格上的正当性，且需慎重对待。在此，《送法下乡》实际上提醒人们注意，此为法学"解放"行动的逻辑起点。

不难理解，在中国的环境中，法治运动的推进与展开，有如其他任何宏大运动一样，难免在建立被征服者的过程中树立征服者，并且，此征服过程，伴随了"知识权力"的胜利象征。[2] 法治知识，尤其是被"大写"的，在俨然具有天然正当性的同时，获取了一种

---

1 参见苏力：《送法下乡——中国基层司法制度研究》，第190、141—142、272、375页。
2 关于此现象及进一步问题的有益分析，可参见冯象：《木腿正义》，中山大学出版社1999年版，第24页。

自上而下的凌然位置，但正如"叙事"的过程总会遭遇"反叙事"一样，征服的过程，总会伴随反征服。

从此意义看，被"大写"的法治知识，势必需面对众多"小写"的法治知识，势必要在较量或斗争中，证明自己的正当性，且在这种过程中，证明自己的胜利资格。这种较量与斗争，不是纯粹的猫捉老鼠的游戏，或纯粹的老鼠戏猫的游戏，同时，更非纯粹的理性机巧的对垒，相反，这种较量与斗争，是各种原本即为"小写"的事物秩序，其多足鼎立的游戏与对垒。正因为存在事物秩序的"多样""精彩"，我们才发觉，甚至才看到，知识的猫捉老鼠和老鼠戏猫的游戏，如何展开，以及理性机巧的博弈，如何深化。

我们熟悉的法治知识，尤其是易被"大写"的，原初看，即为源自具体事物秩序的知识，某种意义上，正是源自西方具体社会事物秩序的知识。历史中，这种知识的传播、展开，特别是针对其他国家、其他民族的传播、展开，一方面，和其他国家民族中某些阶层——在近代中国，主要是城市有产阶层和知识阶层——的主动认知，存在关系，另一方面，亦和西方民族国家的发展与扩张，乃至"殖民主义"的张扬，密切相联。即使撇去这些不论，或即使承认中国的历史教训，如近代出现的在对外战争中不断失败，与这种知识的缺乏存在重要关联，[1] 或即使甚至认为，这种知识，在某些价值层面上是必须宣扬的，我们依然需理解，将此原初即"具体化"的法治知识推向另类的事物秩序，是会遭遇"反

---

1 其实可能没有这种关联。我们完全可发现，许多没有现代西方意义上的法治的国家或民族，在历史上，可以且的确战胜了拥有这种法治的国家或民族。

叙事"的，且要展开"阵地战"（葛兰西［Antonio Gramsci］语）。因为，事物秩序的另类，已标志社会需要的复杂及人们需要的另类，而需要的另类，在遭遇外来知识之际，便会自觉引发对抗博弈的游戏。从此看，且具体言之，在今天中国"法律实施"这个关键部位，游戏的双方，或许正是已被"大写"的法治知识和中国基层司法制度的法律知识。

中国基层司法制度的运作，这个意义上，理所当然，需纳入法学研究的领域，及理所当然，具有被学术言述予以展示的资格。

与此同时，另类的需要，或许亦应给予认真对待，因为，此类需要，亦可能正是基层广大民众——包括基层司法人员——的真实需要，而基层司法运作的知识，或许正是这种真实需要的真实反映，及其真实转化、宣扬。如前所述，我们应看到，知识的生产，原初具有"生产地"，进而具有地方性，亦和具体需求相互联系，仅是随着进入流通领域，有时便具有一定的普适性。但我们应反思的，则是有些知识一旦拥有普适性，知识的持有者，却常忘却知识的"原有地方"及其与"具体需求"的对应联系。故一种知识的压抑，甚至"垄断"，便会出现，进一步，其实际上妨碍了知识的增长及有效流通。不仅如此，其亦可能凭借知识的所谓"正确"，轻视直至压抑另类的具体需要。[1] 就此而言，知识应有竞争，而认识竞争必要性的前提，则是看到知识的地方

---

1 参见苏力：《送法下乡——中国基层司法制度研究》，第12页。

性及具体需要的地方性。[1]

故中国基层司法运作中的知识，同样对"中国法治建设并非可有可无"。[2]否则，中国法学学术，将有可能不知不觉，压抑中国基层广大民众的另类需求，进而反向压抑"法学学术不断发展"的知识需求。

此外，《送法下乡》明确指出，从已有的涵盖世界学术语境的法学知识谱系看，虽然研究基层司法制度的学术努力，是存在的，但由于在欧洲大陆国家，法律运作的关键部位，主要是立法，而在英语国家，法律运作的关键部位，主要是上级司法，法学知识的学术活动，总体看，或以"立法范式"作为标志，或以"上级司法范式"作为标志。换言之，欧洲大陆法学，十分关注立法模式的法学知识的构建，英美国家法学，十分关注上诉法院模式的法学知识的编织。一般层面上，基层司法制度的学术化的知识考察，处于被遗忘的境地。[3]故在这样一种世界范围的学术语境中，将在中国处于基石部位的基层司法制度予以学术化，且将土生土长、在和域外法律知识磨合博弈中孕育生发的"非常中国"的基层司法知识予以学术化，当然是种重要的研究理路。

在我看，这种意识本身，已是一种重要的学术贡献。并且，我亦认为，《送法下乡》就自身且就研究对象而言，实际上，已

---

1 关于笔者对《送法下乡——中国基层司法制度研究》作者的"具体需要地方性"观念的分析，参见刘星：《解读本土法律文化的一种独特方式》，载《二十一世纪》（香港中文大学·中国文化研究所）1999年2月号，第72—74页。
2 参见苏力：《送法下乡——中国基层司法制度研究》，第290页。
3 参见苏力：《送法下乡——中国基层司法制度研究》，第154—159页。

筑造了新型的知识产品，同时，将其推入了法学研究谱系的续接位置。

若如此理解，则何为蕴涵在中国基层司法制度中且值得被学术化的"法学知识"？

《送法下乡》指出，第一，较注重处理结果的相对公正，而此公正，更多以具体语境中的社区评价作为标准；第二，结果判断先于法律推理、适用和论证，此为注重结果公正的自然延续；第三，解决核心争议，力求避免余留纠纷死灰复燃，此为注重结果公正的必要展开；第四，凭借直觉，适度剪裁案件事实的排列组合，这是为结果公正铺垫必要的法律基础；第五，防止矛盾的意外转化，此为注重结果公正的必要补充。此外，表现形式上，尽力"套用"法律条文、集体研究决定法律适用、争取其他相关政府部门的支持（如在执行中）等，亦可列入。[1]

我认为，我们应注意，这种"法学知识"并不忽视已存在的国家法律制度，相反，其"盯视"国家法律制度，且是在此制度和庞杂数量的案件、民众的细故需求、[2]基层法院法官的自身利益等"事物周边的制约因素"之间，嫁接巧妙的逻辑联系。同时，这些"法学知识"，是彼此相互联系的。就单一方面而言，其中有些知识，或许已被现存的法学知识阐述、说明，[3]但就总体相互关系看，它

1　参见苏力：《送法下乡——中国基层司法制度研究》，第274页以下。
2　关于这一点，读者可阅读苏力《送法下乡——中国基层司法制度研究》，第182页以下。在这些篇章中，我们可看到基层法院，是如何重视口粮、棺材、荤油、素油、蔬菜、黄豆、绿豆、斤两……这些民众细故需求的及基层法院为何如此重视。
3　如注重结果的公正，即为已有的一些法学知识所叙述过的。在西方一些法学著作中，我们当然可读到这样的知识。

们属于具有特殊意义的、中国基层司法运作的"法学知识"。

如此，通过《送法下乡》，一种不同于我们在一般的法学读本或法学著作中读到的法学知识，逐渐浮现。而且，作为新型的知识产品，尤其因为属于实践理性的一类知识展现，这类"法学知识"，拥有资格进入世界学术市场流通领域。

三、实证经验的法律实践考察

以主义论，《送法下乡》相信历史唯物主义，且以此为基础，其相信中国基层司法制度的知识，是由具体物质环境及各类因素相互制约关系所决定，此外，其相信，法治建设这样一种上层建筑的方案，需要一种人所共知的大基础。[1] 更应强调的，《送法下乡》认为，这类相信，不是"口号化""标签式"的，而是脚踏实地的，其目的，是为了切实解决中国的实际问题，真实、真切地理解中国的基层司法制度。[2] 故《送法下乡》中，法学"解放"的行动步骤，是在社会存在，尤其是在"事物本身的逻辑"中展开的，同时，是在生动的实证方法操作中，予以展开。

通过《送法下乡》，我们可读到细微的事件、真实的个人，可读到既个性又共性的人们具体需求，更重要的，我们可读到事件与人物、事件与人们具体需求的细节关联，并且，可在这种细节关联中，体会"事物本身的逻辑"。《送法下乡》所凭借的，是细致化

---

1 参见苏力：《送法下乡——中国基层司法制度研究》，第19、22、86、189页。
2 苏力：《送法下乡——中国基层司法制度研究》，第89、420页。

的实证方法。此文本提醒人们注意，生动有效的实证方法，不是简单的外在观察、观念先行的问卷调查、信手拈来的媒体证据（如报刊报道）举出，与此颇不同，这种实证方法，是不断反省自身的发问、不断推敲的考证、[1]"同情深入"的接近、设身处地的理解[2]。它是"走进式"的猜想与反驳（波普尔语）。生动有效的实证方法，由此展开，且是"内在""嵌入"的。只有如此，我们才能在实证方法中，"走进"现实的法律生活，把握事物本身的逻辑。[3]

　　这种实证方法亦为科学，具有反省性质。在《送法下乡》的设想中，真实有益的法学知识，可验证，亦可证伪，是在提出理论模型，且不断验证理论模型的循序过程中，逐步磨炼，其和我们的经验材料相互贴身、彼此对应。所谓有效的知识，同样由此而来。《送法下乡》已明确承认，理论知识的意义，并不在于"一次性"的认识终结，相反，其在"设想／验证／证伪／推翻"中，不断推进。不论他者真实有益的法学知识，还是《送法下乡》本身在现实中提升的法学知识，均非绝对不可推翻，因为，"外面的世界真精彩"（《送法下乡》喜用的表述）。这个意义上，我们的认识，是不断的，认识的目的，同样不断。只有这样，我们才能反复深入中国的法律现实，渐次理解这种现实，趋向有益解决中国的法律现实问题。

　　从广义的知识谱系角度看，可认为，《送法下乡》的实证方法，是波普尔描述、阐发的科学前进的方法，其在法学中的延伸、

1 参见苏力：《送法下乡——中国基层司法制度研究》，第116—117页。
2 参见苏力：《送法下乡——中国基层司法制度研究》，第20页。
3 参见苏力：《送法下乡——中国基层司法制度研究》，第94页。

提炼。[1]同时，该方法亦非纯粹波普尔式的，其包含社会问题意识
的要素、自省。《送法下乡》将实用主义的有益观念，即问题的针
对性和解决的针对性的有机结合，纳入实证的科学方法。如此，这
种方法，便获得新鲜的质素和能力。此为中国以往法学文本所没有
的一类特质。

　　显然，如果对《送法下乡》的实证方法作出这样的贴切理解，
便可自然发现，假设我们亦在现实生活中开掘反例，树立反证，直
至据此充满底气，宣称《送法下乡》的研究，是不足的，且有问
题，因为，该文本没有涵盖所有的事物，且未捕捉所有的因素，甚
至是种"断章取义"，则我们的批评及思路，实际上，是在赞同直
至支持该文本的实证方法，并且，在赞同和支持时，亦在走向无法
躲避的自我颠覆。因为，《送法下乡》试图运用自己精湛的实证方
法，引导人们"走进"现实的中国法律生活，试图引导他人同己一
样，提出疑问，进而猜想、验证，进一步，提出反驳，以建立、验
证、证伪已有的理论知识及新建的理论知识，包括《送法下乡》自
己的理论知识，即试图引导他人，运用同样的实证方法。[2]《送法
下乡》依据的资料"个性化"，及提出的理论知识的可证伪性，
事实上，已隐含一个逻辑意蕴，即吸引新的资料"个性化"及新的
理论知识可证伪性。就此看，批评者越是运用相反的具体资料，以
批评《送法下乡》，反而越是证明，《送法下乡》具有重要意义。
批评者，需寻找新的异质资料，再后来的批评者，仍需寻找更新的

1　参见波普尔：《猜想与反驳——科学知识的增长》，第22、308、316—318页。
2　参见苏力：《送法下乡——中国基层司法制度研究》，第291、385、395页。

异质资料……这一过程，恰是"科学理论"所依赖的可证伪性的过程，亦为《送法下乡》所要达到的"科学"目的。由此，我们的直率批评，当然是坦诚的，其实正是《送法下乡》在逻辑上所欢迎的，使其兴奋。《送法下乡》，经由这里，亦将且已然成为旗帜性的先导文献。[1]

中国的法律改革、法治建设，正迅速向前推进。就基层司法制度而言，我们熟悉的一套运作方式及制度配置，正在且已经发生"外科手术式"的变革与更新。隐去审判庭长，设置法庭法槌，更变法官服色，淡化审委会，凸现合议庭，建立诉辩制，削减法院行政职能及统一司法考试以抬高基层法院"行业准入"台阶等，作为系列性的革命代码，已标志中国基层司法制度，不得不在变革方向中前行、上路。此是否意味，《送法下乡》为之辩护的某些基层司法制度的运作及知识，已末路穷途？是否意味着，《送法下乡》的某些论证逻辑，已失效？

在我看，如果意识到信息的局限性，即我们所得信息时而封闭，或意识到"城市化"的法学研究及法律改革方案，常在"城市化"的媒体所展现的经验世界中运转，[2]进一步，如果心存意愿，并有能力，打开我们已有的经验世界，或像《送法下乡》一样，走

1　这意味着，对《送法下乡——中国基层司法制度研究》进行批评，无法是具体例举式的，而只能是另外学理路径。《送法下乡——中国基层司法制度研究》具有极强的反省能力。在最后一编中，《送法下乡——中国基层司法制度研究》反省了自己学术研究中的权力问题。这是对"内在式"的实证方法的极好反思。

2　这里并非认为，媒体所展示的经验世界是不可信的，而是意在强调，媒介的运作人物及视界所具有的"城市性"，常使城市中的法学研究所倚赖的经验世界，变得"城市化"。这种经验世界之外的世界，可能是更广阔的，在中国，可能是更"非城市化"的。

进现实的法律生活，则我们便会在广袤的中国"田野"中，在此
"田野"的细微事物关系中，且在那些其他非正式制度因素或物质
因素未发生相应变革的"地方性"区域中，发现《送法下乡》为之
辩护的某些基层司法制度的运作及知识，具有生命力，颇为顽强，
甚至巧妙机智，进一步，发现《送法下乡》的论证逻辑并未失效。
亦由此，我们便会警觉，并看到，运用宏大、普适——其实貌似
普适——的法学理论及法律改革方案，指责这些运作，"纠正"
其知识，且批判《送法下乡》的论证方法，是无益的，亦缺乏"建
设性"。其实，正如《送法下乡》反复强调的，法治的革命代码，
必须且只能，在相应的革命制度及革命因素的配套关系中，彰显自
己的机制，挥发功能。重要的，不是"个别革命"，而是"整体革
命"。[1]在这里，问题不是法律革命的代码是否对错，而是这种代
码如何且怎样才能挥发切实的作用。[2]前一问题，空洞苍白，属于政
治道德性质的"规范判断"问题；后一问题，丰富丰满，属于具体
实践性质的"社会理解"问题。而丰富丰满的"社会理解"，及由
此而来的富有成效的法律革命，则又必须倚赖耐心艰苦的实证研究。

四、法学学术的"特殊"修辞

　　阅读《送法下乡》，我们常可发现平易浅显的修辞、解说及民
间小词化的遣词造句，此为一种重要的叙事方式，包含重要的叙事

---

1 参见苏力：《送法下乡——中国基层司法制度研究》，第196、290页。
2 参见苏力：《送法下乡——中国基层司法制度研究》，第374页。

策略。《送法下乡》，或许有时有意回避"大词"的使用。如果的确如此，则在我看，此不仅意在和法学研究习以为常的"大词咏叹"保持距离，更重要的，又意在和该文本运用的"亲民式"的实证方法，形成相得益彰的合谋关系。同时，其目的，亦是为了拉近理论性的法学知识和实践性的法律知识的关系，且在拉近的过程中，暗示两者可能存在的密切关联。

"杨白劳要挟黄世仁""胳膊肘往里拐""打枪的不要、悄悄地进村""抬扛""没有人希望自己的案子被打回来或被纠正""将政策用足""上级［法院］说了算""留个记性""眼不见、心不烦""打离婚""把事办成"，[1]甚至书名"送法下乡"……这些在人类学及社会学研究中常被重视、调用的民间词句，在《送法下乡》中，当作为证据直接印证相关实际材料时，兼有值得注意的特殊叙事功能。

首先，其为读者理解中国的基层司法运作和知识的直接通道。通过这些词句，读者可直接把玩、拿捏、体会、思考活灵活现的中国式的真实场景，真实动作及真实心态，进一步，借助暗喻，以领悟《送法下乡》的重要主题：法律运作从来都是"于生活之中"的。

其次，在这些词句的叙述中，我们可将自己的法学研究语境，和中国基层司法的运作语境，对照起来，进而体验两种语境的相互距离，认识所谓的理论理性，其和智慧的实践理性的实际落差，进

---

1 参见苏力：《送法下乡——中国基层司法制度研究》，第37、38、41、93、115、117、169、242、303、365页。

而自我提醒一个基本理念：法律研究事业，原本应是务实的。

再次，这些词句，游弋于现实基层司法生活的修辞游戏中，它们既在推创这种修辞游戏，亦在依赖这种修辞游戏。如此，通过词句的阅读勾连，读者便易"亲密接触"中国基层司法的内在逻辑，或关系逻辑，进一步，深层体验中国基层法律实践的生活线路。

概言之，在这些词句及与之联系的叙述展开中，走进现实的法律生活，不仅是"意念"的，而且是"修辞"的，以叙事论，既是"由外到里"，亦为"由里到外"，进一步，读者和中国基层司法制度的空间距离，自退消失。

在《送法下乡》中，上述具有特殊叙事功能的词句及与此相联的平易阐述，已暗示作者叙事角色的独特定位。阅读中，读者可发现，作者常不断进行角色转换，即从法学家到法律家（这里尤其指从事实际调研工作的法律家），反之，从法律家到法学家。其实，作者也已宣称："我追求的不是那种从生活世界中完全分离出来的抽象原则，而是力求在生活中展现理论的力量。"[1]我认为，此应予以特别关注。

《送法下乡》是学术著作，故一方面，其必须具有学术策略、学术推进，必须将研究对象置于学术空间中，予以剖解和阐释，在已有学术谱系中，将自己的学术研究，准确地移动和安置，另一方面，正如《送法下乡》所期待的，法学研究是为了认识、解决中国的具体法律现实问题，而非为了大词式的理论空谈，因此，其亦必须具有实践性的问题意识、实践性的解决意向。

---

1 参见苏力：《送法下乡——中国基层司法制度研究》，第20页。

　　我们可看到，以往绝大多数的法学研究，尽管"十分优秀"，但常缺乏细微生活实践的反复调研、思考积淀。即使研究者，本身自己亦常承认，这种研究，是从理论到理论的。与此对应，以往绝大多数法律研究（这里指从事实际法律调研性质的研究），尽管同样"十分优秀"，但相反，缺乏缜密的学术思索、论辩推演。中国的法学家和法律家，作为社会角色，其间存在明显的界线与隔阂。虽然作为个人，许多法学家，由法律研究而出身，而许多法律家，由法学研究而出身，即人们常见的法律职业领域中的"学而优则仕"，但角色一旦固定，其所推出的思考产品，则明显分属自己的角色群体。此在法学家及法学研究中，尤为明显。

　　自然，对这种实际存在的现象，我们不应过多责怪，因为，社会分工在整体上，的确要求"各司其职""各尽其能"。但"同情"的理解，并不意味着，应拒绝法律研究和法学研究的相互结合。如果我们记得"法律必定是务实的"这一理念，则结合两者，亦为情理之中的工作。当然，将两者结合，需高度的能力和质素，而如此努力，亦因此是艰难的，颇为困苦。《送法下乡》已作出这种尝试，[1]并且我认为，这种尝试是成功的，正由于在文本叙事中不断转换作者的角色身份，将法律研究在法学研究展开，将法学研究在法律研究中展开，《送法下乡》得以获得一个重要基础，即推出"非常中国"的法学产品的基础。此产品，在中国基层实践中生发，同时，亦在世界学术背景中展开，[2]其在经验和智识两个层面，

1　其实，在其他作品中，如《法治及其本土资源》《制度是如何形成的》《阅读秩序》，作者亦自觉或不自觉，作出了这样的努力。
2　细心读者，完全可在书中正文和注释中，发现这种背景。

必然需要法律家和法学家两类角色的相互结合。故在"法律必定是务实的"这一理念的反观中,《送法下乡》的学术价值,包括实践意义,是不言而喻的。

法学理论中的知识和法律实践中的知识,其两者关系,在我看,颇为微妙。我个人认为,《送法下乡》在互换角色及结合两类知识的叙事过程中,其逻辑通道之一,又在指向反思两类知识的截然分界。

我们习惯认为,理论知识即为法学家理论化的知识,而实践知识,则为法律家应付具体问题而展现的"日常技艺"。虽然人们承认,法学理论来源于法律实践(当然还有其他社会实践),但人们亦习惯认为,法学理论,应是普遍指导法律实践的。故在这种观念中,法学理论的知识,具有"普遍"意义,而法律实践中的知识,仅具有"具体"意义。在法学理论的领域内,法学理论知识是可交流的,法律实践知识,不可交流(因为,没有"资格",虽然在实践工作中可交流)。但剥离两类知识的肌理纹路,深入两类知识的逻辑路径及理解两类知识的思考意向,正如导论和第一章所分析的,我们完全可发现,两者在一定意义上,是同一的。只是其一在表面上,已进入法学理论,而其一在表面上,依然被丢置在法律实践中。

关于这一点,可再考察一例,即不论在西方上诉法院司法运作中,还是在中国上诉法院司法运作中,我们均能发现,今日法学理论习以为常的知识,不仅是"活跃"的,而且还发挥证明具体判决的法理基础的重要作用。这些上诉法院,在具体案件的讨论判决过程中,均会论说"立法与司法的关系""特别法与普通法的关系""法院的社会角色定位应如何（如不能像行政机构，积极干预社会事务）""法律解释应依据立法者的原意""罪刑法定原则是刑法的基本原则"等，换言之，理论中的"法理"，实际上，有时是这些上诉法院日常知识的关键性的自我陈述。

我们当然可认为，这种状况的出现，在今天，包括以往，是法学知识传播的结果，但无法否认，这些法学知识在历史上，曾恰是法律实践的附属"产儿"，其随法律实践的诉求而生发演化。即使法学知识本身，现在也已承认，法学理论，甚至法学这一学科，均为跟随社会历史中的法律实践知识而产生。[1]

此外，法学知识在法律实践中的传播，亦在证明，法学知识具有干预实践的话语意图，法学知识从其产生之日起，便具备参与实践的能力与资格。法学知识不是探讨"终极的科学真理"，相反，其始终以隐蔽的方式，运作于法律实践中。[2]

正是基于这样一种理解，我们便有理由认为，原本被称为法学理论的知识和被称为法律实践的知识，其分野，事实上，仅为后来社会分工的一个附带结果。我们亦可这样描述，如果认为，法学理论是在社会历史的具体法律语境中产生的，并认为，法学理论不是在作"玄学"的终极探讨，则这些"认为"，已包含一个逻辑结论，即法学理论知识和法律实践知识的"普遍具体"的位置关系，应被瓦解。经由这里，我们可从另外角度，理解《送法下乡》叙述角色定位的重要意义：其一，法学家和法律家应是同一的，面对中

1　请再参见导论、第一章的分析。
2　关于此问题的一些讨论，可参见 Dworkin, *Law's Empire*, pp. 1–44，以及笔者在导论中的细致分析。

国法律实践，其均无法回避立场问题，[1]前者应像后者一样，自觉关心中国的实践命运，法学家的所有知识，均应融入实践的关怀；其二，中国基层司法运作中的知识，同样具有法学知识的资格，解放这类知识及其中的法学意义，恰为强调这类知识和"易被大写"的法学知识的同等地位，甚至强调，在特定语境中，如中国的特定地方性区域，前者优于后者的必要地位。

　　自然，我们的法学知识生产，其所倚赖的制度环境，限定了"生产手段"。法学研究者所处的研究空间，其所期待的"一般知识"及其所处的生活场景，已像无形的立法者，"规定"了研究者与研究对象的位置关系。但在《送法下乡》看，无形立法者的权威，在智识活动中，有时是可被冲破的。《送法下乡》亦的确有时在努力，以打破"无形立法者的权威"，走进研究对象中。

五、微观制约与微观斗争

　　前面讨论，有"大词"的印记，其本身，是为《送法下乡》的叙事风格所"厌恶"的。为"零距离"接触《送法下乡》，我们有必要，追随《送法下乡》，从具体事件出发再做阐述，进一步，分析《送法下乡》及以其作为标志的学术路向，可能存在的问题。

　　2000 年 10 月，《送法下乡》初版。时隔一年，即 2001 年 10 月，四川省泸州市出现一个引起广泛争议的法律审判。审判涉及

1　《送法下乡——中国基层司法制度研究》认为，其法学研究是有立场的。参见苏力：《送法下乡——中国基层司法制度研究》，第60页。

遗产纠纷。作出一审判决的是该市一个基层法院——纳溪区人民
法院。

　　案情十分简单。一名男子，已有妻子，但又与另一名女子同居
生活。此男子后来病危，临终立下遗嘱，将自己遗产分为两部分，
一部分由妻子继承，另一部分由同居女子继承。对遗嘱，当地公证
机关作出公证。男子死后，同居女子起诉至法院，要求妻子交出自
己（即同居女子）自认为的应得遗产。

　　纳溪区人民法院公开审理了这起遗产纠纷案。作为原告，同
居女子认为，根据《继承法》第3章第16条第3款的规定，即
"公民可以立遗嘱将个人财产赠给国家、集体或法定继承人以外的
人"，并且，原告恰为该条所规定的"法定继承人以外的人"，
故法院应支持自己的诉讼请求。作为被告，妻子认为，死者立遗嘱
的行为，已违反《民法通则》第7条的规定，即"民事活动应当尊
重社会公德"，且死者立遗嘱的行为，亦违反《婚姻法》的有关
规定，破坏了我国一夫一妻的婚姻制度，故法院应认定立遗嘱的行
为，属于无效民事行为，进一步，驳回原告的诉讼请求。[1]

　　经过几次开庭，合议庭将案件的情况上报审判委员会，请其讨
论。审判委员会的成员，提出两种意见。第一种意见，支持原告的
法律观点；第二种意见，支持被告的法律意见。最后，通过充分讨
论，审判委员会认为，的确应适用《民法通则》第7条的规定，认
定立遗嘱的行为，属于无效民事行为。随后，合议庭判决，驳回原

---

1 参见《泸州市纳溪区人民法院民事判决书》（编号：[2001]纳溪民初字第561号）。

告诉诉讼请求。[1]

　　判决宣布完毕时，能容纳1500人的法庭旁听席，当时座无虚席，传来阵阵掌声。当然，亦有不以为然者。[2]

　　判决后，该案审判长接受记者的采访。审判长指出，仅从《继承法》看，应考虑原告的诉讼请求，但法院在审查时，充分考虑了此案背景，在特别法与普通法之间，法院突破常规，大胆援用《民法通则》的相关规定；而如果支持原告诉讼请求，则会损害无过错一方即被告的利益，此等于助长"第三者"的社会风气。[3]纳溪区人民法院分管民事审判的副院长，亦接受记者的采访。这位副院长指出，《民法通则》为一部基本法律，其是一个大的原则，《继承法》和《婚姻法》均属于民法范畴，这些特别法规定，不能离开《民法通则》的指导思想。进一步，这位副院长指出，通过此案，纳溪区人民法院亦总结一个经验，即"审判机关不能机械地引用法律，而应该充分领会立法的本意，并且在充分领会立法的前提下适用法律"。[4]如同审判长所强调的，此副院长亦提到，该案中，纳溪区人民法院直接引用《民法通则》的基本原则，未机械适用《继承法》的规定，合情合理，如果纳溪区人民法院依照《继承法》的

1　参见王甘霖：《"社会公德"首成判案依据："第三者"为何不能继承遗产》，载《南方周末》2001年11月1日，第5版。

2　参见王甘霖：《"社会公德"首成判案依据："第三者"为何不能继承遗产》2001年11月1日，第5版。

3　参见黄庆锋：《二奶持遗嘱与原配争遗产，婚姻法、继承法听谁的？》，载《天府早报》2001年10月12日，第3版。

4　参见王甘霖：《"社会公德"首成判案依据："第三者"为何不能继承遗产》2001年11月1日，第5版。

规定支持原告诉讼主张，则会助长"第三者""包二奶"等不良社会风气，进一步，违背法律所要体现的公平、公正的精神。[1]

一审判决结束，原告提起上诉。颇为迅速，上级法院判决驳回上诉，维持原判。[2]

对此案的法律审判，毫无疑问，我们可从各种角度，进行评论、研讨。事实上，已出现许多评论研讨，[3]但一般看，这些评论研讨，均沿着三个方向展开：第一，指出法院判决是否正确，后提出支持的理由，或反对的理由；第二，结合该案，从法理上，仔细研讨有关的各个法律的相互关系，分析各法律及各法律条文之间的"规范"层次，甚至"孰先孰后"的位置，解释法律条文的意思，到底为何；第三，指出并分析法院判决的政治、社会、文化甚至历史的大背景。如此三个方向，是法学研究者特别熟知的。

另有一个评论、研讨方向，此即《送法下乡》提供的。依照《送法下乡》的思路，我们需了解，围绕法院判决而产生的微观社会关系及微观社会场景，需考察法院判决过程如何在细节上展开，并且，这些材料，其和其他地方获得的其他基层法院判决材料存在怎样的解释关系。如果我们直接作出"正误判决""法条

1　参见王甘霖：《"社会公德"首成判案依据："第三者"为何不能继承遗产》2001年11月1日，第5版。

2　参见《泸州市中级人民法院民事判决书》（编号：［2001］泸民一终字第621号）。

3　例子，可参见刘江：《别以道德的名义》，载《南方周末》2001年11月15日，第5版；朱元：《遗赠案三疑》，载《南方周末》2001年11月15日，第5版；邓子滨：《不道德者的权利》，载《南方周末》2001年11月15日，第5版。另在网上及各种刊物杂志，可看到大量的相关文献。

注释""文化解释",则其意义,十分可疑。¹我们需问如下一些"小"问题,例如:

（1）法庭开庭时,旁听者与法官的关系,是如何形成的?

（2）在案件审判过程中及在案件出现前,合议庭成员的关系,怎样形成,又如何变化?

（3）合议庭和审判委员会的关系,是怎样建立的?

（4）审判委员会的成员关系,如何变化,其中法院院长,及主管民事审判的副院长,和其他成员的微观权力关系,是如何运作的?

（5）当地民众,具体怎样看待此案及这种看法,对法院某些审判员的观点,尤其是审判委员会的某些成员,是否真正产生了影响?

（6）审判委员会的某些成员,是否知道或了解,其他法院对类似案件的解决办法?

（7）合议庭成员及审判委员会成员,是如何运用"各类法学知识"进行交流的?

1　参见本文前面有关事物的秩序及社会需要是复杂的讨论。这三个方向,均极可能导致简单化的是非判断,且导致缺乏自我反省的对他者知识的指责。此外,我们应觉察,尽管多年来的三个方向的中国法学研究,早已研究了相关问题,但基层法院,依然"我行我素"。在这里,不是基层法院不知道法学家所熟知的法学理论,"素质低下",相反,它们是在巧妙地进行法律实践。在此案中,基层法官,完全知道"特别法与普通法相互关系"的法理知识（见文中审判长的答记者问）,但他们,依然巧妙地运用《民法通则》和《继承法》《婚姻法》之间的"大小关系"的道理（在笔者看,未必不能成为一种法理）,以论证自己的法律判决。就此点而言,还是《送法下乡——中国基层司法制度研究》提到的一句老话,说得到位:世界是复杂的。参见苏力:《送法下乡——中国基层司法制度研究》,第383页。

（8）作出这一判决的基层法院，其和上级法院的真实关系，是怎样的？

（9）婚姻之外的同居关系，在当地已造成何种影响，其刺激了当地人们的哪些观念，以及赞同、反对的力量对比关系，是怎样的？

……

这些"小"问题的清单，可不断开列。同时，更重要的，我们还需在这些问题的答案之间，建立逻辑的解释关系。从法学角度看，我们需运用这些答案，及解释关系，以验证、证伪已有的法学知识及理论模型，提出新的法学知识和理论模型，进一步，更准确解释"大写"的法学知识和"小写"的法学知识，其权力博弈关系。最后，如果的确必要，则应结合已得到的综合微观条件关系，以提出案件的解决方法。

如此一类方向，十分明显，为中国法学研究者所不熟悉。其中关键词，便是"微观制约"。因为，纳溪区人民法院的判决，最终是在"微观制约"中作出的。

在我看，如前所述，《送法下乡》的研究策略，的确可成功从法学内部，瓦解相当一些今天占据支配地位的中国法学知识及理论模型。原因颇为简单，这些占据支配地位的法学知识及理论模型，解释这一经验材料时，几乎难实现较佳的结果，而《送法下乡》提供的法学知识及理论模型，可作出新的成功解释。

尽管如此，我又认为，《送法下乡》正因为十分关注"微观制约"的问题，且将"微观制约"作为自己理论建构的逻辑中心，故在能够成功解释这一判决过程中的多数问题时，无法解释其中另一个重要问题。此问题，即为"微观斗争"。

　　"制约"的概念，指向一个"单一方向"。换言之，如果存在"制约"，则纳溪区人民法院的"地方性"的判决意见，应是"单一"的，至少，就绝大多数该院法官而言，应如此。因为，法院的人物，均受到微观地方性的趋同控制，微观地方中，已存在"事物的逻辑"。的确，法院的判决，就其自身而言，从来均为单一的，但法院的判决，是以法院的名义，而非以个体人物的名义作出的，故其是符号化的，隐蔽了个体人物——及亚群体——之间的"斗争"关系。如果抽去符号，在纳溪区人民法院的判决意见中，我们看到的，则是地方性的"制约"与"反制约"，准确说，则是"微观斗争"，即不同甚至对立的判决意见，及背后的不同力量的对比争夺（注意前述注释中的材料，审判委员会里即有不同的判决意见），或者，则是"小写"的两类法学知识之间的相互斗争，尽管，这些"小写"的法学知识，其与"大写"的法学知识有关，或常借助"大写"的法学知识的话语权力。[1]而且，此"微观斗争"，可能与当地的社会"微观斗争"相互关联。

　　故依此思路，我们可逻辑地提出这样的问题：在地方性的基层法院司法运作中，是否存在方向不同的"制约"？如果存在，则是否应修正或限制"制约"的理论模型？

　　在我看，"微观斗争"的具体结果，极可能是偶然的，而非必

---

[1] 所以不是通常意义上的"大写"的法学知识和"小写"的法学知识的斗争，是因为，材料中，我们不能断言，"主张以《继承法》作为判决依据"的知识，或"主张以《民法通则》作为判决依据"的知识，本身就是"大写"的法学知识（目前中国流行的权威性法学知识）。不论前者，还是后者，在自我论证过程中，均涉及了其他的道德观念话语（关于如何对待"第三者"的道德判断）。在这样一个论证语境中，所谓"大写"的法学知识，是缺席的。

然。因为，即使已知道纳溪区人民法院的周边微观事物关系，发现其中微观事物的逻辑关系，我们依然不能宣称，在后来的类似案件中，纳溪区人民法院必定如此判决。毕竟，法院中具体个人之间的"微观斗争"，是存在的，人物的位置关系及思想关系，会发生变化。具体说，有人可能成为新的合议庭成员，担任新的审判长，被列为新的审判委员会成员，被任命为新的主管民事审判的副院长，或成为新的法院院长，甚至新的上诉法院的法官，有人可能因为一件社会事情，改变自己的判断观念……而其后来所持有的判决意见，或许恰是相反的判决意见。这些均可能，尽管不是必然的。

"制约"一词，总体看，则隐含"必然"的含义。换言之，依照"制约"的逻辑，我们应可以大致预测纳溪区人民法院的判决。但我们的预测，完全可能与后来的结果，相去甚远。因为，在那里，已存在"斗争"。我不认为，对"微观斗争"的解释建构，亦为一个理论模型，但我的确认为，以往的中国法学理论及《送法下乡》的法学理论，不能很好解释以纳溪区人民法院判决过程为代表的、一类微观斗争的"法学问题"。微观事物的逻辑关系，有时，可能是我们事后理论分析的结果，而非事物本身的真实，即使的确存在"事物本身的真实"。理论化的努力，在这里，是会遭遇"反努力"的。

同时，我不认为，通过《送法下乡》的实证方法的反复努力，我们即可成功解释"微观斗争"。因为，《送法下乡》中的实证方法，是和"微观制约"观念相互联系的，甚至以"微观制约"思想，作为观念先导，且亦必须和"微观制约"相互联系，以实现自己的"实证"目的，发现、展示"规律"意义上的逻辑内容。相反，"微观斗争"是偶然的，且是随机的，亦无法实证"计算"，其中充满或至少包含断裂，几乎没有规律意义上的逻辑内容，以示存在。就此看，"微观制约"解释的失效，可能意味着，该文本及整体法学研究的实证方法的随之失效。为解释"微观斗争"，我们可能需寻求另外的研究方法、路径。

毫无疑问，我们需走进现实的法律生活。但此外，我们亦需瞄向另外的新方向，运用另外的新方法，同时，亦需注意法学的立场选择，以及理论中法律知识与实践中法律知识的微妙关系。如此，法学研究，才会具备更智识的品格，以不断推动法律实践。

参引文献

中文

阿奎那:《阿奎那政治著作选》,马清槐译,商务印书馆1982年版。

C.C.阿列克谢耶夫:《法的一般理论》(上册),黄良平、丁文琪译,法律出版社1988年版。

雷蒙·阿隆:《历史的规律》,何兆武译,载张文杰等编译:《现代西方历史哲学译文集》,上海译文出版社1984年版。

齐格蒙·鲍曼:《立法者与阐释者——论现代性、后现代性与知识分子》,洪涛译,上海人民出版社2001年版。

北京图书馆编:《民国时期总书目·法律》,书目文献出版社1990年版。

卡尔·贝克尔:《什么是历史事实?》,段涓译,宜兆鹏、张金言校,载张文杰等编译:《现代西方历史哲学译文集》,上海译文出版社1984年版。

卡尔·波普尔:《猜想与反驳——科学知识的增长》,傅季重、纪树立、周昌忠、蒋弋为译,上海译文出版社1986年版。

蔡枢衡:《中国法理自觉的发展》,清华大学出版社2005年版。

K. 茨威格特、H. 克茨：《比较法总论》，潘汉典、米健、高鸿钧、贺卫方译，贵州人民出版社 1992 年版。

婵娟编辑：《莫兆军，为何你的命运总牵动着我们》，中国法院网"法治论坛第八期电子杂志"，2006 年 4 月 28 日发布。

车传波：《论立法精神与法律原则在司法实践中的应用》，载《当代法学》1994 年第 4 期。

陈金威：《论法律移植》，载《求实》2002 年第 4 期。

陈景良：《新中国法学研究中的若干问题——立足于 1957–1966 年的考察》，载《法学研究》1999 年第 3 期。

陈启修：《护法及弄法之法理学的意义》（《北京大学月刊》第 1 卷第 2 号，1919 年），载何勤华、李秀清编：《民国法学论文精萃》（基础法律篇），法律出版社 2003 年版。

陈兴良：《走向哲学的刑法学》，法律出版社 1999 年版。

川岛武宜：《现代化与法》，王志安、渠涛、申政武、李旺译，中国政法大学出版社 1994 年版。

邓子滨：《不道德者的权利》，载《南方周末》2001 年 11 月 15 日，第 5 版。

丁元普：《法学思潮之展望》（《法轨》第 1 卷第 2 期，1934 年），载何勤华、李秀清编：《民国法学论文精萃》（基础法律篇），法律出版社 2003 年版。

董灵：《公序良俗原则与法制现代化》，载《法律科学》1994 年第 5 期。

保罗·法伊尔阿本德：《反对方法：无政府主义知识论纲要》，周昌忠译，上海译文出版社 1992 年版。

法治论坛网友 ZOSU：《谁来关注"莫兆军后遗症"》（2003年 7 月 7 日发布），中 国 法 院 网 http://www.chinacourt.org/public/detail.php?id=66704，2007 年 2 月 1 日访问。

费青：《皮尔逊强奸案翻案事答问》，载《观察周刊》1947 年第 3 卷第 3 期。

费青：《法律不容不知之原则》（《法学季刊》第 4 卷第 2 期，1929 年），载何勤华、李秀清编：《民国法学论文精萃》（基础法律篇），法律出版社 2003 年版。

冯象：《送法下乡与教鱼游泳》，载《读书》2002 年第 2 期。

冯象：《木腿正义》，中山大学出版社 1999 年版。

冯卓慧：《法律移植问题探讨》，载《法律科学》2001 年第 2 期。

福柯：《尼采、谱系学、历史》，王简译，载杜小真选编：《福柯集》，上海远东出版社 1998 年。

本杰明·卡多佐：《司法过程的性质》，苏力译，商务印书馆 2003 年版。

高维廉：《中国法学思想之国际地位》（《法学季刊》第 4 卷第 3 期，1930 年），载何勤华、李秀清编：《民国法学论文精萃》（基础法律篇），法律出版社 2003 年版。

伯恩哈德·格罗斯菲尔德：《比较法的力量与弱点》，孙世彦、姚建宗译，清华大学出版社 2002 年版。

广东省高级人民法院：《广东省高级人民法院终审裁定书》（编号：［2004］粤高法刑二终字第 24 号）。

广州市中级人民法院：《广州市中级人民法院刑事判决书》

（编号：［2003］穗中法刑初字第 134 号）。

哈贝马斯：《交往与社会进化》，张博树译，重庆出版社 1989 年版。

哈特：《法律的概念》，张文显、郑成良、杜景义、宋金娜译，中国大百科全书出版社 1996 年版。

汉密尔顿、杰伊、麦迪逊：《联邦党人文集》，程逢如、在汉、舒逊译，商务印书馆 1982 年版。

郝铁川：《中国近代法学留学生与法制近代化》，载《法学研究》1997 年第 6 期。

贺卫方：《司法的理念与制度》，中国政法大学出版社 1998 年版。

华康德：《迈向社会实践理论：布迪厄社会学的结构和逻辑》，载皮埃尔·布迪厄等：《实践与反思》，李猛、李康译，中央编译出版社 1998 年版。

黄金兰：《论法律移植》，载《山东大学学报》（哲学社会科学版）2001 年第 6 期。

黄庆锋：《二奶持遗嘱与原配争遗产，婚姻法、继承法听谁的？》，载《天府早报》2001 年 10 月 12 日，第 3 版。

黄文艺：《论法律文化传播》，载《现代法学》2002 年第 1 期。

黄右昌：《现代法律的分类之我见》（《中华法学杂志》第 2 卷第 8 期，1931 年），载何勤华、李秀清编：《民国法学论文精萃》（基础法律篇），法律出版社 2003 年版。

何勤华：《法的移植与法的本土化》，载《中国法学》2002 年第 3 期。

何勤华：《明清时期案例汇编及其时代特征》，载《学术季刊》，第 3 期。

何勤华：《中国古代法学的死亡与再生——关于中国法学近代化的一点思考》，载《法学研究》1998 年第 2 期。

D.C. 霍埃：《批评的循环》，兰金仁译，辽宁人民出版社 1987 年版。

霍布斯：《利维坦》，黎思复、黎廷弼译，商务印书馆 1985 年版。

W. 詹宁斯：《法与宪法》，龚祥瑞、侯健译，贺卫方校，三联书店 1997 年版。

安东尼·吉登斯：《现代性的后果》，田禾译、黄平校，译林出版社 2000 年版。

克利福德·吉尔兹：《地方性知识：事实与法律的比较透视》，邓正来译，载梁治平编：《法律的文化解释》，三联书店 1994 年版。

汉斯－格奥尔格·伽达默尔：《真理与方法：哲学诠释学的基本特征》（下卷），洪汉鼎译，上海译文出版社 1999 年版。

汉斯－格奥尔格·伽达默尔：《真理与方法》（上），洪汉鼎译，上海译文出版社 1992 年版。

江镇三：《法律与正义》（《法轨》创刊号，1933 年），载何勤华、李秀清编：《民国法学论文精萃》（基础法律篇），法律出版社 2003 年版。

强世功编：《调解、法制与现代性：中国调解制度研究》，中国法制出版社 2001 年版。

强世功：《乡村社会的司法实践：知识、权力与技术》，载

《战略与管理》1997 年第 4 期。

凯尔森：《法与国家的一般理论》，沈宗灵译，中国大百科全书出版社 1996 年版。

康雅信：《培养中国的近代法律家：东吴大学法学院》，王健译，贺卫方校，载贺卫方编：《中国法律教育之路》，中国政法大学出版社 1997 年版。

贝奈戴·托克罗齐：《历史学的理论和实际》，道格拉斯·安斯利英译，傅任敢汉译，商务印书馆 1982 年版。

奥古斯特·孔德：《论实证精神》，黄建华译，商务印书馆 1996 年版。

赖颢宁：《被告自杀法官受审追踪：法官称原审改判不算错案》，载《南方都市报》2003 年 4 月 26 日，第 A18 版。

李富金：《法官——职业与风险同在》，载《法制日报》2003 年 12 月 11 日，第 11 版。

李贵连：《二十世纪初期的中国法学（续）》，载《中外法学》1997 年第 5 期。

李贵连、孙家红、李启成、俞江编：《百年法学——北京大学法学院院史（1904—2004）》，北京大学出版社 2004 年版。

李浩：《民事证明责任研究》，法律出版社 2003 年版。

李晋：《法律与道德》（《言治》第 1 期，1913 年），载何勤华、李秀清编：《民国法学论文精萃》（基础法律篇），法律出版社 2003 年版。

林庆元：《林则徐评传》，南京大学出版社 2000 年版。

凌斌：《普法、法盲与法治》，载《法制与社会发展》2004 年第 2 期。

林仁栋：《论法的原则》，载《上海社会科学院学术季刊》1987 年第 1 期。

刘广安：《清代民族立法研究》，中国政法大学出版社 1993 年版。

刘江：《别以道德的名义》，载《南方周末》2001 年 11 月 15 日，第 5 版。

刘星：《司法中的法律论证资源辨析：在"充分"上追问——基于一份终审裁定书》，载《法制与社会发展》2005 年第 1 期。

刘星：《现代性观念与现代法治———一个诊断分析》，载《法制与社会发展》2002 年第 3 期。

刘星：《走进现实的法律生活——评〈送法下乡〉》，载《中国社会科学》2002 年第 3 期。

刘星：《西方法学中的"解构"运动》，载《中外法学》2001 年第 5 期。

刘星：《历史语境中的法学与法律》，法律出版社 2001 年版。

刘星：《法理学的基本使命与作用———一个疑问和重述》，载《法学》2000 年第 2 期。

刘星：《解读本土法律文化的一种独特方式》，载《二十一世纪》（香港中文大学·中国文化研究所）1999 年 2 月号。

刘星：《法律是什么——二十世纪英美法理学批判阅读》，中国政法大学出版社 1998 年版。

刘研：《以日为鉴：浅谈法律移植的制约因素》，载《黑龙江省政法管理干部学院学报》2002 年第 3 期。

柳福华：《高楼里扔出法律难题》，载《人民法院报》2002 年 8 月 22 日，第 4 版。

梁治平：《清代习惯法：社会与国家》，中国政法大学出版社 1996 年版。

勒内·罗迪埃：《比较法导论》，徐百康译，上海译文出版社 1998 年版。

洛克：《政府论》（下篇），叶启芳、瞿菊农译，商务印书馆 1983 年版。

卡尔·马克思：《哲学的贫困》（1847 年），载《马克思恩格斯全集》（第四卷），人民出版社 1958 年版。

马新福：《论法原则》，载《政法丛刊》1992 年第 2 期。

斯图尔特·麦考利：《新老法律现实主义："今非昔比"》，范愉译，载《政法论坛》2006 年第 4 期。

卡尔·曼海姆：《意识形态和乌托邦》，艾彦译，华夏出版社 2001 年版。

梅因：《古代法》，沈景一译，商务印书馆 1984 年版。

孟德斯鸠：《法意》，严复译，商务印书馆（1904–1909 年版）。

孟德斯鸠：《论法的精神》（上册），张雁深译，商务印书馆 1982 年版。

C.赖特·米尔斯：《社会学的想象》，陈强、张永强译，三联书店 2001 年版。

宁乃如：《市场经济呼唤平等权：试论公民在法律面前一律平等》，载《法学研究》1993 年第 4 期。

丘汉平：《从西半球的法学说到三民主义的法理学》（《东方

杂志》第 32 卷第 1 号，1935 年），载《丘汉平法学文集》，洪佳期译，中国政法大学出版社 2004 年版。

丘汉平：《〈历代刑法志〉自序》（1938 年），载《丘汉平法学文集》，洪佳期译，中国政法大学出版社 2004 年版。

丘汉平：《法律之语源》（《法学杂志》第 5 卷第 2 期，1931 年），载《丘汉平法学文集》，洪佳期译，中国政法大学出版社 2004 年版。

瞿同祖：《中国法律与中国社会》，商务印书馆 1947 年版。

阮毅成：《从"法"说到"宪法"》（《时代公论》第 87、89 号，1933 年），载何勤华、李秀清编：《民国法学论文精萃》（宪法法律篇），法律出版社 2002 年版。

乔·萨托利：《民主新论》，冯克利、阎克文译，东方出版社 1998 年版。

爱德华·W. 萨义德：《文化与帝国主义》，李琨译，三联书店 2003 年版。

爱德华·W. 萨义德：《知识分子论》，单德兴译，陆建德校，三联书店 2002 年版。

森岛通夫：《日本为什么"成功"——西方的技术和日本的民族精神》，胡国成译，四川人民出版社 1986 年版。

四川省泸州市纳溪区人民法院：《泸州市纳溪区人民法院民事判决书》（编号：［2001］纳溪民初字第 561 号）。

四川省泸州市中级人民法院：《泸州市中级人民法院民事判决书》（编号：［2001］泸民一终字第 621 号）。

宋冰编：《程序、正义与现代化——外国法学家在华演讲录》，中国政法大学出版社 1998 年版。

苏力：《也许正在发生：转向中国的法学》，法律出版社 2004
年版。

苏力：《送法下乡——中国基层司法制度研究》，中国政法大
学出版社 2000 年版。

苏力：《制度是如何形成的》，中山大学出版社 1999 年版。

苏力：《阅读秩序》，山东教育出版社 1999 年版。

苏力：《为什么"送法下乡"》，载《社会学研究》1998 年
第 5 期。

苏力：《法治及其本土资源》，中国政法大学出版社 1996 年版。

孙渠：《续中国新分析派法学简述》（《法学季刊》第 4 卷第
6 期，1930 年），载吴经熊、华懋生编：《法学文选》，中国政法
大学出版社 2003 年版。

赫尔南多·德·索托：《资本的秘密》，王晓东译，江苏人民
出版社 2006 年版。

尚晓宇：《杜崇烟代表：适用"谁主张谁举证"要结合国
情》，载《检察日报》2006 年 3 月 10 日，第 002 版。

申政武：《日本对外国法的移植及其对我国的启示》，载《中
国法学》1993 年第 5 期。

田默迪：《东西方之间的法律哲学——吴经熊早期法律哲学思
想之比较研究》，中国政法大学出版社 2004 年版。

乔纳森·H. 特纳：《社会学理论的结构》，吴曲辉等译，浙江
人民出版社 1987 年版。

万鄂湘编：《民商法理论与审判实务研究——全国法院第十五

届学术讨论会获奖论文》，人民法院出版社 2004 年版。

王甘霖：《"社会公德"首成判案依据："第三者"为何不能继承遗产》，载《南方周末》2001 年 11 月 1 日，第 5 版。

王健：《超越东西方：法学家吴经熊》，载《比较法研究》1998 年第 2 期。

王健编：《西法东渐——外国人与中国法的近代变革》，中国政法大学出版社 2001 年版。

王铭铭：《他者的意义——论现代人类学的后现代性》，载赵汀阳编《现代性与中国》，广东教育出版社 2000 年版。

王铭铭、王斯福编：《乡土社会的秩序、公正与权威》，中国政法大学出版社 1997 年版。

维尔：《宪政与分权》，苏力译，三联书店 1997 年版。

维华：《法理学与近代法律变迁之趋向》（《南开大学周刊》第 100 期，1931 年），载何勤华、李秀清编：《民国法学论文精萃》（基础法律篇），法律出版社 2003 年版。

维特根斯坦：《哲学研究》，李步楼译，陈维杭校，商务印书馆 1996 年版。

马克斯·韦伯：《经济与社会》（下卷），约翰内斯·温克尔曼整理，林荣远译，商务印书馆 1997 年版。

马克斯·韦伯：《经济与社会》（下卷），约翰内斯·温克尔曼整理，林荣远译，商务印书馆 1997 年版。

F.P. 沃顿：《历史法学派与法律移植》，许章润译，载《比较法研究》2003 年第 1 期。

吴经熊：《法律的基本概念》（《改造》第 4 卷第 6 期，1922

年），载吴经熊：《法律哲学研究》，清华大学出版社 2005 年版。

吴经熊：《关于现今法学的几个观察》（《东方杂志》第 31 卷第 1 号，1934 年），载吴经熊、华懋生编：《法学文选》，中国政法大学出版社 2003 年版。

吴玉章：《读〈送法下乡〉》，载《读书》2003 年第 2 期。

吴稚晖：《杂志界之希望》，载《太平洋》1927 年第 1 卷第 1 号。

夏勇：《民本与民权——中国权利话语的历史基础》，载《中国社会科学》2004 年第 5 期。

夏勇主编：《走向权利的时代》，中国政法大学出版社 1995 年版。

谢鹏程：《论法律的工具合理性与价值合理性：以法律移植为例》，载《法律科学》1996 年第 6 期。

谢振民：《中华民国立法史》，中国政法大学出版社 2000 年。

萧邦承：《社会法律学派之形成及其发展》（《法轨》第 2 卷第 1 期，1934 年），载何勤华、李秀清编：《民国法学论文精萃》（基础法律篇），法律出版社 2003 年版。

萧瀚：《解读〈送法下乡〉》，载《中国社会科学》2002 年第 3 期。

萧志：《葫芦僧判断葫芦案现代版》，载《方圆》2003 年第 2 期。

休谟：《人性的高贵与卑劣》，杨适等译，三联书店 1998 年版。

休谟：《人类理解研究》，关文运译，商务印书馆 1982 年版。

徐国栋：《民法典草案的基本结构》，载《法学研究》2000 年第 1 期。

徐忠明：《案例、故事与明清时期的司法文化》，法律出版社2006年版。

徐忠明：《法学与文学之间》，中国政法大学出版社2000年版。

栩编辑：《反思：莫兆军案谁之错》，载《新快报》2003年8月3日，第A11版。

许慎：《说文解字》，中华书局1963年版。

许章润：《以法律为业——关于近代中国语境下的法律公民与法律理性的思考》，载《金陵法律评论》2003年第1期。

燕树棠：《自由与法律》（《清华学报》第9卷第1期，1934年），载何勤华、李秀清编：《民国法学论文精萃》（基础法律篇），法律出版社2003年版。

杨文丽：《法律移植与中国法制现代化》，载《北京理工大学学报》（社会科学版）2001年第4期。

特里·伊格尔顿：《历史中的政治、哲学、爱欲》，马海良译，中国社会科学出版社1999年版。

余亚莲、朱艳秀、郑碧容：《无罪法官回家养猪：莫兆军的悲剧结束了吗？》，载《新快报》2003年8月3日，第A11版。

最高人民法院：《最高人民法院刑事判决书》（编号：［2003］刑提字第5号）。

最高人民法院：《最高人民法院关于审理交通肇事刑事案件具体应用法律若干问题的解释》（法释［2000］33号）。

最高人民法院：《人民法院五年改革纲要》，载《最高人民法院公报》1999年第6期。

张鼎昌：《比较法之研究》（《中华法学杂志》新1卷第9

期，1937 年），载何勤华、李秀清编：《民国法学论文精萃》（基础法律篇），法律出版社 2003 年版。

张君劢：《〈法律的基本概念〉之序言》（《改造》第 4 卷第 6 期，1922 年），载吴经熊：《法律哲学研究》，清华大学出版社 2005 年版。

张君劢：《政法上的唯心主义》（《法学季刊》第 1 卷第 5 期，1923 年），载吴经熊、华懋生编：《法学文选》，中国政法大学出版社 2003 年版。

张德美：《浅论法律移植的方式》，载《比较法研究》2003 年第 3 期。

张文显主编：《法理学》，高等教育出版社 1999 年版。

张文显主编：《马克思主义法理学》，吉林大学出版社 1993 年版。

张玉书等编纂：《康熙字典》，王引之等校订，上海古籍出版社 1996 年版。

张芝梅：《〈送法下乡〉：一个读本》，载《中国社会科学》2002 年第 3 期。

张志让：《十九世纪中世界法律上新旧两大主义之嬗替》，载《法律周刊》1924 年第 30 期。

张志让：《借英国法中许多希奇有趣之点来阐明法律的性质》（法轨》第 1 卷第 2 期，1934 年），载吴经熊、华懋生编：《法学文选》，中国政法大学出版社 2003 年版。

中国法律年鉴编辑部编辑：《中国法律年鉴》，法律出版社，1987—1999 年。

赵晓力：《基层司法的反司法？——评苏力〈送法下乡〉》，载《社会学研究》2005 年第 2 期。

赵之远：《法律观念之演进及其诠释》（《社会科学丛刊》第 1 卷第 1 期，1934 年），载吴经熊、华懋生编：《法学文选》，中国政法大学出版社 2003 年版。

赵志毅、孙世刚：《论法律移植——法律意识角度的认识》，载《当代法学》2003 年第 1 期。

祝庆祺、鲍书芸、潘文舫、何维楷编：《刑案汇览》（4 册），北京古籍出版社 2004 年版。

朱伟一：《与大师对弈："德沃金法哲学思想国际研讨会"侧记》，载《科学决策》2002 年第 7 期。

朱显祯：《德国历史法学派之学说及其批评》（《社会科学论丛》第 1 卷第 10 期，1929 年），载何勤华、李秀清编：《民国法学论文精萃》（基础法律篇），法律出版社 2003 年版。

朱显祯：《法律解释论》（《社会科学论丛》第 2 卷第 8、9 期合刊［法律专号］，1930 年），载吴经熊、华懋生编：《法学文选》，中国政法大学出版社 2003 年版。

朱怡庵：《法的本质》（《新兴文化》创刊号，1929 年），载何勤华、李秀清编：《民国法学论文精萃》（基础法律篇），法律出版社 2003 年版。

朱元：《遗赠案三疑》，载《南方周末》2001 年 11 月 15 日，第 5 版。

朱志达：《莫兆军案的价值》，载《厦门晚报》2004 年 7 月 3 日，第 6 版。

外文

Aichele, Gary. 1990. *Legal Realism and Twentieth–Century American Jurisprudence*. New York: Garland Publishing Inc..

Austin, John. 1995. *The Province of Jurisprudence Determined*. edited by Wilfrid Rumble, New York: Cambridge University Press.

Austin, John. 1885. *Lectures on Jurisprudence or the Philosophy of Positive Law*. 5th edition, revised and edited by Robert Campbell, London: John Murray.

Austin, Sarah. 1885. "preface", in John Austin, *Lectures on Jurisprudence or the Philosophy of Positive Law*. 5th edition, revised and edited by Robert Campbell, London: John Murray.

Banks, Christopher, David Cohen, and John Green (eds.). 2005. *The Final Arbier: The Consequences of Bush v. Gore for Law and Politcs*. Albany : State University of New York Press.

Barnes, Barry. 1985. *About Science*. Oxford: Basil Blackwell Ltd..

Berman, Harold. 1983. Law and Revolution: *The Formation of the Western Legal Tradition*. Cambridge: Harvard University Press.

Blackstone, William. 1825. *Commentaries on the Laws of England*, 16th edition, London, I.

Bodenheimer, Edgar. 1974. *Jurisprudence: the Philosophy and Method of the Law*. Cambridge: Harvard University Press.

Böckenförde, Ernst. 1991. *State, Society and Liberty: Studies in*

Poltical Theory and Constitutional Law. trans. J. A. Underwood, Oxford: Berg.

Cass, Ronald. 2001. *The Rule of Law in America.* Baltimore: Johns Hopkins University Press.

Coleman, Jules, and Brian Leiter. 1969, 1999. "Legal Positivism", in *A Companion to Philosophy of Law and Legal Theory.* edited by Dennis Patterson, Malden: Blackwell Publishers Inc..

Coquillette, Daniel R. 1981. "Legal Ideology and Incorporation I–III". *Boston University Law Review*, vol. 61.

Cotterrell, Roger. 1992. *The Sociology of Law: An Introduction.* 2nd edition, London: Butterworths.

Cootterrell,Roger. 1989. *The Politics of Jurisprudence: A Critical Introduction to Legal Philosophy.* Philadelphia: University of Pennsylvania Press.

Curran, Vivian. 2002. *Comparative Law: An Introduction.* Durham: Carolina Academic Press.

Curran, Vivian. 1998. "Cultural Immersion, Difference and Categories in US. Comparative law". *American Journal of Comparative Law*, vol. 46.

Dawson, John. 1968. *The Oracles of the Law.* Ann Arbor: The University of Michigan Law School.

Dias, Reginald W.M. 1976. *Jurisprudence.* 4th edition, London: Butterworths & Co..

Dworkin, Ronald. 1987. "Legal Theory and the Problem of Sense", in *Issues in Contemporary Legal Philosophy: The Influence of H.L.A. Hart*. edited by Ruth Gavison, Oxford: Clarendon Press.

Dworkin, Ronald. 1986. *Law's Empire*. Cambridge: Harvard University Press.

Dworkin, Ronald. 1977. *Taking Rights Seriously*. Cambridge: Harvard University Press.

Eagleton, Terry. 1996. *Illusions of Postmodernism*. Oxford: Bladwell Publishers.

Epstein, Richard A. 1995. *Simple Rules for a Complex world*. Cambridge: Harvard University Press.

Foucault, Michel. 1977. *Language, Counter-Memory, Practice: Selected Essays and Interviews*. edited by Donald Bouchard, translated by Donald Bouchard and Sherry Simon, Oxford: Blackwell, 1977.

Frank, Jerome. 1949. *Law and Modern Mind*. 6th edition, New York: Bretano's.

Frank, Jerome. 1930. *Law and Modern Mind*. New York: Bretano's.

Friedman, Lawrence M. 1975. *The Legal System: A Social Science Perspective*. New York: Russell Sage Foundation.

Gavison, Ruth. 1987. "Comment", in *Issues in Contemporary Legal Philosophy: The Influence of H.L.A. Hart*. edited by Ruth Gavison, Oxford: Clarendon Press.

Gavison, Ruth. 1987. "Introduction", in Ruth Gavison (ed.), *Issues in Contemporary Legal Philosophy: The Influence of H.L.A. Hart*. edited by Ruth Gavison, Oxford: Clarendon Press.

Gavison, Ruth.(ed.). 1987. *Issues in Contemporary Legal Philosophy: The Influence of H.L.A. Hart*. Oxford: Clarendon Press.

Gordon, Robert. 1998. "Some Critical Theories of Law and Their Critcs", in *The Politics of Law: a Progressive Critique*. 3rd edition, edited by David Kairys, New York: Basic Books.

Gordon, Robert. 1987. "Unfreezing Legal Reality: Critical Approaches to Law". *Florida State University Law Review*, vol. 15.

Grey, Tomas. 1990. "What Good is Legal Pragmatism", in *Pragmatism in Law and Society*. edited by Micharl Brint and William Weaver, Boulder: Westview Press Inc..

Großfeld, Bernhard. 1996. *Kernfragen der Rechtsvergleichung*. Tübingen: J.C.B. Mohr (Paul Siebeck).

Hall, Stuart. 1977. "Culture, the Media and Ideological Effect", in *Mass Communication and Society*. edited by James Curran, Michael Gurevitch, and Janet Woollacott, etc., London: Arnaold.

Harris, J.W. 1980. *Legal Philosophies*. London: Butterworths & Co..

Hart, H.L.A. 1961. *The Concept of Law*. Oxford: Clarendon Press.

Hart, H.L.A. 1987. "Comment", in *Issues in Contemporary Legal Philosophy: The Influence of H.L.A. Hart*. edited by Ruth Gavison, Oxford: Clarendon Press.

Hixson, Walter. 2002. "Black and White: The O.J. Simpson Case (1995)", in Annette Gordon –Reed (ed.), *Race on Trial: Law and Justice in American History*. New York : Oxford University Press.

Huchinson, Allan, and Patrick Monahan. 1984. "Law, Politics and

Critical Legal Scholars: the Unfolding Drama of American Legal Thought". *Stanford Law Review*, vol. 36.

Hunt, Alan. 1993. *Exploration in Law and Society*. New York: Routledge.

Israel, Jonathan. 2001. *Radical Enlightenment: Philosophy and the Making of Modernity*, 1650–1750. Oxford: Oxford University Press.

John, Michael. 1989. *Politics and the Law in Late Nineteenth–Century: The Origin of the Civil Code*. Oxford: Clarendon Press.

Kairys, David. 1998. "Introduction", in *The Politics of Law: a Progressive Critique*. 3rd edition, edited by David Kairys, New York: Basic Books.

Kantorowicz, Hermann. 1937. "Savigny and the Historical School of Law". *The Law Quarterly Review*, vol. 53.

Kegel, Gerhard. 1989. "Story and Savigny". *American Journal of Comparative Law*, vol. 37.

Kerruish, Valerie. 1991. *Jurisprudence as Ideology*. London: Routledge.

Kirchheimer, Otto. 1969. "The Rechtsstaat as Magic Wall", in *Politics, Law and Social Change: Selected Essays of Otto Kirchheimer*. Edited by Frederik Burin and Kurt Shell, New York: Columbia University Press.

Llewellyn, Karl. 1951. *The Bramble Bush: On Our Law and its Study*. New York: Oceana Publication.

Llewellyn, Karl. 1930. *The Bramble Bush: Some Lectures on Law and its Study*. New York: Columbia Law School.

Lloyd, Dennis. 1981. *Idea of Law*. New York: Viking Penguin Inc..

Lyon, J.N. 1974. "Law Reform Needs Reform". *Osgoode Hall Law Journal*, vol. 12 .

MacCormick, Neil. 1981. *H.L.A. Hart. California*: Stanford University Press.

Minda, Gary. 1995. *Postmodern Legal Movements: Law and Jurisprudence at Century's End*. New York: New York University Press.

Minow, Martha, and Elizabeth Spelman. 1990. "In Context", in *Pragmatism in Law and Society*. edited by Micharl Brint and William Weaver, Boulder: Westview Press Inc..

Morishima, Michio. 1982. *Why has Japan succeeded?: Western Technology and the Japanese Ethos*. New York : Cambridge University Press.

Neumann, Franz. 1986. *The Rule of Law: Political Theory and the Legal System in Modern Society*. Berg Publishers Ltd..

Parsons, Talcott. 1964. "Evolutionary Universals in Society". *American Sociological Review*, vol. 29.

Patterson, Edwin. 1953. *Jurisprudence: Man and Ideas of the Law*. Brooklyn: The Foundation Press, Inc..

Peller, Gray. 1985. "Metaphysics of American Law". *California Law Review*, vol. 73.

Popper, Karl. 1957. *The Open Society and its Enemies*. London: Routledge, vol. 2.

Pound, Roscoe. 1929. *The Rejection of Liberalism*. n.p..

Reimann, Mathias. 1990. "Nineteenth Century German Legal Science". *Boston College Law Review*, vol. 31.

Rottleuthner, Hubert. 1984. "Legal Theory and Social Science", in *The Theory of Legal Science*. edited by Aleksander Peczenik, Lars Lindahl, and Bert van Roermund, Dordrecht: D. Reidel Publishing Company.

Savigny, Friedrich Karl von. 1973. *Vom Beruf Unserer Zeit für Gesetzgebung und Rechtswissenschaft*. in: Einf. von Hans Hattenhaue, Thibaut und Savigny : ihre programmatischen. Schrifte, Müchen : Vahlen.

Savigny, Friedrich Karl Von. 1840–1949. *System des heutigen röischen Rechts*. Berlin: Veit und comp..

Seidman, Robert. 1970. "Administrative Law and Legitimacy in Anglophonic Africa: A Problem in the Reception of Foreign Law". *Law and Society Review*, vol. 5.

Shapiro, Lan (ed.). 1994. *The Rule of Law*. New York: New York University Press.

Shklar, Judith. 1987. "political Theory and the Rule of Law", in *The Rule of Law: Ideal or Ideology*. edited by Allan Hutchinson and Patrick Monahan, Toronto: Carswell.

Stein, Peter. 1977. "Uses, Misuses and Nonuses of Comparative Law". *Northwestern University Law Review*, vol. 72.

Sypnowich, Christine. 1999. "Utopia and the Rule of Law", in *Recrafting the Rule of Law: the limits of Legal Order*. edited by David Dyzenhaus, Oxford: Hart Publishing.